DU RÉGIME

CONSTITUTIONNEL

DE L'IMPRIMERIE DE CRAPELET
RUE DE VAUGIRARD, 9

DU RÉGIME

CONSTITUTIONNEL

DANS SES RAPPORTS

AVEC L'ÉTAT ACTUEL DE LA SCIENCE
SOCIALE ET POLITIQUE

PAR

C.-G. HELLO

CONSEILLER A LA COUR DE CASSATION

ANCIEN PROCUREUR GÉNÉRAL A LA COUR ROYALE DE RENNES

« La Charte sera désormais une vérité. »
(Proclamation du duc d'Orléans, du 31 juillet 1830.)

TROISIÈME ÉDITION, ENTIÈREMENT REFONDUE

TOME SECOND

PARIS

AUGUSTE DURAND, LIBRAIRE

RUE DES GRÈS, 3

—

1848

DU RÉGIME

CONSTITUTIONNEL.

DEUXIÈME PARTIE.

DE LA DIVISION DES POUVOIRS.

Voilà donc la liberté; la voilà avec les éléments qui la constituent, l'égalité civile, la sûreté des personnes, la liberté de conscience, la liberté de la presse, la propriété des biens. Une seule chose lui manque, mais une chose essentielle, la garantie; c'est elle que nous allons chercher.

La garantie est l'essence même du régime constitutionnel; ôtez-la, il ne reste que des déclarations et des promesses. Sa nature est telle, qu'il faut qu'elle sorte des idées pour entrer dans les faits, et que, de maxime, elle devienne institution; si elle n'est effi-

cace, elle n'est point. Aussi n'admettons-nous pas
cette définition de Montesquieu : « La liberté politique dans un citoyen est cette tranquillité d'esprit
qui provient de l'opinion que chacun **a de sa sûreté**[1]. » La liberté n'est pas une opinion, il ne suffit
pas de nous persuader que nous sommes libres ;
c'est une chose très-réelle, et indépendante des illu-
sions que l'on nous fait ou que nous nous faisons à
nous-mêmes. Nous pouvons être, ou mécontents sous
une institution vraiment libérale, ou crédules sous
une institution qui ne l'est pas, sans que l'état de
notre esprit change en rien la réalité. Si, entre les
deux erreurs, ce n'est pas par l'excès de confiance
que nous péchons, l'histoire se charge de nous justifier.

La garantie ne s'obtient qu'en substituant l'impossibilité de mal faire à la simple prohibition. Aussi
la Charte ne se borne pas à montrer le fruit défendu,
en recommandant de n'y pas toucher ; elle l'ôte de
notre portée. C'est proprement la division des pouvoirs, qui doit être telle que chaque fonction du
gouvernement s'accomplisse, sans que la liberté
coure le risque d'en être atteinte ; en d'autres termes, que chaque pouvoir opère sans qu'un seul des
droits garantis soit accessible pour lui.

Le régime constitutionnel a ses sceptiques et ses
esprits forts, même chez les amis de la liberté. Il en

---

[1] *Esprit des lois,* liv. XI, chap. vi; liv. XII, chap. i^{er} et ii.

est qui nient la division des pouvoirs[1], parce qu'ils
la prennent pour cet équilibre idéal auquel on a
cru autrefois; en quoi ils confondent deux choses
très-distinctes, la Charte et cette constitution de 91,
qui avait imaginé d'appliquer la géométrie à la politique; la Charte tient moins à la pondération in-
tellectuelle des pouvoirs qu'à leur division positive;
elle ne pèse pas leur nature abstraite; elle fait la part
de chacun, avec défense de rien prendre à celle
qu'elle fait aux autres; ce n'est pas une balance
qu'elle tient, c'est une barrière qu'elle élève : aucun
pouvoir n'est condamné d'avance à faire exactement
contre-poids aux autres, d'après une théorie pré-
conçue; sa tâche constitutionnelle est de se renfermer dans le cercle que lui a tracé une sagesse fondée sur l'expérience. La preuve de cette différence,
c'est que la Charte, en mettant dans le pouvoir exécutif une dose de pouvoir législatif, s'est permis un
mélange que s'est interdit la théorie pure de 91. Si
la division des pouvoirs ainsi entendue est une
chimère, il n'y a donc de réel que la dictature; et
les Anglais depuis des siècles, les Français depuis
soixante ans, sont des tourbes d'insensés qui s'épui-
sent à saisir une ombre. Ils n'ont prodigué tant de
génie, d'héroïsme et de crimes que pour la conquête
du vide; et le genre humain est condamné sans ré-
mission au despotisme. *Le pouvoir*, dit-on, *n'est pas*

[1] M. de Lamartine, *Histoire des Girondins*, t. Ier, p. 442; M. Louis
Blanc, *Histoire de la Révolution française*, t. Ier, p. 109.

divisible ; il est comme la volonté, il est un, ou il n'est pas. Pur sophisme, qui, d'une question toute politique, fait une question métaphysique ; ce qu'il s'agit de diviser, ce n'est ni la volonté ni le pouvoir pour chaque acte qui se présente ; relativement à cet acte, sans doute il est contradictoire de vouloir et de ne vouloir pas, de pouvoir et de ne pouvoir pas, ou de ne pouvoir et de ne vouloir qu'à demi ; mais ce qui est très-divisible, c'est l'immense tâche du gouvernement d'un grand peuple ; ce qui est très-possible, c'est la répartition dans des mains diverses des parties qui la composent, bien entendu que, pour chacune d'elles déterminément, l'intégrité de la volonté et du pouvoir subsistera. Est-il donc plus difficile de croire à la division du pouvoir qu'à la distribution du travail ? *S'il y a deux chambres,* ajoute-t-on, *le pouvoir est dans l'une des deux ; l'autre suit ou est dissoute. S'il y a une chambre et un roi, il est au roi ou à la chambre ; au roi, s'il subjugue l'assemblée par la force, ou s'il l'achète par la corruption ; à la chambre, si elle agite l'esprit public et intimide la cour et l'armée par l'influence de la parole et par la supériorité de l'opinion.* C'est-à-dire qu'il faut conclure du particulier au général, d'une mauvaise pondération des pouvoirs contre le principe de leur délimitation, et de la constitution de 1791 contre toutes les constitutions imaginables.

Revenons à notre régime et croyons à sa réalité :

personne n'y peut tout; c'est son principe fondamental. D'après une expérience qui date du commencement du monde, dès qu'il s'agit pour la volonté humaine de dominer, elle tente tout ce qu'elle
peut.

Ne pas pouvoir : qu'on veuille bien s'arrêter à
ces mots, et les peser. Le monde n'en sait pas assez
le vrai sens; les hommes d'État semblent ne pas
s'en douter, ou ne s'en doutent que pour s'en jouer;
les jurisconsultes seuls le savent bien, et le profes-
sent. Je ne sache rien en droit civil de plus beau
que l'assimilation des choses illégales aux choses impossibles; c'est une fiction touchante de regarder ce
que la loi défend comme étant hors de nos facultés.
L'honneur en remonte à la loi romaine : *Nam facta
quæ lædunt pietatem, existimationem, verecundiam
nostram, et (ut generaliter dixerim) contrà bonos
mores fiunt, nec facere nos posse, credendum est.*
Être contraire aux bonnes mœurs, ou prohibé par
la loi, ou impossible, ce sont des synonymes dans
l'article 1172 du Code civil; et un des nombreux
adages dont le prince des jurisconsultes du xviᵉ siècle, Dumoulin, a peuplé notre langue juridique,
dit que l'incapacité légale ôte non-seulement le
droit, mais jusqu'à la faculté du fait; il attache cette
propriété merveilleuse d'une barrière infranchissa-
ble à une simple particule négative, placée devant
un verbe : *Negativa, præposita verbo potest, tollit
potentiam juris et facti.* Même hors du droit civil,

cette assimilation de l'incapacité à l'impuissance n'est pas toujours restée dans les livres, à l'état de précepte : le vicomte Dorte, gouverneur de Bayonne, recevant de Charles IX l'ordre d'assassiner les huguenots, ne s'est pas autrement inspiré pour modifier le plus rigoureux des devoirs, celui de l'obéissance militaire : *Nous supplions votre majesté d'employer nos bras et nos vies à choses faisables.* Mot sublime, dont on ne peut plus séparer la réflexion de Montesquieu : *Ce grand et généreux courage regardait une lâcheté comme une chose impossible.*

C'est cette manière d'entendre les mots *ne pas pouvoir* ; c'est la traduction qu'en ont faite presque dans les mêmes termes le jurisconsulte et le soldat ; c'est cette vertueuse impuissance de l'honnête homme à l'approche d'une chose défendue, que la Charte fait passer du droit civil dans le droit constitutionnel, et ce n'est pas le seul emprunt que celui-ci doive au premier. Plus ces emprunts se multiplieront, mieux il vaudra. La justice, grâce à la possibilité d'une sanction régulière, s'est depuis longtemps établie dans le droit civil ; purifions par ce contact le régime de la Charte ; et, quoique sa sanction soit moins parfaite, que la doctrine conspire au moins avec la raison publique pour le pénétrer de cet esprit. Son salut, qui est le nôtre, tient à cette pieuse communication. Que si quelque sceptique refuse de croire à l'introduction de la morale dans le droit public, ce vieux domaine de la ruse et de

la force, qu'il ferme ici le livre : le reste n'est que
le développement de ce qu'il nie ; nous n'avons pas
de règles pour ceux qui n'en reconnaissent pas.
Qu'ils travaillent, si elle existe, à la science des voies
de fait et des coups d'État ; qu'ils habitent cette région des orages ; si les révolutions violentes immo-
lent trop souvent le droit, souvent aussi elles le
vengent, et elles ont, pour suppléer à une sanction
régulière, une sanction quelquefois plus terrible.

Si personne ne peut tout sous la Charte, c'est
donc que chacun a, dans sa sphère, un certain pouvoir, jusques et non compris celui d'en sortir ; c'est
la garantie organisée.

La Charte ne contient pas l'exposition doctrinale
de la division des pouvoirs ; elle crée seulement les
institutions entre lesquelles ils se partagent. Elle
n'enseigne pas le principe du gouvernement, elle se
borne à en donner la forme ; ce qui ne dispense pas
d'étudier celui-là pour comprendre celle-ci.

Cette seconde partie aura donc deux titres :

Le premier traitera des pouvoirs en eux-mêmes,
de leur répartition, de leurs limites, et surtout de
leurs empiétements réciproques. Ainsi considéré,
abstraction faite de la forme politique, le partage
des pouvoirs est un principe commun à tous les
gouvernements libres, monarchiques, aristocratiques ou démocratiques.

Le second titre traitera des formes du gouvernement du roi : ici, nous quittons la théorie abstraite

de la division des pouvoirs, et nous examinons comment s'y prête la forme monarchique, en y comprenant le prince, les deux chambres, les ministres, personnes politiques instituées par la Charte, et tenant la vie des pouvoirs qu'elle leur départit. Cette application des principes généraux à la monarchie, constitue son alliance avec la liberté.

TITRE PREMIER.

DES POUVOIRS, DE LEURS FONCTIONS, DE LEURS LIMITES,
DE LEURS EXCÈS.

La Charte sort d'une crise sociale, portant dans son sein une déclaration des droits et une organisation politique;

Le gouvernement une fois constitué

La loi dispose, c'est le pouvoir législatif;

L'ordonnance donne l'impulsion aux agents, c'est le pouvoir exécutif;

Dans le domaine de l'exécution

Des fonctionnaires de toute sorte pourvoient à chacun de ses nombreux détails, c'est le pouvoir administratif;

Les tribunaux statuent dans certains cas et d'une certaine manière, c'est le pouvoir judiciaire.

La France est le seul pays du monde, et 89 la seule époque de l'histoire, où la filiation des pouvoirs ait eu à la fois son enseignement philosophique et son image visible; la Constituante engendrant la Législative, et la Législative un gouvernement, offrent, dès le début, la théorie en action; elle y était à la fois spéculative et vivante.

Si le gouvernement tout entier est dans le respect de chaque pouvoir pour sa limite, la transgression de cette limite est donc le plus grand péril qu'il ait à conjurer. Aussi n'en est-il pas contre lequel il se prémunisse avec plus de soin, que l'excès de pouvoir.

L'excès de pouvoir était rare sous l'ancien régime; la notion en était confuse dans les esprits; de la part d'un prince absolu, il ne se concevait pas; et si les publicistes, si les organes les plus accrédités du ministère public, Le Bret et les avocats généraux Gilbert des Voisins et Joly de Fleury, en parlent, c'est seulement des cours souveraines au roi, et dans le point de vue de la cassation; encore, dans les doctrines parlementaires, les cours refusaient-elles presque toujours de le reconnaître où le voyait le prince. Il n'était pas facile à discerner sous un régime, où le conseil du roi avait des attributions judiciaires et administratives, où les parlements en avaient d'administratives et de judiciaires, auxquelles ils ajoutaient des prétentions législatives.

La notion en devint plus distincte, quand les pouvoirs se séparèrent en 1789. Mais on ne l'aperçut d'abord qu'aux degrés inférieurs de l'échelle, dans les rapports de l'administration et des tribunaux avec le pouvoir législatif, dans ceux de l'administration et des tribunaux entre eux; l'idée en était plus judiciaire que politique. Elle resta la même dans la loi du 27 ventôse an VIII, qui chargea la cour de cassation de le réprimer, et les jurisconsultes eurent quelque peine à le distinguer de l'incompétence. Le Code pénal de 1810 en fit un crime de forfaiture; mais sa sévérité ne s'éleva point au-dessus de l'administrateur et du juge. A cette époque, où, depuis déjà quatre ans, les empiétements du décret impérial sur la loi se multipliaient de jour en jour, les hauts pouvoirs de l'État n'eussent pas entendu dire sans étonnement que la chose défendue était impossible. Pour que la notion de l'excès de pouvoir pénétrât dans la région politique et y devînt une chose sérieuse et redoutable, il fallait la Révolution de 1830; elle en a fait un crime de haute trahison, qui perd les ministères et précipite les trônes.

Aujourd'hui l'excès de pouvoir ne se tient plus terre à terre, dans l'humble région où l'on risque de le confondre avec l'incompétence. Il a désormais son nom et sa nature propres et non contestés. Il se trouve à tous les degrés de la hiérarchie, avec une sanction plus ou moins terrible, mais abaissant également toutes les têtes sous le niveau d'un principe, encore emprunté au droit civil : *il n'y a pas de plus grand défaut que le défaut de pouvoir*. Ainsi, il prend d'autant plus de netteté et d'importance que nous avançons davantage dans la voie constitutionnelle, et les progrès de sa théorie sont ceux même de la liberté.

On peut le concevoir en remontant l'échelle
du pouvoir législatif au constituant,

du pouvoir exécutif au pouvoir législatif,

des pouvoirs administratif et judiciaire aux trois
pouvoirs supérieurs, et de chacun d'eux à l'autre.

L'empiétement du juge et de l'administrateur sur
la loi et la constitution est à peu près impossible;
je le crois sans exemple. Celui de l'administrateur
sur le juge, et réciproquement, n'a jamais lieu de
propos délibéré, et avec l'intention de s'emparer
d'une autorité rivale; il provient presque toujours
de l'indécision des limites, et de la difficulté réelle
de les reconnaître. Les menaces de la loi pénale ont
pu avoir leur utilité dans les premiers temps de la
séparation des pouvoirs, lorsqu'il était naturel de
craindre chez chacun d'eux le regret de ce qu'il
venait de perdre et l'ambition de le ressaisir; mais
ces anciennes rivalités se sont évanouies; chaque
pouvoir n'a que l'esprit de son institution; il n'y
a que des questions de limites à résoudre; encore
le nombre en diminue-t-il, et la jurisprudence de la
cour de cassation y suffit. Cependant la loi n'a de
sanction formelle contre l'excès de pouvoir qu'où il
ne se montre plus, et se tait où il est le plus à
craindre.

Ce qui est vrai, en remontant l'échelle, quand
il s'agit d'empiétement sur un pouvoir supérieur,
l'est aussi en la descendant; il y a excès de pouvoir
de haut en bas, comme de bas en haut. Les pouvoirs

supérieurs ne sont supérieurs que par le degré qu'ils occupent; ils ne le sont pas comme ayant engendré les pouvoirs inférieurs; ils surveillent ceux-ci, contrôlent leurs actes, les réforment, les annulent; mais ils les laissent dans leurs districts respectifs; ils n'en disposent pas et ne se substituent pas à eux. Il y a hiérarchie, mais séparation nécessaire. Supérieurs ou inférieurs, les pouvoirs ne dérivent pas les uns des autres; ils n'ont leur source que dans la Charte de laquelle ils procèdent directement; c'est par cette raison qu'on les appelle *pouvoirs constitués*. Celui auquel est attribuée la part la plus grande est exclu de la plus petite, et ne peut la rappeler à lui, puisque ce n'est pas de lui qu'elle sort. Il ne faut donc pas dire en cette matière : qui peut le plus peut le moins : car, ici, le moins n'est pas contenu dans le plus. Si le pouvoir supérieur était le maître d'absorber l'inférieur, il ferait disparaître la division, il confondrait tout en lui-même, et le gouvernement changerait. Le gouvernement changerait, si le législateur s'emparait de la prérogative royale, s'il faisait les traités de paix, d'alliance ou de commerce, s'il commandait les armées, ou s'appropriait l'exécution des lois ; le gouvernement changerait, si le prince rendait la justice, et même s'il s'ingérait directement dans l'administration proprement dite; il changerait, si le prince faisait l'office du ministre, le ministre celui du préfet, le préfet celui du sous-préfet, le sous-préfet celui du maire; il changerait, si le conseil d'État se mettait à la place des conseils de préfecture, si la chambre des députés s'emparait des attributions départementales, et les conseils généraux des attributions municipales.

Ils sont donc bien fondés ces scrupules du législateur, qui, en s'occupant de la rédaction d'une loi, refuse d'y insérer des détails administratifs. Cet empiétement n'aurait pas seulement pour conséquence un excès de pouvoir en théorie, mais un dommage très-réel dans l'exécution. M. Vivien[1], a judicieusement remarqué que la constitution et la loi portant partout avec elles leur caractère fixe et universel, les éminentes qualités de leur nature deviendraient nuisibles dans la partie accidentelle et variable du gouvernement; la loi entravée par la constitution, l'administration entravée par la loi, perdraient la faculté de se mouvoir selon les besoins du temps, des lieux, des circonstances. Toutefois cette observation n'est point absolue; il y a des cas où le mode d'exécution important à la bonne application du principe, le législateur se permet de le régler; nous indiquerons plus tard ces exceptions.

Quand la loi se fait séparément et par avance, elle s'abstrait des intérêts particuliers; son auteur y met, le peuple y voit l'expression du juste; le magistrat, uniquement chargé de son application, n'en est que l'organe; ces deux éléments se conservent

---

[1] *Études administratives*, p. 6 et suiv.

purs par leur séparation même. Mais dès qu'ils se confondent, ils s'altèrent; la loi, conçue par celui qui l'applique, se fait avec acception des choses et des personnes dont on l'approche; celui qui la conçoit et l'applique est le maître des unes et des autres.

Le résultat est le même, quand c'est le pouvoir exécutif qui s'empare du pouvoir judiciaire. Le prince est la source de l'action publique; ses agents représentent l'État et le fisc; il y a peu de procès où il n'ait un intérêt ou au moins une prédilection; il est à la fois juge et partie. Aussi la Charte fait-elle du pouvoir judiciaire un pouvoir neutre; le juge est institué par le prince, et n'est cependant pas son agent; car la délégation qu'il en a reçue n'est pas révocable. Il n'est pas responsable de la même manière que les agents du pouvoir exécutif; ses erreurs ne se corrigent, ses délits ne se répriment que par un autre juge.

Voilà pourquoi le pouvoir hiérarchiquement supérieur qui rendrait un jugement, *n'abuserait* pas seulement, mais *usurperait;* la garantie disparaîtrait à l'instant même. Rien ne caractérise la condition de l'homme moderne, ni ne prouve à quel point il est distinct de l'État, aussi bien que cette nécessité de lui créer, pour garantir la propriété de ses biens et la sûreté de sa personne, un sacerdoce à part, indépendant de toutes les puissances humaines.

Ces principes généraux une fois posés, parcourons les divers degrés de l'échelle; nous allons y rencontrer de dignes objets de nos méditations. La division des pouvoirs est de droit strict; quelquefois la nuance qui les distingue paraîtra légère, mais elle est toujours décisive; c'est le détroit de la Sicile, au bord duquel Verrès plantait la croix où il attachait les citoyens romains, afin sans doute, dit Cicéron dans son admirable épisode de Gavius, que le patient pût, du haut de sa croix, mesurer l'étroit intervalle qui sépare la liberté de l'esclavage.

CHAPITRE PREMIER.

DU POUVOIR CONSTITUANT.

Quand le pouvoir constituant a rempli sa fonction, c'est-à-dire quand il a proclamé les droits à garantir, et qu'il en a organisé la garantie, que devient-il? Rentre-t-il dans le néant? ou, s'il vit encore, dans quel état? Est-ce à l'état inerte, comme abstraction et attendant l'occasion d'en sortir? est-ce à l'état actif, dans un pouvoir de sa création, et doué par lui de volonté et de facultés? Dans ce dernier cas, lequel de nos pouvoirs constitués l'aurait ainsi absorbé en lui? On sent que la question ne peut se faire du pouvoir exécutif, auquel la Charte interdit formellement de suspendre les lois ou de dispenser de leur exécution; elle ne peut donc se faire que du pouvoir législatif.

Mais, ainsi réduite, cette grave question ne peut encore s'aborder sans préambule.

Quand on observe dans les histoires de France et d'Angleterre la manière dont une grande monarchie peut se donner une constitution libérale, on croit en reconnaître deux.

Ou l'on attend de chaque époque qu'elle manifeste son besoin et qu'elle produise son idée, et l'époque répond à cette attente; à mesure que la civilisation s'avance, les institutions viennent se placer à sa suite; il se fait, par le seul empire des circonstances, une juxta-position de principes : c'est la méthode expérimentale;

Ou des causes puissantes ont empêché cette juxta-position spontanée; lorsque, vaincues par une crise sociale, ces causes ont enfin cessé d'agir, on s'assemble, on délibère, on promulgue une constitution : c'est la méthode rationnelle.

La méthode expérimentale a été celle de l'Angleterre; la méthode rationnelle celle de la France. Laquelle vaut le mieux? La première était la seule possible en Angleterre; la seconde, la seule possible en France. La question de leur prééminence est donc oiseuse; car aucun des deux pays n'a eu le choix entre elles; mais il importe de constater la différence essentielle qui les distingue .

La méthode expérimentale ou anglaise a été successive; des statuts se sont ajoutés à des statuts, selon la conjoncture, au jour le jour, pendant cinq siècles, depuis Jean sans Terre jusqu'à Guillaume. Les précédents de toute nature sont sortis de la même source et en sont sortis confusément, sans plan, sans théorie, sans système; le Parlement, la seule autorité qui veillât aux besoins sociaux, les enregistrait comme ils se manifestaient, sans qu'il y eût d'autre ordre possible que l'ordre chronologique. Tout procédait du Parlement, et le Parlement ne procédait de rien. Quand les Anglais ont proclamé son omnipotence, ils ont fait un principe de la nécessité et traduit leur histoire en axiome.

La méthode rationnelle ou française a été simultanée et devait l'être ; notre nation avait vieilli et s'était civilisée sous le pouvoir absolu ; éclairée et mécontente, elle est ainsi arrivée à la crise; et, le moment venu, elle a enfanté à la fois un corps entier de lois constitutionnelles qu'elle portait dans son sein depuis des siècles; à la date précise du 4 août 1789, un changement à vue a fait succéder une nouvelle monarchie à l'ancienne.

En Angleterre, l'instinct; en France, la raison; là, un empirisme presque toujours heureux ; ici, une philosophie généreuse et sans expérience : là, le chaos se débrouillant lui-même ; ici, une cosmogonie régulière, où l'on voit clairement d'un côté le créateur et de l'autre la création.

Il ne faut donc pas s'étonner si, la première constitution ayant son origine dans l'empirisme, et l'esprit d'analyse, de critique et de système ayant, au contraire, présidé à la seconde, il a été donné à celle-ci d'apercevoir ce qui est resté caché à celle-là, la distinction des deux pouvoirs constituant et législatif, et la génération de l'un par l'autre. Aussi voyez comme notre révolution se développe, et avec quelle régularité méthodique elle procède dans son premier et son plus beau moment : c'est d'abord une assemblée qui s'appelle Constituante; elle va laisser après elle une autre assemblée qui s'appellera Législative, et avec laquelle elle s'applique à éviter tout mélange, au point d'exagérer ses scrupules en interdisant la réélection de ses membres. Dès le commencement de ses travaux, une question se présente : la féodalité vient d'être abolie; il faut porter au roi les articles rédigés dans la nuit du 4 août; mais que va-t-on lui demander ? sa sanction, s'ils sont législatifs; la simple promulgation, s'ils sont constitutifs. Un débat s'engage; Maury et Lally-Tollendal soutiennent qu'ils sont législatifs, et opinent pour la sanction; Mirabeau soutient, qu'abolissant le régime féodal, ils sont *éminemment constitutifs*, et cela, dit M. Thiers[1], avec une rare justesse. Les articles sont portés à Louis XVI, qui promulgue et ne sanctionne pas. Plus tard, cette

---

[1] *Histoire de la Révolution*, t. Ier, p. 154 de l'édition de 1828. Nous sommes heureux de rappeler ici cette opinion de M. Thiers, afin qu'on n'abuse pas de celle qu'il a exprimée en 1842 sur la loi de régence. Les deux opinions peuvent très-bien se concilier, selon nous.

distinction se reproduit dans tous les travaux de l'Assemblée; elle s'y reproduit comme un principe unanimement reconnu, encore bien que les avis se partagent sur son application; et par exemple, on le retrouve dans l'article 1er de la loi organique du 24 août 1790 sur l'arbitrage, quoique le caractère constitutionnel de l'arbitrage puisse se révoquer en doute.

Ainsi, à ne consulter que les faits, la constitution anglaise est l'œuvre de son parlement, et le parlement français est l'œuvre de sa constitution. Les deux situations sont précisément inverses. De bons esprits n'en ont pas moins conclu de l'une à l'autre, et décidé que l'Angleterre s'étant passé de la distinction des deux pouvoirs, la France, en s'en préoccupant, *se repaît d'une chimère.*

Mais là n'est pas la question tout entière : il faut poursuivre.

Chez nous, le pouvoir constituant ne s'est pas borné à maintenir sa séparation d'avec le pouvoir législatif, pendant la durée de ses travaux; il est allé plus loin; il a pris souci de ce que deviendrait son œuvre après l'achèvement de sa tâche, et il a voulu se survivre dans une institution positive. La constitution de 91 transforme le Corps législatif en une assemblée de révision qui, lorsque trois législatures consécutives auront émis un vœu uniforme pour le changement de quelque article constitutionnel, s'en occupera, moyennant l'adjonction de deux cent quarante-neuf nouveaux membres. La constitution de l'an III adopte le même principe et ne change que les détails d'exécution. C'est, selon nous, une idée fausse dans un acte constitutionnel, de s'occuper par avance de sa propre révision, de régulariser dans l'avenir les cas fortuits et les forces majeures, et de soumettre à des formes et à des délais déterminés ce qui est accidentel et quelquefois violent. Il y a aujourd'hui chez nous une réprobation unanime de ces pouvoirs à la fois organisés et organisateurs, pouvoirs toujours debout, pouvoirs inutiles s'ils sont inertes, redoutables s'ils sont actifs, et dont la main pleine de tempêtes est incessamment ouverte sur les pouvoirs constitués. Ils étaient déjà discrédités, lorsqu'en l'an VIII, l'abbé Sieyès combina si savamment la constitution consulaire; il crut résoudre le problème, en substituant à l'idée de *reviser* celle de *maintenir*, et il introduisit dans son œuvre ce Sénat, que, par antiphrase sans doute, il appela conservateur. Ce corps qui, pendant quinze ans, a laissé violer sous ses yeux le dépôt confié à sa garde, et dont l'inertie, par un malheur de plus pour sa mémoire, sert aujourd'hui de sanction aux usurpations qu'il était chargé de prévenir, est tombé dans un discrédit plus profond peut-être que l'assemblée de révision de 91 et de l'an III. Qu'ils y restent tous : personne ne songe à les en relever.

Maintenant la question, dégagée de ses préjugés historiques, peut s'aborder directement.

La Charte se tait sur le mode de révision. Si l'on se bornait à en conclure qu'elle n'adopte ni l'organisation de 91 et de l'an III, ni le prétendu remède de l'an VIII, il n'y aurait point de difficulté; mais on en tire une conclusion contre la séparation du pouvoir constituant et du pouvoir législatif, c'est-à-dire contre le pouvoir constituant lui-même; car on ne peut le concevoir que séparément; et l'abaisser jusqu'au pouvoir qu'il a créé, pour l'identifier avec lui, c'est l'annuler. Or, comme on ne voit rien de plus élevé dans l'organisation constitutionnelle que le pouvoir législatif, c'est à lui que l'on remet le droit de révision.

Mais on ne s'aperçoit pas qu'on retombe dans l'inconvénient dont on veut sortir. Si, pour fuir les assemblées de révision, on fait l'offrande de leur attribution au pouvoir législatif, on ressuscite l'institution sous un autre nom et à une autre place; on aura toujours une assemblée de révision, et on l'aura plus vicieuse. Car telle que l'avaient faite ces premières constitutions, elle était assujettie à des conditions, des formalités, des délais, des épreuves; elle ne pouvait donner signe de vie qu'à de longs intervalles, au lieu que dans nos chambres législatives, elle ajouterait, à l'inconvénient des sessions annuelles, les périls d'une initiative journalière pendant chaque session. La Charte serait en danger de mort six mois par an. L'inconséquence est évidente.

Sous un régime qui place la garantie des droits dans la division des pouvoirs, c'est une étrange entreprise de réunir dans la même main celui qui constitue l'État et celui qui le régit par des lois. L'entreprise est telle qu'il est permis de douter qu'on ait conscience de tout le mal qu'elle renferme. La réunion une fois consommée, que reste-t-il de la division des pouvoirs? Que refuser à celui qui dispose des deux pouvoirs? Qu'a-t-il à se refuser à lui-même? Lequel de nos droits n'est pas à sa merci? Que devient la garantie? Ne voit-on pas qu'on déplace l'omnipotence au lieu de la détruire, et qu'il n'est plus vrai de dire que personne ne peut tout? On allègue la nécessité de pourvoir aux besoins sociaux; mais ce que l'on dit à ce sujet du pouvoir législatif, on l'a dit sous la Restauration du prince, et nous avons eu les ordonnances de juillet; on l'avait dit sous la République d'une assemblée populaire, et nous avons eu la Convention; on pourrait le dire d'un sénat sous l'aristocratie, et, sous toutes les formes de gouvernement, de tous les pouvoirs que l'on voudrait rendre absolus. La thèse est la même.

Le plus grand mal qu'on puisse faire à une société telle que la nôtre, c'est de lui ôter l'idée d'une règle suprême, inviolable, placée au-dessus du mouvement journalier des affaires, ayant quelque chose, sinon d'éternel (il n'y a rien de tel dans les ouvrages de l'homme) au moins de fixe et de stable, autant qu'il leur est donné de l'être, et à laquelle on ne saurait toucher sans faire trembler le sol. L'ancien régime en sentait le besoin; il avait la prétention, bien ou mal justifiée, d'avoir des lois fondamentales, que le roi, disait-on, était dans *l'heureuse impuissance* de changer; c'est l'expression de Louis XV dans le préambule de ses édits de juillet 1714 et de février 1771; on retrouve avec intérêt, dans les publicistes de la monarchie absolue, dans Brillon, p. 147, dans le compte que rend le président Duvair, d'un lit de justice tenu par Louis XIII, la distinction que faisaient nos pères entre *les lois du royaume* et *les lois du roi;* les premières, fondamentales et analogues à nos lois constituantes; les secondes, subordonnées et muables, répondant à nos lois ordinaires. L'Angleterre elle-même, dont l'exemple mal compris nous égare, l'Angleterre a, dans son respect superstitieux pour ses précédents, un préservatif contre la promiscuité des pouvoirs constituant et législatif, et se procure par la gravité de ses mœurs, une stabilité que nous n'obtiendrions pas des nôtres, sans le secours d'une règle précise. Nous sommes une nation vive et inquiète, à laquelle les révolutions ont donné l'habitude du changement; nous savons de quelle façon expéditive on dépêche chez nous un coup d'État, et la mobilité de nos lois en a diminué dans nos esprits l'autorité morale. L'instinct national, plus sûr que notre science, plus sage que nos docteurs, fait à merveille la différence de la Charte à la loi; il y voit une sorte de loi magistrale, la loi par excellence, la loi fondamentale, la loi des lois. Ces appellations sont entrées dans son langage. Quand on nous a dit en 1830, que la Charte serait désormais une vérité, nous avons pris ce mot au sérieux; et ce mot n'a si bien répondu à notre premier besoin, que parce qu'il nous a promis dans la Charte ce que nous n'avions pas toujours trouvé dans la loi. Elle n'était pour nous une vérité que de cette manière. Si on nous apprenait aujourd'hui que la Charte ne diffère en rien d'une loi ordinaire, qu'elle est exposée aux mêmes chances et aux mêmes procédés d'abrogation, qu'on peut la modifier, mutiler, rapporter dans un moment d'enthou‑ siasme ou de réaction, sous la forme d'un amendement, ou par assis et levé; sachons-le bien : cette révolution dans les idées serait toute une catastrophe.

On jugera cette récente et funeste tendance de la doctrine, au procédé logique dont elle sort : parce que tout le monde s'accorde à rejeter la personnification permanente du pouvoir constituant, elle nie le pouvoir constituant même, elle le nie comme droit inhérent à la nation. C'est une réaction évidente contre les idées de 91, et qui, comme toutes les réactions, est excessive; elle se jette brusquement du culte de l'image dans la négation du principe, et de l'idolâtrie dans le scepticisme. La justesse de cette observation se reconnaîtra à deux symptômes, d'abord à la nature des autorités dont elle se prévaut, ensuite à la manière dont elle entend la Charte.

Elle cite les grands noms de la science, Portalis, le duc de Broglie. Mais à laquelle des deux choses que nous venons de distinguer font-ils allusion? N'est-ce qu'à la représentation vivante du pouvoir constituant, ou est-ce à son principe abstrait, utile seulement par sa force d'inertie, et réfrénant l'humeur invahissante de tout pouvoir constitué? A la première, évidemment. Il suffit de lire : « On parle du pouvoir constituant, dit Portalis, comme s'il était toujours présent.... » Ce qui désigne, à ne pas s'y méprendre, l'image extérieure qu'on en avait faite en 91, en l'an iii et en l'an viii. Il poursuit : « Quand la constitution d'un peuple est établie, le pouvoir constituant disparaît.... » Donc il ne passe pas au pouvoir législatif, et Portalis ajoute cette belle pensée : « C'est la parole du Créateur qui commande une fois, pour gouverner toujours; c'est sa main puissante qui se repose, pour laisser agir les causes secondes, après avoir donné le mouvement et la vie à tout ce qui existe. » A merveille; mais Portalis dit-il que les causes secondes peuvent se substituer à la cause première, et agir à sa place? Détrôner Dieu pour faire régner la nature? C'est là ce qu'il faudrait montrer dans ce passage, pour que la réaction s'en autorisât. Le duc de Broglie demande à son tour : « Qu'est-ce à dire? Est-ce qu'il existe en France deux gouvernements, l'un manifeste et l'autre occulte? » En aucune façon; le pouvoir constituant est si peu un gouvernement occulte, qu'il n'est même pas un gouvernement; il n'y a de gouvernement que celui qu'il a créé; il est clair que ce n'est pas de lui qu'on parle. Toutes ces opinions ont été conçues dans la préoccupation des idées de 91; elles portent bien moins sur le pouvoir constituant considéré comme limite, comme *veto,* comme remplissant l'office du dieu Terme, que sur le système condamné de tout le monde, qui a la prétention de le réaliser au dehors, et de donner un corps à cette âme, avec toutes les passions d'un corps politique.

On affirme que la Charte ne reconnaît pas la distinction des deux pouvoirs, par la raison unique qu'elle ne détermine pas de mode de révision. Examinons :

Avant tout, qu'il soit bien entendu qu'il ne s'agit pas d'une distinction expresse, énoncée dans la forme doctrinale; une distinction de cette espèce n'est pas dans la Charte, et ne doit pas y être. Mais s'il suffit d'une distinction virtuelle et nécessairement sous-entendue, si c'est assez d'y montrer dans maint article, deux parties évidemment distinctes, dont l'une commande, et ne peut être que le pouvoir constituant, dont l'autre, subordonnée et obéissante, ne peut être que le pouvoir législatif; s'il faut, disons-nous, que ce soit lui, et non pas un autre, sous peine de ne comprendre désormais ni notre histoire, ni notre législation, ni la Charte, il sera permis de croire qu'on ne l'a pas bien entendue. Consultons-en quelques textes.

L'article 7 reconnaît aux Français le droit de publier et de faire imprimer leurs opinions, et ajoute : *La censure ne pourra jamais être rétablie*. La censure ne pourra jamais être rétablie ! Qu'est-ce à dire ? A qui s'adresse cette défense ? Qui oblige-t-elle ? Rappelons-nous que la censure a été établie par des lois, par celles du 21 octobre 1814, du 31 mars 1820, du 26 juillet 1821, par celle du 17 mars 1822, qui l'a rendue facultative ; et maintenant qu'on se demande à qui la Charte peut défendre de rétablir la censure, si ce n'est au pouvoir qui l'a quatre fois établie. Si cependant la faculté constituante est infuse dans le pouvoir législatif, la loi peut rétablir la censure, en dépit de toutes les défenses ; car personne n'est lié, et nous prions qu'on nous dise ce que signifie l'article 7.

Autre exemple : « Article 61. La dette publique *est garantie*. Toute espèce d'engagement pris par l'État avec ses créanciers *est inviolable*. » Quoi donc ! cette déclaration était-elle nécessaire ? fallait-il un article de la constitution pour nous apprendre que l'État doit payer ses dettes ? contre qui cette précaution est-elle prise ? hélas ! contre la loi. C'est une loi du 9 vendémiaire an VI, qui a remboursé les deux tiers de la dette en bons au porteur, payables on sait comment : c'est elle qui a rendu la déclaration nécessaire. Pour que l'article 61 ait un sens, il faut supposer deux personnes, dont l'une dise à l'autre : *Vous avez failli en déliant l'État de sa dette ; je vous ôte la faculté de le délier à l'avenir.* De ces deux personnes n'en faites qu'une, qui sera le pouvoir législatif, et voici le langage qu'il faudra tenir au rentier : *La loi vous a fait banqueroute des deux tiers ; voici la Charte qui, pour vous rassurer sur l'avenir, garantit le reste de votre créance, et le déclare inviolable. Croyez-vous qu'en cela votre condition soit meilleure, et que vos droits aient une garantie plus haute ? Détrompez-vous ; la Charte n'est autre chose que la loi ; la garantie est encore à la discrétion de ceux qui l'ont retirée ; l'engagement inviolable n'est pas sorti des mains qui l'ont violé : qu'en pensez-vous ?* Attendez la réponse, et vous verrez dans quels termes la foi publique trahie s'expliquera sur la confusion des deux pouvoirs.

Autre exemple encore : « Article 5. Chacun professe sa religion avec une égale liberté, et obtient pour son culte la même protection. » A ceux pour qui l'exemple de l'Angleterre est décisif, et qui concluent d'une constitution empirique à une constitution rationnelle, nous posons cette question : « En Angleterre, le Parlement peut tout, *excepté*, disent nos voisins, *changer une fille en garçon ;* c'est leur manière de faire entendre que la capacité légale du Parlement ne s'arrête que devant l'impossibilité naturelle. Or, le parlement anglais peut changer la religion du pays, lui en substituer une autre, rendre celle-ci nationale, dominante, exclusive; il le peut, car il l'a fait : le parlement français le pourrait-il?

Il serait facile de répéter cette argumentation sur beaucoup d'autres articles, et de demander si chez nous le législateur pourrait créer des commissions judiciaires (article 54), donner le droit électoral avant vingt-cinq ans (34), l'éligibilité avant trente (32), déclarer que le roi n'est pas inviolable, que les ministres ne sont pas responsables (12), voter l'impôt pour plus d'un an (41), organiser la garde nationale, l'instruction publique, l'administration communale et départementale, sans observer les conditions de l'article 69. Mais nous multiplierions les arguments sans fortifier notre thèse, et nous nous hâtons d'arriver aux articles 68 et 69 combinés. Il en sort une preuve, après laquelle il semble que la discussion doive se clore.

« Article 68. L'article 23 de la Charte (sur la pairie), sera soumis *à un nouvel examen* dans la session de 1831. » « Article 69. Il sera pourvu successivement, *par des lois séparées*, et dans le plus court délai possible, aux objets qui suivent, etc. » Il y a là une distinction si claire du pouvoir constituant et du pouvoir législatif, que, pour ne pas la voir, il faut fermer les yeux.

L'article 69 promet des lois, des lois importantes sans doute, puisqu'elles sont l'objet de promesses particulières, et que les bases en sont posées d'avance, mais qui ne cessent pas d'être des lois pro-

prement dites, auxquelles la Charte communique
si peu le caractère constituant, qu'elle semble craindre qu'on ne s'y méprenne, et, dans ce but, elle
veut qu'elles soient *séparées*. Séparées, disons-nous :
nous supplions qu'on pèse ce mot. Séparées de
quoi ? de la Charte apparemment, puisque c'est
la Charte qui ordonne la séparation ; aussi, ces lois
sont-elles faites dans la forme ordinaire, et ne sont-
elles déposées, à leur date, que dans le *Bulletin des
Lois*.

Mais dans l'article 68, tout change, la matière, et
avec elle le langage. Il s'agit de savoir si la pairie
sera viagère ou héréditaire ; question toute constitutionnelle ; aussi, l'article 68 ne dit-il pas qu'il y
sera pourvu par une loi *séparée*, mais que l'article 23
sera soumis *à un nouvel examen* dans la session
de 1831 : ce nouvel examen est le synonyme de *révision*, ce qui veut dire que la session de 1831 n'est
pas appelée à remplir sa fonction ordinaire, mais
une fonction extraordinaire ; fonction pour laquelle
on lui donne un mandat qu'elle n'a pas pu se donner à elle-même ; mandat spécial, mandat limité,
mandat temporaire, qui ne pouvait lui venir que
du pouvoir constituant. Le pouvoir constituant,
debout au milieu des émotions de 1830, se défie
de son propre trouble, et renvoie à un avenir plus
calme la grande question de l'hérédité de la pairie.

La session de 1831 a reçu de cet acte de sagesse
une mission sur laquelle elle ne s'est pas trompée ;

elle l'a si bien considérée comme constituante, qu'elle s'est d'abord demandé si le *nouvel examen* n'était pas confié à la Chambre des députés seule, à l'exclusion de la Chambre des pairs; prétention qui fut et devait être repoussée, puisque le mandat confiait le *nouvel examen* à la session de 1831, c'est-à-dire à la législature tout entière. Cela a été si bien entendu, que son œuvre du 29 décembre 1831 porte en titre : *Loi contenant l'article qui remplace l'article 23 de la Charte;* qu'elle n'en a point été *séparée* comme les autres lois faites en exécution de l'article 69; qu'elle y a au contraire été insérée, et qu'elle fait corps avec elle sous le n° 23.

Ce n'est pas tout. L'article revisé, sorti de la grande distinction que l'on nie, sous-distingue, à son tour, entre les deux objets dont il s'occupe, à savoir, entre le caractère héréditaire ou viager de la pairie, et les conditions d'admissibilité. Cette sous-distinction une fois faite, il ajoute : « Ces conditions d'admissibilité à la pairie pourront *être modifiées par une loi.* » En dit-il autant du caractère viager de la pairie? Non, il se tait. Pas un jurisconsulte ne se méprendra sur la signification de ce silence. Il est évident que l'article revisé, en mettant dans la sphère législative ce qu'il voulait y mettre, se réserve ce qu'il n'y met pas, et se distingue d'elle par cet acte de supériorité.

Niez encore le pouvoir constituant; le voilà qui marche devant vous. Il ne se manifeste pas, notez-le bien, par l'assemblée de révision de 91 et de l'an III; cette forme n'est pas dans la Charte; elle n'en veut pas; mais le principe y est, il y respire, il en est l'âme; si vous l'en retirez, il ne vous restera dans les mains qu'un cadavre.

Il est de mode aujourd'hui de trancher cette grande question, bien moins d'après les principes que sur des impressions personnelles. Les uns n'ont vu le pouvoir constituant apparaître que comme une loi de colère, au milieu des éclairs et de la foudre, et en ont conclu qu'il n'avait que cette manière de s'annoncer. D'autres trouvent plus expédient de s'en passer dans la pratique des affaires. Tel que nous le concevons, il a non-seulement sa nécessité légale, mais son état normal, son existence paisible, son action régulière. Il n'a rien d'effrayant, il se laisse approcher, il est maniable, et il ne compromet que ceux qui le méconnaissent.

Mais comment le solliciter? Cette question est secondaire, comme toute question d'exécution. Le principe une fois sauf, la manière de l'interroger se trouvera sans peine, et sans remuer dans leur profondeur les masses populaires. Pourquoi, le cas échéant, ne ferait-on pas aujourd'hui ce qu'a fait l'ordonnance du 13 juillet 1815, dans un temps où l'on ne péchait pas par excès de partialité pour le pouvoir constituant, un appel spécial aux colléges électoraux? Les colléges électoraux sont le degré de notre organisation politique le plus rapproché de la nation, et son organe le plus immédiat; l'objet de leur réunion est circonscrit par l'ordonnance qui les convoque; leur tenue est réglée; toute délibération leur est interdite; ils ont ce qu'il faut pour procurer la sanction dont on a besoin; ils n'ont rien pour se rendre offensifs. La Chambre ainsi formée est plus que législative, c'est le même corps, ce n'est déjà plus le même pouvoir, et ce nouveau mandat se communique au reste du parlement. Quel inconvénient réel verrait-on dans ce mode? Est-ce trop quand il s'agit de la Charte? Enfin ce mode, n'eût-il d'autre avantage que d'avertir l'opinion, de refroidir les esprits, de rallier les gens de bien, d'ajouter une forme, un délai, nous allions dire une entrave, mériterait encore qu'on y recourût; dans un moment d'enthousiasme, une forme, un délai, une entrave, c'est tout ce qui sauve.

Voilà de beaux principes, peut-on dire; mais où est leur sanction? S'il ne plaît pas au pouvoir législatif de s'y soumettre, s'il lui prend quelque jour la fantaisie de jeter parmi nous les lambeaux de la Charte déchirée, montrez-nous le juge et le vengeur, avant de proposer votre théorie. Nous demanderons à notre tour : N'y a-t-il de devoir que celui qui a sa sanction, ni de tort que celui qui a son redresseur? Où est ici-bas la sanction de la morale en général? Où est la peine des coups d'État en politique? Assurément nous ne conseillerons jamais à la seule autorité parmi nous que puisse tenter

l'ambition de prendre la garde des limites, aux
tribunaux, de juger entre les pouvoirs constituant et
législatif; la loi, bonne ou mauvaise, est toujours
loi; elle se présente à eux comme l'expression de
la souveraineté, et ils lui doivent l'obéissance. D'ailleurs, partout où les pouvoirs sont divisés, il peut
s'élever sur la ligne de démarcation des doutes sérieux, qu'ils ne résoudraient ni complétement ni
convenablement. Le pouvoir, à qui reviendrait ce
soin, absorberait tous les autres, ou serait lui-
même leur victime, comme ce tribunat que la constitution de l'an viii avait chargé de dénoncer au
sénat les actes législatifs, coupables d'inconstitu-
tionnalité. Mais si le juge a ses devoirs, le législateur
n'a-t-il pas les siens? Une mauvaise loi cesse-t-elle
d'être mauvaise, parce qu'il faut lui obéir? Le sens
de ce que nous venons de dire, c'est que le pouvoir législatif a sa limite, quoique législatif, que
par conséquent il peut avoir son excès, et que
l'*omnipotence parlementaire* est une idée subversive; il n'y a pas de vérité méconnue qu'il importe
autant de raffermir.

La loi n'a point d'effet rétroactif. Les j, jurisconsultes ont demandé si cette règle d'éternelle justice,
qui est écrite dans l'article 2 du Code civil, dans l'article 4 du Code pénal, est faite pour le juge ou pour
le législateur; elle est faite pour l'un et l'autre;
ni le juge ne peut donner à la loi l'effet rétroactif
qui n'y est pas, ni le législateur ne peut l'y mettre;

c'est encore une limite qu'il ne doit pas franchir. Si cependant il la franchit, s'il fait des lois rétroactives, comme nous en comptons malheureusement quelques exemples, le devoir des juges est toujours d'obéir[1]; car le mal auquel il concourt en appliquant la mauvaise loi, est moindre que celui dont il se rendrait l'auteur en la jugeant. Ici encore, il n'y a de remède que dans l'abrogation, et la loi peut seule faire justice de la loi. Mais ni la possibilité de l'infraction à la règle, ni son impunité légale, ni la nécessité de l'obéissance provisoire chez tous les autres pouvoirs, ne détruisent la règle qui reste ce qu'elle est, c'est-à-dire obligatoire pour le législateur.

Eh bien! il en est de même de la limite des deux pouvoirs; la loi peut attenter à la Charte, et on lui obéira; mais cette obéissance ne fera pas qu'il n'y ait point attentat. Nous ne voyons qu'une différence entre le cas dont nous venons d'arguer et le nôtre, c'est que personne ne s'avise de préconiser l'effet rétroactif, tandis qu'un préjugé funeste menace la vraie doctrine du pouvoir constituant, et tend à affaiblir dans la conscience du législateur des scrupules qu'il faudrait y fortifier, comme l'unique sauvegarde de la Charte.

---

[1] Voy. à ce sujet la discussion du Code civil, un arrêt de la Cour de cassation du 25 mai 1814, et le *Répertoire*, v° *Effet rétroactif*.

CHAPITRE DEUXIÈME.

DU POUVOIR LÉGISLATIF.

Le gouvernement est constitué ; le premier de ses rouages est le pouvoir législatif ; il se met en mouvement, il fait des lois.

Il est bien entendu que le mot *loi* se prend ici dans son acception constitutionnelle. La loi n'est pas pour nous l'acte quelconque d'une volonté puissante s'imposant aux autres et réclamant leur obéissance. Dans les limites mêmes de notre régime, elle n'est ni la constitution, ni l'ordonnance royale, ni l'arrêté administratif, ni la décision judiciaire ; elle est l'œuvre particulière du pouvoir à qui la Charte a confié ce soin, avec un objet, un caractère et des effets propres, dont il importe d'acquérir une notion exacte ; car rien ne demande à être bien connu, autant qu'un pouvoir sans contrôle dans notre organisation politique, dont le redoutable privilége est de se faire obéir même dans ses excès, et de communiquer sa stabilité à ses fautes.

La séparation des pouvoirs législatif et exécutif a son principe dans la nature ; vouloir et agir, c'est la division la plus élémentaire de tout pouvoir ; c'est la tête et le bras, l'intelligence et les organes ; le gouvernement civil est en cela l'image de l'organisation humaine. Ingéniez-vous à trouver de nouvelles combinaisons politiques; divisez et redivisez le pouvoir, réduisez-le en poussière, partagez-en les atomes, variez-en les doses entre le roi, le sénat, les archontes, les éphores, les consuls, les tribuns, les préteurs; vous ne ferez jamais que des mélanges divers de deux éléments qui resteront les mêmes, le pouvoir législatif et le pouvoir exécutif; vous en épuiserez les variétés, sans en changer la nature.

Dans ce partage, c'est à la loi qu'est échue l'intelligence; comme l'intelligence, elle est calme et impartiale; comme elle, elle a son siége dans la tête, au-dessus de l'atmosphère où nous nous agitons, pour avoir, de cette espèce d'Olympe, la contemplation du droit. Si elle descendait de sa hauteur pour se mêler aux choses et aux personnes, c'est-à-dire dans le domaine de l'exécution, elle perdrait de son désintéressement et de sa sérénité. Voilà pourquoi le gouvernement se décompose en deux opérations distinctes et successives, que l'on confie à deux pouvoirs différents, dont l'un reçoit la règle toute faite des mains de l'autre, avec la nécessité de l'appliquer; ce n'est qu'à cette condition que la première est impartiale.

Cette distinction a quelque chose d'analogue à celle des deux puissances que chacun de nous sent en lui-même, la raison et les passions, mais avec cette différence essentielle, que Dieu a dû les réunir dans le même sujet pour lui laisser le choix de ses déterminations entre elles, et que la Charte a dû les partager entre deux pouvoirs, en ôtant au second le droit de juger la règle fournie par le premier ; d'où résulte cette conséquence singulière, que leur réunion dans l'homme constitue la liberté morale, et que leur séparation dans le gouvernement constitue la liberté politique.

On sent qu'un principe puisé si haut ne peut être qu'un principe général, et qu'il n'a point été fait en vue de tel cas ou de telle personne. Il répugne si bien à la raison que la règle se fasse et s'applique simultanément ; il est si vrai que l'influence des cas particuliers trompe ou déprave le législateur, que Montesquieu[1] met au nombre des mauvaises lois celles qui se sont faites de cette manière, les rescrits et les décrétales des papes.

La différence de la décision particulière à la loi, dont le caractère est nécessairement général, peut s'observer dans la manière dont on accorde des surséances aux débiteurs poursuivis par leurs créanciers. S'agit-il d'un débiteur qui demande un délai ? C'est l'affaire des juges, à qui l'article 1244 du Code civil recommande d'user de ce pouvoir avec une grande réserve. S'agit-il d'une classe de personnes ou d'un certain genre de dettes, auxquels un grand intérêt de justice ou de politique prescrit de laisser du répit ? La loi seule le peut, et elle ne peut rien

___

[1] *Esprit des lois*, liv. XXIX

de plus; aucun autre pouvoir n'accorderait compétemment les surséances générales, qui sont une suspension de la loi, et la loi elle-même excéderait son propre pouvoir en accordant des surséances particulières. On cite comme exemple de surséances générales régulièrement accordées, celles que la loi du 5 décembre 1814, article 14, accorde aux émigrés; celle que la loi du 30 avril 1826, article 9, accorde aux colons de Saint-Domingue. Le pouvoir exécutif n'en accorderait compétemment d'aucune espèce; des arrêtés consulaires du 19 fructidor an x, et du 23 germinal an xi ont ordonné qu'il serait sursis aux poursuites pour le payement des créances antérieures à 1792 et provenant de ventes d'habitations de maisons et de nègres à Saint-Domingue; mais ils avaient leur fondement dans une loi du 30 floréal an x, dont l'article 4 soumettait pendant dix ans les colonies au régime que leur ferait le gouvernement. Quant au décret impérial du 20 juin 1807, qui proroge la surséance jusqu'à la paix maritime, il n'y a rien à en dire, si ce n'est que c'est un décret impérial.

On a proposé[1] de déclarer incompatibles les fonctions de député et celles d'aide de camp du roi. Les aides de camp du roi ne constituent une classe de personnes ni dans l'ordre légal ni dans l'ordre social; la mesure proposée n'eût point été

______

[1] En mars 1846.

législative, car elle s'adressait déterminément à quelques individus, et n'avait point de caractère général.

Il est cependant un cas où l'intérêt général se lie si étroitement à une personne, que celle-ci peut devenir l'objet d'une loi. Ainsi le sénatus-consulte de l'an XII en déférant l'Empire à Napoléon, la Charte de 1830 en appelant au trône Louis-Philippe d'Orléans, la loi du 12 janvier 1816 en excluant du royaume et en privant des droits civils la famille Bonaparte, celle du 10 avril 1832 en appliquant la même mesure à Charles X et à sa famille, envisagés sous le rapport de la compétence, ont fait ce que la loi seule pouvait faire; à bien dire, dans chacune de ces grandes circonstances, il s'agissait moins d'une personne que d'une institution; et, après tout, ces exceptions à la règle la confirment : elles ne tirent pas à conséquence.

Ce caractère de généralité, on l'a donné à la loi, partout où la loi a été sainement entendue. Le droit romain, malgré ses rescrits, l'entendait ainsi : *Jura non in singulas personas, sed generaliter constituuntur.* L'ancien régime, malgré son pouvoir absolu, a ignoré les rescrits; il laissait les décisions particulières au conseil d'État et aux tribunaux, et donnait *a priori* ses principes généraux sous le nom d'ordonnances, d'édits, de déclarations. Ce n'est donc point par là que la loi constitutionnelle se distingue de celles de l'ancien régime, puisque ce caractère de généralité leur est commun à toutes. Mais, en retenant celui-ci, elle en a d'autres qui lui sont propres ; c'est de ces derniers que nous nous occupons.

Entre la loi selon la Charte et les actes qui, sous d'autres gouvernements, portent le même nom ou ont une destination analogue, il y a cette différence essentielle, que la loi constitutionnelle a pour objet de concourir à la garantie de nos droits, tandis que, dans le meilleur des gouvernements non constitutionnels, la loi peut respecter les droits de l'homme, peut même en procurer la jouissance, mais ne garantit rien. La tâche de notre régime est donc plus grande que celle des gouvernements absolus, et, chose étrange, pour une tâche plus grande, nous allons chercher un pouvoir moindre ; ceci n'est point un paradoxe, mais une vérité dont on va se convaincre ; c'est que la perfection du pouvoir chez les hommes est de se limiter.

Pour donner une idée juste de notre loi, il faut commencer par en déterminer l'objet ; cela fait, nous en déduirons les qualités qu'elle doit avoir, et nous arriverons à poser ses limites.

SECTION PREMIÈRE.

DE L'OBJET DE LA LOI.

La loi vient remplir la promesse de la Charte, c'est-à-dire servir de garantie à nos droits.

Si le propre de la loi est de garantir, son domaine se compose de tout ce qui a besoin d'être garanti. Mais quelles sont les choses qui en ont besoin ?

La Charte s'ouvre par ce titre : *Droit public des Français*, et y énumère l'égalité devant la loi, la liberté individuelle, la liberté de conscience, la liberté de la presse, l'inviolabilité du droit de propriété ; elle se ferme par cet autre titre : *Droits particuliers garantis par l'État ;* elle maintient les grades, honneurs et pensions militaires, et la dette publique. On trouve éparses dans le reste de la Charte huit dispositions spéciales concernant, article 19, la liste civile ; article 23, les conditions d'admissibilité à la pairie ; article 30, l'organisation des colléges électoraux ; article 34, les conditions nécessaires pour élire les députés ; article 40, l'établissement de l'impôt ; article 50, l'organisation judiciaire ; article 56, l'institution du jury ; article 69, l'application du jury aux délits de la presse et aux délits politiques, la responsabilité des ministres, le vote annuel du contingent de l'armée, l'organisation de la garde nationale, l'état des officiers de tout grade de terre et de mer, les institutions départementales et municipales, l'instruction publique et la liberté d'enseignement, les conditions d'éligibilité ; toutes choses que la Charte attribue exclusivement à la loi.

Si je prends toutes ces dispositions une à une, je remarque qu'il s'agit toujours d'un droit dans chacune d'elles, et si je cherche à les classer, je les vois se ranger d'elles-mêmes sous les trois grandes divisions qui embrassent toutes les législations du monde :

1° Droits concernant les personnes; 2° droits concernant les biens; 3° droits mixtes concernant à la fois les biens et les personnes.

Aux droits personnels se rapportent

L'égalité devant la loi, qui comprend la répartition proportionnelle de l'impôt et l'admissibilité aux emplois;

L'état civil, qui comprend la capacité des personnes pour les actes régis par le droit privé;

L'état politique, qui comprend la capacité des personnes pour l'exercice du droit de citoyen;

La liberté individuelle, qui comprend l'usage de toutes nos facultés, et entre autres la liberté de l'industrie;

La liberté de conscience;

La liberté de la presse;

Le service militaire.

Aux droits réels se rapportent

L'inviolabilité des propriétés, qui comprend le vote et la perception de l'impôt, parce que l'impôt est une véritable expropriation;

La dette publique, qui suppose un contrat entre l'État et les citoyens;

La liste civile, qui en suppose un entre la nation et le roi;

Et en général tous les règlements sur la nature

des biens, sur leurs modifications et la manière de les acquérir ou de les perdre.

Sont mixtes, comme se rapportant à la fois aux biens et aux personnes

Le droit de juridiction ;

La loi pénale, qui comprend la responsabilité des ministres;

L'organisation judiciaire.

Voilà les choses qu'il faut garantir. Je ne prétends pas en avoir fait l'énumération complète, de manière à exclure ce que j'aurais involontairement omis; j'ai voulu seulement trouver le principe général auquel aboutissent toutes les difficultés de détail, et ce principe, le voici : toutes les fois qu'il faudra régir l'usage de mes facultés personnelles ou l'exercice de mes droits sur mes biens, et me donner un juge, la loi seule peut déclarer ce qu'exige de moi l'ordre social; il est défendu à l'ordonnance d'y toucher.

La doctrine ne se présente pas toujours avec cette simplicité; elle a aussi ses cas douteux, et déjà, quoique jeune, son commencement de jurisprudence.

On a demandé à laquelle, de la loi ou de l'ordonnance, il appartenait d'autoriser l'établissement d'une communauté religieuse. La communauté religieuse est une association véritable, disait-on, et il suffit d'une autorisation administrative à une société commerciale. Il suffit d'une ordonnance royale pour conférer à un étranger le bienfait de la naturalisation.

Où serait la raison d'être plus exigeant à l'égard d'une communauté religieuse? La loi du 2 janvier 1817 s'était prononcée pour le pouvoir législatif; mais la question se ranima plus vive, dans cette réaction de 1825, qui aboutit à la loi du sacrilége[1]. Et cependant la loi du 24 mai 1825 adopta le même principe que celle de 1817. Si cette solution est bonne, ce n'est pas précisément parce que le pouvoir qui autorise la communauté lui attribue des droits civils; l'autorisation attribue aussi des droits civils à la société commerciale, à l'étranger que l'on naturalise, et cependant elle est administrative; cette raison seule n'empêcherait pas que, pour la communauté religieuse, comme pour la société commerciale et pour l'étranger, on ne posât dans la loi des conditions générales, dont le gouvernement n'aurait qu'à reconnaître l'accomplissement dans chaque cas particulier. Mais la vraie raison est qu'en autorisant une communauté religieuse, on crée une personne, à laquelle on donne une loi civile avec les droits qui s'y rattachent; une personne dont l'existence se perpétue au delà des existences individuelles, à ce point que l'article 619 du Code est obligé de limiter à trente ans la durée de l'usufruit qu'on lui accorde, et dont le régime spécial est un trouble dans l'économie politique, une entrave au

---

[1] On retrouve les éléments de la discussion dans un fort bon discours de M. le baron Pasquier, à la séance de la Chambre des Pairs du 1er avril 1823. *Disc.*, t. III, p. 371 et suiv.

mouvement naturel des propriétés. Une création semblable ne peut être que l'acte de la puissance souveraine, qui seule aussi doit pouvoir retirer l'existence donnée par elle.

Voici un cas inverse : On a demandé s'il fallait une loi, ou s'il suffisait d'un acte administratif pour autoriser une commune à s'imposer pour une dépense accidentelle et locale. L'impôt ne peut être voté que par une loi; mais la ressource créée pour subvenir à une dépense de cette espèce est-elle un impôt? Dans la première période de notre régime, on tenait qu'aucun denier ne pouvait être levé qu'en vertu d'une loi, même dans un intérêt communal; c'est le système de 1791[1]. Après l'agrandissement de l'Empire, les communes se multiplièrent au point que, pour faire face aux besoins variables de chacune d'elles, il eût fallu plus de cinquante mille lois par année. Cette difficulté d'exécution donna des scrupules sur le principe; on en retrouve la première trace dans un rapport de Portalis à l'Empereur, au sujet des églises et presbytères, en date du 17 juin 1807[2], époque où les idées de gouvernement commençaient à prévaloir. On ne vit plus l'impôt que dans la levée de deniers faite sur la nation entière, dans l'intérêt de la nation; on refusa de le voir dans la contribution que s'impose la personne

---

[1] Article 4 du titre v de la constitution de 1791.

[2] *Disc., rapports et travaux inédits sur le concordat de* 1801, IIe partie, p. 418.

fictive appelée *commune ;* on reconnut à la commune le droit de s'imposer, sans recourir à une loi, mais avec l'autorisation du gouvernement; et la législation qui la concerne fut conçue dans le double but de lui laisser son indépendance propre, et de la placer sous la tutelle de l'administration supérieure. C'est le système de la loi du 18 juillet 1837 [1].

Quand le pouvoir législatif pose un principe, il est, relativement au pouvoir exécutif, entre deux écueils qui sont également à éviter; si la loi ne dit rien du mode d'exécution, elle peut compromettre son principe; si elle dit trop, elle peut paralyser l'administration. Dans le premier cas, elle s'aliène elle-même, elle s'abandonne au pouvoir exécutif, et semble lui offrir le despotisme légal; dans le second, elle le garde pour elle, elle le resserre trop, et l'administration n'est qu'un instrument sans intelligence. Il faut, pour se garder de ces deux excès, un attachement sincère à notre régime et une profonde expérience des affaires.

La loi du 29 juin 1820 voulait, article 6, que l'électeur votât secrètement. C'était son principe; mais ce principe avait péri dans l'exécution. Aussi, conçoit-on que la loi du 19 avril 1831, article 48 et 49, règle la disposition matérielle du lieu où se réunissent les électeurs, jusqu'à exiger que chacun d'eux écrive son bulletin sur une table séparée du

____

[1] Article 33 et suiv.

bureau, et que cette table soit placée de telle sorte, qu'ils puissent circuler librement autour du président et des scrutateurs pendant le dépouillement du scrutin.

Quand les lois, et surtout les lois organiques, se bornent à énoncer leur principe, et s'abstiennent absolument d'en régler l'application, c'est-à-dire quand elles se dépouillent au profit du pouvoir exécutif, c'est un signe que celui-ci est au service d'une volonté despotique, et la constitution est menacée; en voici des exemples :

La profession d'avocat n'est autre chose que l'exercice d'une des plus nobles facultés de l'homme; il n'y a pas de droit plus personnel, ni qu'il appartienne plus évidemment à la loi de régir. Une loi du 22 ventôse an XII sur les écoles de droit a recours, article 38, à cette formule parasite de la législation impériale : « Il sera pourvu par des règlements d'administration publique à l'exécution de la présente loi, et notamment à ce qui concernera..... 7° la formation du tableau des avocats et *la discipline du barreau.....* » Ce mot discipline une fois prononcé, c'en est fait; le décret et ensuite l'ordonnance s'emparent de la profession de l'avocat, et la loi ne peut plus la ressaisir. Tout est en règle dans l'ordre légal; tout est à regretter dans l'ordre constitutionnel.

Après l'institution d'un gouvernement, en connaît-on une plus grande que celle de l'Université, une qui recèle plus de bien et de mal, et qui sollicite de plus près le législateur? Voici cependant tout ce qu'il a fait pour elle. Mais il faut commencer par méditer la date de son œuvre, 10 mai 1806, et méditer ensuite le texte. Hélas! il n'est pas long à transcrire. « Article 1er. Il sera formé, sous le nom d'*Université impériale*, un corps chargé exclusivement de l'enseignement et de l'éducation publics dans tout l'Empire. Article 2. Les membres du corps enseignant contracteront des obligations civiles, spéciales et temporaires. Article 3. L'organisation du corps enseignant sera présentée en forme de loi au Corps législatif, à la session de 1810. » Il n'était pas possible au premier des pouvoirs sociaux d'abdiquer en moins de mots : le principe de l'enseignement exclusif par l'Université, le principe de l'assujettissement de ses membres à des obligations spéciales, choses et personnes, tout est livré corps et âme, et livré en quatre lignes. L'article 3 venait comme une consolation après le sacrifice, laissant entrevoir au loin une organisation sous la forme d'une loi : mais tout s'était évanoui de la loi, jusqu'à sa forme. Le décret impérial n'eut pas la patience d'attendre la session de 1810; dès le 16 mars 1808, il se précipita sur la riche proie qui lui était offerte, et tout fut dit. Il est bien entendu que ceci s'applique seulement au procédé législatif, sans rien préjuger de l'Université en elle-même.

Imperfection des choses humaines! La loi est

douée d'une grande force pour garantir nos droits. Mais, si elle abuse de sa force, où sera leur garantie contre elle ? Dans le pouvoir constituant sans doute. Mais si elle abuse des dispositions constitutionnelles elles-mêmes, où la garantie se réfugiera-t-elle? Dans la religion du droit naturel, dernier recours de la liberté civile et politique ; hélas ! et il n'est pas jusqu'au droit naturel dont elle ne puisse abuser, à l'aide de ces doctrines qui ont le secret de déposer le germe du despotisme au sein des plus magnifiques promesses de la liberté. Avant que la constitution du 24 juin 1793 eût reçu son existence éphémère, je rappelle que Robespierre avait élaboré un projet particulier, où il dévoilait sa pensée sur la déclaration des droits ; il y avait mis des propositions désastreuses sous la protection d'éternelles vérités. Il y disait, article 1ᵉʳ : « Le but de toute association politique est le maintien des droits naturels et imprescriptibles de l'homme, et le développement de toutes ses facultés. » La Charte n'a pas d'autres principes. Article 4 : « La liberté est le pouvoir qui appartient *à chaque homme,* d'exercer à son gré toutes ses facultés ; elle a la justice pour règle, les droits d'autrui pour bornes, la nature pour principe *et la loi pour sauvegarde.* » Cela est admirablement dit. Mais tout aussitôt il ajoute, article 5 : « La loi ne peut défendre que ce qui est nuisible *à la société;* elle ne peut ordonner que ce qui lui est utile. » Qu'est-ce à dire? Tout à l'heure le type de la liberté était *dans chaque homme*, et voici que la mesure du juste est dans l'intérêt *de la société;* le droit individuel s'efface devant le droit collectif, et, bien entendu, devant le droit collectif déclaré par la loi. Nous ne nous entendons plus. Nous nous entendons bien moins encore, quand l'article 7 achève ainsi sa pensée : « La propriété est le droit *qu'a chaque citoyen* de jouir de la portion de bien *qui lui est garantie par la loi.* » Ici le masque est jeté; la société devient la source du droit de propriété; elle détermine la portion de bien dont elle promet la garantie; le droit naturel disparaît devant elle, et sa loi est omnipotente. La constitution de 93 elle-même n'a pas voulu de cette doctrine. C'est à nous de retenir la leçon.

L'objet de la loi ainsi déterminé, il reste à connaître les qualités qu'elle doit avoir pour le remplir; c'est-à-dire, pour procurer à nos droits sa part de leur garantie, sans rien céder de la sienne, sans entreprendre sur celle des autres. Nous pourrions dès ici et par la seule voie du raisonnement déduire ses qualités de sa tâche, et ce qu'elle doit être de ce qu'elle doit faire; mais ne hasardons rien; aux procédés purement rationnels ajoutons les procédés plus sûrs de l'expérience. Jugeons l'état où nous sommes par opposition à celui dont nous sortons; l'idée de la loi n'était pas inconnue à l'ancien régime, et cependant nous n'avons pas voulu de lui. Que cherchons-nous donc de plus ou de différent dans le régime constitutionnel? Cette recherche est pleine d'enseignements, puisqu'elle se propose de s'assurer par le seul secours de la science, si le but qu'a poursuivi la révolution a quelque chose de réel et de légitime.

SECTION DEUXIÈME.

DE LA LOI DANS L'ANCIEN RÉGIME.

Passons à l'ancien régime sa double prétention d'avoir été absolu, et de n'avoir pas été despotique; jugeons-le comme absolu seulement, c'est-à-dire, comme ayant exercé un pouvoir sans limite, mais tempéré par le sentiment du juste et par les mœurs nationales. Voyons-en la mesure dans cette célèbre réponse de Henri IV au parlement de Paris qui hésitait à enregistrer l'édit de Nantes : *Je prends bien les avis de mes serviteurs; si je les trouve bons, je les embrasse, et change volontiers mon opinion....* Voilà le pouvoir absolu dans toute sa perfection possible; c'est une bonne fortune pour qui l'étudie, d'en entendre la définition de la bouche de Henri IV.

Dans sa perfection même, il est atteint d'une infirmité incurable, de cette faculté de se rétracter qui lui est essentielle, la seule chose qui ne change pas en lui, à savoir : l'incapacité de s'obliger et par conséquent de rien garantir. On a dit de Dieu qu'il avait commandé une fois pour obéir toujours, et c'est peut-être l'expression la plus sublime de sa toute-puissance ; car il n'y a que la toute-puissance qui soit capable d'une éternelle fidélité à ses propres lois. Aussi le pouvoir absolu chez l'homme est-il incapable de se saisir, de se fixer, de s'obéir à lui-même, et cette incapacité est une de ses plus grandes misères.

Qui s'attacherait à suivre la filiation de cette idée dans la jurisprudence, serait payé de sa peine. Et par exemple, dans les États où le pouvoir n'est pas héréditaire, chaque prince se croit libre des engagements de son prédécesseur, et se réserve le droit de les confirmer par un acte exprès. On fait remonter cette doctrine à Tibère ; Suétone[1] assure que Titus l'a répudiée, et est même allé jusqu'à défendre de lui demander des confirmations de cette espèce. Les papes, qui se succèdent à titre singulier, ont ressuscité le principe de Tibère[2]. Le Bret a fait plus ; il l'a introduit en France, où cependant l'hérédité du pouvoir et la maxime *le roi ne meurt jamais*, semblaient devoir identifier tous les princes ; il est vrai qu'il s'appuie d'un arrêt du parlement inséré aux *olim* en l'année 1256 ; et c'est, assure-t-il, sur ce fondement que Louis XII a refusé de payer les dettes de son prédécesseur Charles VIII. C'est cette néces-

---

[1] *Vie de Titus*, ch. VIII.

[2] *Décrétales de Grégoire IX.*

sité d'actes confirmatifs de la part du prince régnant, qui a fait établir à chaque avénement un droit domanial, qui remonte à François Ier, que Louis XVI a remis à ses sujets, et qui n'a été aboli que par l'Assemblée constituante. Bodin[1], Grotius[2], Puffendorff[3], ont fait plus encore. Ce qui avait été dit du prince qui ne lie point son prédécesseur, et qui ne lie pas son successeur, ils l'ont dit du prince lui-même et de ses propres actes. Où serait le principe de son obligation? Si elle est valable, elle ne l'est que dans le for intérieur; si elle a quelque vice, il en est le seul juge. Comment ne s'en relèverait-il pas, lui qui relève les autres de leurs engagements? Louis XIV écrivit en 1666 à l'électeur de Brandebourg, qu'il engageait sa parole royale à maintenir l'édit de Nantes; en 1685, il le révoqua.

Nulle part cette impuissance de s'obliger, c'est-à-dire de faire une loi, n'éclate autant que dans le régime du domaine. Le domaine était inaliénable : c'était le principe. Depuis Hugues Capet jusqu'à Louis XVI, il a été consacré presqu'à chaque règne, sous l'appellation pompeuse de loi fondamentale du royaume; et il n'est pas de prince, si ce n'est Henri IV, qui, de la même main dont il venait de le consacrer, n'ait signé la concession qui le violait. Jamais il n'a été possible au pouvoir absolu de s'astreindre à sa pro-

---

[1] Chap. VIII.
[2] Liv. II, chap. XIV.
[3] Liv. VIII, chap. X.

pre règle, ni d'obtenir une inaliénabilité véritable : de là ces nombreux engagements de domaines, qui étaient à la fois et la condamnation du pouvoir, et la ruine de la nation. Le mal était à son comble sous Louis XVI. Lisez l'arrêt du conseil du 14 janvier 1781 : c'est le pouvoir absolu faisant l'aveu de son impuissance, et poussant un cri de détresse aux approches de la révolution. Une loi constitution- nelle, celle du 22 novembre 1790, a pu seule ré- soudre le problème.

Si, d'une part, rien ne sortait du pouvoir absolu qui fût obligatoire pour lui, de l'autre, les ordres qui s'échappaient de ses mains en si grand nombre et sous tant de formes, lettres patentes, lettres clo- ses, lettres missives, le réduisaient quelquefois à douter de lui-même, et jetaient de l'incertitude jusque dans l'obéissance que lui devaient les ma- gistrats et les sujets. Chose que l'on n'a point assez remarquée! en même temps qu'il disait : *obéissez*, il disait aussi, il disait souvent : *n'obéissez pas*. Ce n'était pas une simple recommandation de ne point obtempérer à des ordres particuliers qui dérogeaient aux maximes générales; ce n'était même pas une invitation de se tenir en garde contre les lettres clo- ses, dont les hommes de cour faisaient un si cruel usage. C'était une injonction formelle de ne point obéir aux lettres, quelles qu'elles fussent, closes, patentes ou missives, qui pouvaient être, qui étaient même des actes personnels du prince. Ce phéno-

mène mérite d'être constaté par les monuments de
notre histoire, et il l'est de la manière la plus authen-
tique par une série d'ordonnances depuis le vi[e] siècle jusqu'au xviie. « Nous défendons, disait Charles VI en 1413, à nos maîtres des requêtes, qu'ils
ne fassent aucunes telles requêtes, et se par im-
portunité, inadvertance ou autrement, *nous les
octroyons*, nous défendons à notre dit chancelier
qu'il n'en scelle aucunes lettres, et *se elles étoient
scellées, nous défendons à notre dite cour et à tous
nos autres juges, que à icelles lettres ils n'obéissent
aucunement*[1]. » On trouve trois ordonnances de ce
genre sous le règne de ce malheureux prince ; ce n'é-
taient pas seulement des précautions contre les surpri-
ses faites à sa faiblesse : c'étaient des précautions
contre le principe même du pouvoir, à ce point que
les exemples s'en sont renouvelés de règne en règne, jusques et y compris celui de Louis XIV[2]. Ces
actes prouvent de bonnes intentions, et un pouvoir
vicieux qui proteste contre lui-même, qui s'en remet au bon sens des sujets du soin de faire un choix
parmi ses ordres, et commande aux magistrats de
n'appliquer que ceux qui leur paraissent raisonnables. « Notre intention, dit l'article 66 d'une ordonnance de 1454, est que les juges n'obéissent à nos

---

[1] *Ordonnances du Louvre*, t. X, p. 123.

[2] Ordonnances du 20 avril 1402, du 28 octobre 1416, d'avril 1463;
13 juin 1499, octobre 1525, juin 1609, 24 juillet 1627, 3 avril 1636,
juin 1643, mars 1646, septembre 1641.

lettres, sinon qu'elles soient civiles et raisonnables. » Se peut-il une démonstration plus claire de la nécessité de diviser les pouvoirs?

Le mal, il faut en convenir, n'était pas aussi grand dans le droit privé que dans le droit public. Le pouvoir absolu, moins directement intéressé aux démêlés des citoyens entre eux, y faisait moins sentir sa mauvaise influence, et y laissait régner certaines règles qu'entretenait l'esprit d'équité de la magistrature, et qui pouvaient produire quelques-uns des effets de la garantie. Mais, à cette exception près, que le droit privé était encore loin de la loi proprement dite! La diversité des coutumes et des jurisprudences locales servait d'argument à Pascal contre la justice humaine; les textes les plus précis mouraient étouffés sous les usages, les doctrines des commentateurs et les interprétations contraires des cours souveraines. On a la mesure de la force des lois civiles d'autrefois, dans la manière dont le conseil des parties comprenait la cassation. Au dire de M. Henrion de Pensay[1], il ne cassait, ni pour violation du droit romain, parce que les parlements se croyaient les maîtres d'y choisir, et même de modifier ce qu'ils y choisissaient, ni pour violation des coutumes, parce qu'aux yeux de l'autorité suprême elles n'étaient que des conventions particulières à certaines provinces; il ne cassait même pas toujours

---

[1] *Autorité judiciaire*, t. II, p. **242** et suiv.

pour violation des ordonnances, malgré leur caractère général, parce que la violation du texte se perdait le plus souvent dans le droit de l'interprétation, et que les cours souveraines s'en étaient emparées. L'application des ordonnances se faisait de manière à justifier le langage de L'Hôpital aux magistrats de son temps : « Vous jurez à vos réceptions garder les ordonnances, et entrez en vos charges par serment.... les gardez-vous bien? la plupart d'icelles est mal gardée, et en faites comme de cire, et ainsi qu'il vous plaît. » Voilà pourquoi Louis XIV consacre le titre Iᵉʳ de son ordonnance de 1667 sur la procédure, à un seul objet : *de l'observation des ordonnances,* comme au plus pressant besoin auquel il eût à pourvoir.

La loi, dans l'ancien régime, manquait donc de deux qualités essentielles ; elle n'était ni certaine, ni obligatoire, c'est-à-dire qu'elle n'était point loi. Concluons avec assurance que, sous le régime constitutionnel, la loi doit être l'un et l'autre. Il importe d'arrêter l'attention du lecteur sur chacun de ces caractères successivement.

SECTION TROISIÈME.

LA LOI EST CERTAINE.

Ce qui signifie qu'elle ne peut être ni discutée comme la maxime, ni révoquée comme l'ordonnance, ni mise en question comme la coutume, ni divisée comme le droit romain.

Pour qu'elle soit certaine, il faut qu'on ne puisse pas la supposer. Or, on peut la supposer partout où elle se ne fait, ne se promulgue, ni ne se garde dans les formes constitutionnelles.

« Memnius, dit Cicéron [1], vient de communiquer au sénat l'accord que son compétiteur et lui avaient fait avec les consuls, par lequel ceux-ci s'étaient engagés à les favoriser dans la poursuite du consulat pour l'année suivante; et eux, de leur côté, s'obligeaient de payer aux consuls 400 000 sesterces, s'ils leur fournissaient trois augures, qui déclareraient qu'ils étaient présents lorsque le peuple avait fait la loi *Curiate,* quoiqu'il ne l'eût point faite, et deux consulaires qui affirmeraient qu'ils avaient assisté à la signature du sénatus-consulte qui réglait l'état de leurs provinces, quoiqu'il n'y en eût point eu. » « Que de malhonnêtes gens dans un seul contrat! » s'écrie Montesquieu [2].

César, pendant sa dictature, et avant le retour de Cicéron à Rome, fabriquait des sénatus-consultes sous le nom de celui-ci, qui l'apprenait dans sa retraite, et recevait des remercîments pour des grâces qu'il avait, à son insu, prononcées à des tiers.

Après la mort de César, Antoine, ayant fait dé-

---

[1] *Ad Attic.,* lib. IV, epist. 18.

[2] *Grandeur et décadence des Romains,* chap. x.

créter que tous les actes du dictateur seraient valables, exploita le dépôt de ses papiers qui lui avait
été confié; il supposa un grand nombre de sénatus-
consultes, et les vendit.

Un capitulaire, faussement attribué à Charlemagne, a proscrit le droit romain dans son empire,
et cela, par l'erreur ou l'imposture d'un compilateur,
nommé Benoit Lévite.

Pendant plusieurs siècles, les fausses décrétales
en ont imposé à toute l'Église latine, ont arbitrairement étendu le pouvoir des papes et des évêques,
et altéré la discipline ecclésiastique.

On connaît quelques tentatives de ce genre sous
le régime de la promulgation et de la sanction;
mais elles ont toutes été déjouées et punies. Un
décret du 6 août 1791 ordonne une information
judiciaire au sujet d'une fausse constitution française; un arrêté du directoire, du 2 ventôse an v,
destitue deux fonctionnaires accusés d'avoir fabriqué
une loi, et les livre à la justice; un faux décret fut
rendu le 17 vendémiaire an ii sur la suppression de
la compagnie des Indes. On n'ignore pas quelle
expiation fût tirée de Chabot, de Fabre d'Églantine,
et de quelques autres qui étaient compromis dans
cette affaire.

Passons aux conséquences.

§ Ier. De l'uniformité.

La certitude de la loi implique son uniformité. Si la loi positive change à chaque circonscription du territoire, celle d'en deçà valant celle d'au delà, elle ne serait nulle part, ou du moins elle serait partout incertaine, et Pascal aurait raison. Cela est aussi évident qu'il l'est que la vérité est une.

L'uniformité dans la législation n'a pas été chez nous la conséquence directe et immédiate de l'unité nationale. L'unité était depuis plus de deux siècles dans la population et le territoire, qu'elle n'était pas encore dans la loi ; elle y était appelée par tous les esprits éclairés depuis L'Hôpital et Dumoulin jusqu'à Bourjon ; mais ce miracle n'était réservé ni à la science, ni au génie de quelques hommes. Il fallait le régime constitutionnel, qui lui-même ne pouvait s'acheter qu'au prix d'une révolution sociale. Ce n'est pas sans une sorte de compassion que nous contemplons de notre point de vue ces généreux efforts pour donner à la France un droit commun. Bourjon, qui résume en lui ses devanciers, nous initie à sa méthode ; il voyait dans chaque coutume une loi particulière, présupposant une loi générale qu'il s'agissait de retrouver. Mais cette supposition d'une unité primitive détruite, dont il n'y avait qu'à rassembler les éléments épars pour la reconstruire, n'était pas plus vraie que celle d'une ancienne mo-

narchie vers laquelle cherchaient à remonter les
publicistes du moyen âge. Chaque loi municipale
avait son indépendance, ses franchises et ses priviléges, que l'on avait presque toujours eu le soin de
réserver lors de la réunion, et auxquels elle n'aurait
renoncé à aucun prix. Les coutumes n'avaient entre
elles aucun lien commun, et la suprématie que le
besoin bien naturel de l'unité avait tenté d'attribuer
à celle de Paris, était plutôt de doctrine que d'obligation. La jurisprudence du conseil des parties
s'était formée en conséquence; il n'accordait point
la cassation pour la violation des coutumes. L'office
de la cassation n'a de réalité que sous la loi constitutionnelle.

§ II. De l'axiome *nul n'est censé ignorer la loi.*

On nous enseigne que nul n'est censé ignorer la
loi; on attribue au vulgaire des notions que le
travail de toute la vie procure à peine à l'esprit le
plus vaste et le plus fort. Je ne connais pas de fiction
plus violente. Je conviens qu'elle est un besoin de
l'ordre social, et qu'il n'est pas un acte de notre
justice qui ne fût, sans elle, inique ou absurde. Mais
il faut m'accorder que, pour avoir le droit d'imposer
à tous les hommes cette présomption excessive, le
gouvernement doit commencer par fixer ce qu'ils
sont censés connaître. Comment pouvez-vous exiger
que je sache ce que vous voulez, si vous l'ignorez

vous-même, ou si vous voulez autre chose ici, autre chose là, et si l'énorme recueil de vos variations renferme une science ou un mystère impénétrable? Presque tous les gouvernements ont imité à leur manière Caligula, qui avait fait écrire une loi en caractères si menus, et l'avait fait afficher à une telle hauteur, qu'il était impossible de la lire. Le régime constitutionnel a seul le droit de se prévaloir de cet axiome, parce que seul il fait ce qui convient pour le justifier. Plus nous le connaîtrons, plus nous le verrons éclairer la jurisprudence.

§ III. De l'usage et de la désuétude.

Voulez-vous retomber dans le chaos de l'incertitude? Permettez à l'usage de faire, à la désuétude de défaire la loi; ranimez les anciennes controverses à ce sujet; dites avec les uns que l'usage et la désuétude sont la manifestation la plus sûre des besoins du peuple; distinguez avec les autres entre le gouvernement démocratique et celui d'un seul; admettez l'usage dans le premier, proscrivez-le dans le second; cherchez à indiquer ses caractères; fixez arbitrairement sa généralité, son ancienneté, la manière de le reconnaître et de le constater; c'est-à-dire, faites faire une loi par des juges et dans des formes judiciaires.

Il était naturel que l'usage eût sa théorie et ses règles à une époque, où c'est de lui que la loi tirait son origine et recevait sa première forme ; on conçoit qu'après l'avoir faite, il l'ait modifiée, et que son empire, survivant à sa cause, passant de la coutume orale à la coutume écrite, se soit perpétué jusque sous le régime des ordonnances. L'ordonnance du commerce de 1673 prescrivait l'enregistrement des actes de société, et la cour de cassation a jugé, le 22 messidor an ix, que cette disposition était tombée en désuétude ; c'était juger qu'un certain nombre d'arrêts ou de certificats de notoriété avaient pu l'emporter sur l'autorité de Louis XIV ; c'était faire subir à l'ordonnance la destinée à laquelle elle était sujette ; c'était la loi du temps.

Mais ce reste d'un temps qui n'est plus cherche à se maintenir dans le nôtre, où la loi s'écrit, se vote, se promulgue, se garde selon des formes déterminées, et où un texte peut seul désormais abroger un texte. Une loi qui appartient au nouveau régime, celle du 25 ventôse an xi, exige la présence de deux notaires pour la validité des actes ; l'usage a prévalu de s'en tenir à un seul ; d'abord et pendant longtemps, la cour de cassation a donné raison à l'usage contre la loi[1] ; c'est seulement en 1841 qu'elle a proclamé, dans deux de ses arrêts[2], que la loi n'était plus à la merci des pratiques populaires, et que l'usage, d'ailleurs le mieux entendu, ne pouvait faire que la loi ne restât pas loi. Tant les con-

---

[1] Notamment par un arrêt du 14 juillet 1825.

[2] 25 janvier et 16 novembre.

séquences les plus claires d'une vérité reconnue ont quelquefois de peine à pénétrer dans l'application! Le pouvoir législatif, averti par ce retour aux vrais principes, a compris que c'était à lui d'aviser; la loi du 21 juin 1843 a donné satisfaction aux exigences de la pratique et des principes, et rien qu'en faisant acte de médiateur, le pouvoir compétent a condamné les anciennes prétentions de l'usage. C'est la portée constitutionnelle de cette circonstance récente.

Habituons-nous à ne recourir à l'usage que dans les cas tout à fait imprévus, ou lorsque la loi y renvoie elle-même : dans le premier cas, on ne la viole pas; dans le second, on lui obéit.

SECTION QUATRIÈME.

LA LOI EST OBLIGATOIRE.

Si l'on entendait seulement par ces mots que les sujets doivent obéissance à la loi, cette vérité triviale mériterait à peine d'être énoncée; elle n'aurait surtout rien de particulier au régime constitutionnel. Mais c'est au pouvoir qu'il s'agit de donner des liens; il n'est plus permis d'en douter depuis la révolution de juillet, laquelle semble n'avoir été entreprise que pour introduire dans l'article 13 de la Charte ces mots qui la résument : « Le roi... fait les règlements et ordonnances nécessaires pour l'exécution des lois, *sans pouvoir jamais ni suspendre les lois elles-mêmes, ni dispenser de leur exécution.* » Jamais; ce mot inexorable est dans la Charte, et il en rend la disposition absolue. Le pouvoir avait la prétention de recéler en lui un droit suprême indépendant de la loi, celui d'intervenir à sa place, toutes les fois qu'il la jugerait impuissante ou qu'il y voyait une entrave. C'est pour dénier ce droit au pouvoir que l'intercallation de 1830 est sortie d'une révolution; c'est donc le pouvoir que la loi oblige, puisqu'il lui est défendu de la suspendre, même en alléguant une nécessité extrême.

Toutefois cette disposition si absolue serait une témérité, si elle n'admettait une restriction, qu'il faut sous-entendre dans toutes les lois humaines ; quoique sortie d'une révolution, elle n'est pas faite pour les révolutions; les révolutions ne sont telles que parce qu'elles ne souffrent aucune règle; si elles se laissaient régler, elles ne seraient plus des révolutions. Quand il se déchaîne une de ces tempêtes, pendant lesquelles il ne reste qu'à se recommander à Dieu, la manœuvre est impossible pour tout le monde. Qu'il reste donc bien entendu que les règles de conduite dont nous nous préoccupons, constitutions, lois, doctrines, se renferment dans cette sphère où la prudence humaine peut quelque chose.

Une fois limitée à cette politique rationnelle, dont le Code peut s'écrire et qui supporte la logique, la

disposition de l'article 13 garde son sens absolu...
L'obligation d'exécuter n'est pas une faculté, c'est
un devoir. Mais la vérité à laquelle elle donne sa
première formule peut-être depuis qu'il y a des
constitutions, n'est pas si simple qu'elle n'ait besoin
d'être expliquée. Elle est sans doute la même pour
tous, et cependant tous ne l'entendent pas de la
même manière; il y a une différence entre l'esprit
du juge et celui de l'administrateur.

Le juge accepte sans restriction l'obligation d'exécuter la loi; il s'en rend l'esclave et se fait même
une vertu de sa servitude. Ne serait-ce point à cette
perfection de son pouvoir qu'il doit d'avoir conservé
l'autorité la plus intacte de nos jours? Mais l'obligation d'exécuter n'apparaît pas aussi rigoureuse à
l'esprit de l'administrateur; celui-ci vit dans un
monde d'action, où la règle paraît trop souvent en
contradiction avec les faits, où l'on a toujours à lutter contre la tentation de composer avec elle, où,
sous les noms divers de politique, de raison d'É-
tat, de gouvernement, d'habileté administrative,
finit par prévaloir je ne sais quelle sagesse illégale,
qui pourrait bien n'être autre chose que le pouvoir
absolu reparaissant sous un autre nom. L'illusion que
produit ce côté des affaires a été récemment portée
jusqu'à faire de la politique un pouvoir, en prenant
ce mot, non pas dans le sens d'un système de gouvernement, mais dans le sens d'un pouvoir particulier, distinct de ceux que nous connaissons dans

l'ordre constitutionnel, y occupant cependant une place, y exerçant une influence presque prépondérante sans reconnaître de règle précise[1]. Ce serait un abîme à dévorer la Charte tout entière. Que ceci soit pris à titre d'observation, non de reproches; car le mal tient à l'époque, à la nature hétérogène des éléments de notre régime, dont l'un, le droit commun, nous vient de l'esprit libéral et formaliste de la révolution, et l'autre, l'organisation administrative, de l'esprit pratique et expéditif du Consulat et de l'Empire. Sortie de cette origine, l'administration semble étrangère à notre mécanisme, comme une pièce de rapport qui s'y agence avec peine. Sous un régime de droit strict qui demande de la précision en tout, ses attributions restent confuses, et le secret de les coordonner se cherche encore. Sa responsabilité est décrétée en principe; mais une responsabilité réduite aux termes d'une abstraction, est presque un inconvénient; car si la responsabilité organisée sert de frein, la responsabilité non organisée sert de prétexte et souvent d'aiguillon; l'une retient, l'autre enhardit. La position de l'administrateur est particulièrement fausse, dans les occasions qui naissent du système représentatif; on lui a créé, dans les luttes électorales et dans les chambres, des devoirs contraires, incompatibles, dont la théorie n'a pu jusqu'ici se trouver, par la raison peut-être qu'elle est

<hr>

[1] M. Vivien, *Études administratives*, p. 12.

impossible. On se plaint de cette disparate dans nos institutions, qui produit une contradiction dans nos mœurs publiques, et l'on semble désespérer de trouver le remède, puisqu'on remet ce soin à l'avenir et aux progrès de notre éducation future. En attendant, la doctrine a un devoir à remplir [1].

§ Ier. — De l'empire des circonstances ou de la politique dans l'ordre légal [2].

Nous ne parlons pas de la force qui déchire la loi, ni même de la mauvaise foi qui l'élude ou la fait

---

[1] Nous reviendrons plus tard, au sujet de la représentation nationale, sur cette grave difficulté.

[2] On trouve le dialogue suivant dans l'*Histoire des Girondins*, par M. de Lamartine :

« C'était pendant le procès de Danton ; les jurés délibéraient : Souberbielle, l'un d'eux, hésitait. Dans l'agitation de ses pensées, dit l'auteur, il se promenait à pas interrompus dans un corridor qui précédait la salle des délibérations. Un des collègues de Souberbielle, Topino Lebrun, l'aborde : « Eh bien ! Souberbielle, que fais-tu là ? — Je médite sur l'acte terrible qu'on veut obtenir de nous, répond Souberbielle. — Et moi, j'ai médité, reprend le juré. — Qu'as-tu décidé ? lui demande Souberbielle. — Je me suis dit, réplique le juré : ceci n'est pas un procès, c'est une mesure. Les circonstances nous ont portés à une de ces hauteurs où la justice s'évanouit, pour ne plus laisser dominer que la politique. Nous ne sommes plus des jurés, nous sommes des hommes d'État. — Mais, dit Souberbielle, y a-t-il deux justices ? Une pour le vulgaire des hommes, une autre pour les hommes supérieurs ? et l'innocence en bas deviendrait-elle crime en haut ? — Bah ! dit le juré, il ne s'agit pas de ces arguties, mais de bon sens mentir. Ces violations grossières ne sont pas du domaine de la doctrine, et cependant, elles ont en elles un enseignement qu'il ne faut pas perdre : c'est qu'elles portent également malheur à tout le monde, sans acception de partis. Voici à ce sujet, entre deux époques ennemies, un rapprochement qui m'a toujours frappé :

Au 18 brumaire, le général Bonaparte, haranguant le conseil des Anciens, s'entendit objecter la constitution de l'an III : « La constitution ! s'écria-t-il avec l'accent de la fureur, la constitution ! Osez-vous l'invoquer ? Vous l'avez violée au 18 fructidor ; vous l'avez violée au 22 floréal ; vous l'avez violée au 30 prairial ! »

Lorsqu'en 1823, M. de Chateaubriand, ministre des affaires étrangères, publia un manifeste pour préparer les esprits à la septennalité, il répondit à ceux qui lui objectaient la Charte de 1814 : « Le renouvellement septennal ne fera rien qui n'ait déjà été fait ; quand on a empiété sur la prérogative royale, la Charte a été violée ; quand on a augmenté le nombre des députés, la Charte a été violée. »

et de patriotisme. Nous sommes où nous sommes. La république est à une de ces extrémités où le jugement n'est pas une justice, mais un choix. Danton et Robespierre ne peuvent plus s'accorder. Il faut, pour sauver la patrie, que l'un des deux périsse. Eh bien ! interroge-toi en bon patriote, et réponds-toi en conscience : lequel crois-tu le plus indispensable en ce moment à la république, de Robespierre ou de Danton ? — Robespierre, répond sans hésiter Souberbielle. — Eh bien ! tu as jugé, » répond Topino Lebrun ; et il s'éloigne. »

Ainsi, que chacun le comprenne, *Tros Rutulusve fuat* : une première infraction devient le principe et l'apologie d'une seconde. La loi est inflexible; il en est d'elle comme du chêne : on peut la rompre, on ne la plie pas. Mais aussi, une fois rompue, elle vous abandonne, et vous ne la retrouvez plus pour vous en faire un appui, sans que quelqu'un vienne vous dire comme en l'an VIII : *Osez-vous l'invoquer?* ou comme en 1823 : *On ne fera rien qui n'ait déjà été fait.*

Il y a un autre retranchement à faire dans cette étude, pour qu'elle soit utile; c'est celui de tous les actes par lesquels le gouvernement de la restauration a suspendu les lois ou s'est dispensé de les exécuter. Aujourd'hui que son arrière-pensée a éclaté dans les ordonnances du 25 juillet, il n'y a qu'une observation à faire, une fois pour toutes, sur ceux de ses actes qui ont été conséquents à ce principe; c'est qu'il se croyait au-dessus des lois, et qu'il est tombé pour l'avoir cru. L'étude doit donc porter entièrement sur les actes postérieurs à la Charte de 1830, puisque c'est par elle que la raison légale est devenue exclusive, et ne souffre plus de partage avec la raison politique. Eux seuls peuvent rendre le fonctionnaire perplexe entre deux devoirs qui paraissent se combattre. Les illégalités n'étaient que la conséquence d'un principe *à priori;* aujourd'hui seulement elles peuvent être le résultat d'une lutte entre une loi impérieuse et une nécessité de circonstance.

Après ce retranchement, il reste encore une condition, pour que cette étude ne soit pas oiseuse ; c'est que la doctrine ne s'exerce, même quant aux actes postérieurs à 1830, que sur ceux où l'on a pu hésiter de bonne foi entre le principe et les circonstances ; sur les autres il n'y a rien d'utile à dire. Par exemple, une loi du 19 juillet 1845 ordonne de réduire à trente le nombre des maîtres de requêtes au conseil d'État, et tout aussitôt on les porte à plus de quatre-vingts ; violation gratuite de la loi, dans laquelle la politique n'est pour rien ; car il ne faut pas appeler de ce nom le désir qu'a un ministre de se faire des créatures ; de tous les motifs qui entraînent à un acte illégal, celui-ci est le moins pardonnable. Il convient donc de s'attacher à ceux où il y a conflit entre les deux tendances contraires, et lieu par conséquent à une hésitation raisonnable. Le droit romain a son titre *de rebus dubiis ;* le régime constitutionnel peut aussi avoir le sien.

Ce conflit n'est pas toujours où on croit le voir, et, quand on y regarde de près, il est rare qu'il ne s'évanouisse pas. Pour qu'il y ait réellement conflit, il est nécessaire que l'ordre légal n'offre aucune ressource, ni dans une loi faite, ni dans une loi à faire, et qu'un besoin social reste, par sa faute, sans satisfaction possible. Mais on est trop prompt à l'accuser d'insuffisance ; il y a là un entraînement auquel on ne résiste pas assez. Notre vanité trouve plutôt son compte à le suppléer par une détermi-

tion personnelle, qu'à recourir au droit inépuisable qu'il a de se modifier lui-même. Une loi du
22 mars 1831 exige que la garde nationale soit remise en activité ou réorganisée, dans l'année de sa
suspension ou de sa dissolution ; or, il y telle ville
où elle n'a été ni remise en activité, ni réorganisée
dans le délai de la loi, et la raison politique qu'on
en donne a sa gravité : on a craint de fournir des
armes à la sédition. D'un autre côté , il est impossible de se dissimuler que la loi est suspendue. Que
faire? Corriger la loi par la loi, et lui demander
la prorogation d'un délai trop court. On objecte
que la discussion publique serait un plus grand
mal que celui auquel on veut remédier. Je le nie :
les motifs explicites donnés à la tribune en eussent
moins dit que le silence n'en laisse supposer. La
raison légale était donc la meilleure, et le conflit
n'était pas réel.

La loi ne procède pas seulement par mesure directe, mode qui, j'en conviens, serait loin de suffire aux innombrables besoins auxquels elle se doit ;
elle procède encore par délégation, en chargeant
le pouvoir exécutif de veiller pour elle sur une foule
de cas qu'elle ne peut ni prévoir ni saisir instan-
tanément, à condition de lui rendre compte. De
cette manière tout se concilie : d'un côté, c'est de
la loi que l'on part, c'est à la loi que l'on revient,
et le principe est sauf ; de l'autre, l'action publique
a été prête à temps, et la dette du gouvernement

est payée. On trouverait difficilement des hypothèses en dehors de ce procédé. C'est, si je ne me trompe, en matière de douanes que la première expérience en a été faite. La raison en est qu'il n'y a peut-être pas de matière du domaine de la loi, où les circonstances fassent sentir davantage leur empire ; pour saisir l'à-propos dans les vicissitudes journalières qui influent sur les droits d'entrée et de sortie, il faut une autorité toujours en éveil et toujours présente. Aussi une loi du 29 floréal an x a-t-elle donné au gouvernement le pouvoir d'élever et d'abaisser provisoirement le tarif, à la charge de présenter, avant la fin de la session ou à la session suivante, ces modifications en forme de projet de loi. Des douanes, ce procédé a été étendu aux finances par l'article 152 du budget du 25 mai 1817; le ministre des finances peut, dans les cas extraordinaires et urgents, excéder les allocations du budget, en vertu d'ordonnances royales qui doivent être converties en lois à la plus prochaine session des chambres : ce sont les principes qui régissent les crédits supplémentaires. C'est un mandat donné par un pouvoir à un autre, et dont celui-ci est comptable. Ce procédé est régulier, et il est peu de cas qu'il n'embrasse. L'usage en serait très-légitime, même hors l'administration des finances.

Il va s'en dire que cette délégation est de droit étroit; elle est faite au gouvernement, les lois de l'an vi et de 1817 sont expresses, et non à l'administration, ni aux chefs des différents services dont elle se compose. Les modifications aux tarifs doivent donc se faire par ordonnances ou par des règlements d'administration publique, non par des arrêtés, encore moins par des circulaires. La politique contraire serait un excès de pouvoir, que le législateur ne devrait jamais ratifier.

Le droit d'amnistier les délits donne lieu à une de ces questions, sur lesquelles les deux idées rivales se rencontrent. L'amnistie est-elle du domaine exclusif de la loi, ou bien se confond-elle avec le droit de grâce, comme n'étant qu'un mode différent de la clémence du prince, comme répondant d'ailleurs a un besoin de sa politique, et peut-elle se déclarer par ordonnance? La cour de cassation s'est décidée pour l'ordonnance par un arrêt du 19 juillet 1839 [1]. Voici son motif : « Attendu que ce droit dérive de l'article 58 de la Charte (du droit de grâce), *tel qu'il a été constamment interprété et exécuté.* » Ainsi, à notre grand regret, la cour de cassation ne tire pas du sein même de la question le motif qui la détermine; elle s'en réfère au passé, à des précédents, à une tradition, tranchons le mot, à l'usage : ce qui conduit naturellement à rechercher cet usage qu'elle déclare *constant,* et la recherche donne pour résultat : 1° trois lois accordant des amnisties : du 14 septembre 1791, du 4 brumaire an IV, du

---

[1] D. 39, 1, 361.

12 janvier 1816; 2° plusieurs décrets impériaux qui, rendus pendant la confusion de tous les pouvoirs dans les mains de l'empereur, sont neutres, comme le seraient des décrets de la Convention; 3° l'acte additionnel de 1815, qui fait de l'amnistie une prérogative constitutionnelle; 4° quelques ordonnances royales, notamment celle du 8 mai 1837; 5° enfin, des ordonnances en matière d'eaux et forêts, qui n'ont rien pu remettre, que la poursuite appartenant à une administration. En résumé, une constitution, des lois et des ordonnances qui concluent de trois manières différentes, des décrets impériaux et des ordonnances forestières qui ne concluent rien, tels sont les éléments de *cette interprétation constante*, que la cour de cassation donne pour base à son arrêt : sous l'ancien régime, on eût été plus exigeant pour constater un simple usage.

Le changement qu'a subi en 1830 la rédaction de l'article 13 de la Charte, dans le seul but de déclarer que le prince ne peut dispenser de l'exécution des lois, n'a sans doute pas introduit un droit nouveau; à le bien considérer, il n'est qu'une confirmation du droit constitutionnel, fondé sur la division des pouvoirs; mais s'il le confirme, il le resserre; il lui rend son évidence, en le dégageant des fausses doctrines dont on l'avait obscurci; il établit entre l'époque de 1830 et celle qui l'a précédée, une ligne de démarcation qui coupe en deux la série des précédents, et ne permet pas de joindre les anciens aux nouveaux.

La question constitutionnelle d'amnistie ne peut plus s'envisager d'après une tradition avec laquelle elle a rompu; elle doit s'envisager en elle-même, et elle se réduit alors à ces termes : une ordonnance d'amnistie *dispense-t-elle de l'exécution des lois?* Elle n'en dispense pas, elle fait plus, elle s'y oppose; dans l'ordre légal, l'excès de pouvoir est évident. Pour le sauver, on dérive l'amnistie de la grâce; mais cette dérivation fait violence à la logique; on ne dérive pas d'un principe son contraire, et sous un rapport, l'amnistie est le contraire de la grâce. La grâce intervient après la condamnation, et lorsqu'il n'y a plus de recours possible contre elle, c'est-à-dire, quand le juge a rempli son office, et que la loi est satisfaite; la grâce est une manière de confirmer la condamnation; car le condamné qui l'accepte se reconnaît coupable, par la même raison que le débiteur qui accepte la remise de la dette, en reconnaît la réalité. L'amnistie, au contraire, s'accorde avant la condamnation, et fait obstacle à l'office du juge; ce n'est pas la peine qu'elle remet, c'est la poursuite qu'elle paralyse. Si elle s'accordait après le jugement, elle changerait de nature et de nom, et se convertirait en grâce. Qu'importe qu'elle soit collective, tandis que la grâce est individuelle? Cette différence, qui est vraie en elle-même, et qui sépare d'autant l'une de l'autre, au lieu de les confondre, n'est pas caractéristique sous le rapport qui nous occupe. Ce qui importe, c'est si l'ordonnance, individuelle ou collective, je ne distingue pas, précède ou suit le jugement; là est toute la question. Or, on ne parviendra jamais à dériver du droit de remettre la peine, celui d'empêcher qu'on la prononce; il y a là une impossibilité logique. L'amnistie n'est pas contenue dans la grâce; elle est autre chose, elle est quelque chose de plus; et il répugnerait moins de dire que la grâce est contenue dans l'amnistie; qui peut empêcher le jugement peut remettre la peine; cette induction soutiendrait mieux l'examen. Il faut donc pour l'une un pouvoir plus grand que pour l'autre; il faut au moins un pouvoir exprès. Cela me paraît démontré dans l'ordre légal.

Mais la politique réclame; elle prétend que le prince seul peut apprécier l'opportunité de l'amnistie; elle a raison, et l'ordre légal n'a pas tort; en d'autres termes, le conflit n'est pas réel. Pourquoi la loi ne ferait-elle pas de l'amnistie ce que la Charte a fait du droit de grâce? Pourquoi n'en poserait-elle pas le principe, soit absolument, soit d'une manière restreinte, avec ou sans l'obligation de rendre compte, comme dans le cas d'une simple mesure financière? Est-ce trop donner à un principe pour lequel on a fait une révolution?

J'ai éprouvé, dans le courant de 1832, cet embarras qui n'est connu que sous les gouvernements réguliers. J'ai senti en moi la lutte des deux principes. Une princesse, à laquelle la loi du 10 avril 1832

interdisait le territoire de la France, avait fait invasion dans les provinces de l'ouest; sa seule présence n'eût donné lieu qu'à une mesure administrative; mais elle avait excité la guerre civile; et un
arrêt de cour royale l'avait renvoyée devant le jury
sous l'accusation de ce crime, c'est-à-dire, qu'une
décision souveraine avait déjà commencé contre elle
l'application du droit commun. Le gouvernement, à
qui l'article 13 de la Charte venait récemment de
dire qu'il ne pouvait se *dispenser de l'exécution
des lois*, m'avait confié un genre de ministère,
auquel la loi du 20 avril 1810 donne pour objet
spécial d'exercer l'action criminelle, et de *surveiller l'exécution des lois*[1], *des arrêts et des jugements*.
Dans ces conjonctures, la princesse est arrêtée.
Que faire? Jamais peut-être la considération politique ne fut plus impérieuse, ni la raison légale
plus pressante; la loi était formelle, le devoir du
magistrat évident; je n'étais pas dans cette région élevée du gouvernement, où déjà cependant
j'eusse rencontré la défense de l'article 13; j'étais
dans une sphère subordonnée, où à la règle constitutionnelle s'ajoutaient les obligations spéciales et
inflexibles de ma fonction; en d'autres termes, des
deux principes qui se disputaient ma détermination,
j'étais l'esclave de l'un, je n'étais pas le juge de l'autre. Ce que j'étais censé savoir, ce que je savais

[1] Articles 45 et 46.

uniquement, c'est que, d'après la Charte, la justice
est égale pour tous; que, d'après le Code civil, les
lois de police et de sûreté obligent quiconque habite
le territoire; que, d'après le Code d'instruction, le
procureur général est tenu de poursuivre toute personne mise en accusation. Si la loi de 1832 avait
fait sortir du droit commun l'ancienne dynastie,
elle n'avait eu cet effet que sous le seul rapport dont
elle s'occupe, pour l'exclure du territoire; elle la
laisse dans le droit commun sous tous les autres;
explication qui fut donnée et reçue dans la discussion de la loi. La nécessité légale restait donc entière et inévitable; et cependant que de puissance
dans la raison politique! Les plus belles théories sur
l'égalité civile ne détruiront jamais une vérité de
fait : c'est qu'une famille, élevée par une constitution monarchique au-dessus de la condition commune, n'y retombe pas par sa chute, et que, vou-
lût-elle y reprendre une place, elle ne le pourrait
plus. C'est une situation indéfinissable, que ni la
logique ni aucune règle ne peuvent saisir. Ce n'est
pas l'état de paix, car les relations sociales sont
rompues; ce n'est pas l'état de guerre, car il n'y a
pas deux puissances souveraines de part et d'autre.
Elle a laissé en tombant tant de passions dans la société, que la société n'est plus capable d'impartialité
à son égard, et qu'elle en devient récusable. Son
juge ne se trouverait pas; les idées du droit une
fois interverties dans les esprits, la justice crimi-

nelle n'obtiendrait aucun de ses deux résultats nécessaires, ni l'expiation, ni l'exemple; l'expiation,
puisque la conscience de son crime manque à l'accusé; l'exemple, puisque les imitateurs ou les complices ne verraient dans la peine qu'un martyre. De
pareils débats excèdent les proportions naturelles
d'un procès, et on ne s'efforcerait pas de les y faire
entrer, sans briser quelque ressort. La justice ordinaire irait contre sa destination, et causerait un plus
grand désordre que celui qu'elle aurait à réprimer,
si, contrariant l'action calmante du temps, elle pous-
sait les partis au désespoir, si elle exaspérait leur
point d'honneur, et les comprimait au point de les
faire éclater. Cela est surtout vrai dans les premières
années de l'établissement d'une dynastie : il n'y a
pas de raisonnement qui fasse que la punition légale d'un prétendant au trône ne ressemble à une
vengeance de prince; la condamnation la plus irréprochable ne laverait pas Élisabeth du sang de
Marie Stuart. Il faut laisser au fondateur de la dynastie la gloire de saisir son rival, et de le renvoyer
convaincu d'impuissance à la face de l'univers.

Malheur à l'homme d'État que ce langage trouverait insensible! et, le dirai-je? malheur au magistrat qui prendrait sur lui d'en faire la règle de
sa conduite! Il n'en faudrait pas davantage pour
mettre son devoir en péril. Il n'est pas bon qu'un
gouvernement laisse dans cette perplexité la conscience de ceux qu'il emploie. Mais qui l'en tirera?

La loi, la loi seule, sans laquelle le bien lui-même se tourne en mal. Le gouvernement le sentit, en rendant l'ordonnance du 8 novembre 1832, dans le but unique d'annoncer un projet de loi : « Il sera présenté aux chambres un projet de loi *pour statuer* relativement à madame la duchesse de Berry. » Ces termes semblaient demander un jugement, non pas à la cour des pairs, mais aux deux chambres ; on crut voir le pouvoir exécutif déférant le pouvoir judiciaire au pouvoir législatif ; ce qui eût été une complication d'excès sous le triple rapport du pouvoir déléguant, de celui à qui l'on déléguait, et de la chose déléguée. On s'arrêta dès le premier pas ; l'ordonnance resta sans suite, et l'on renonça à la loi, sans s'apercevoir que c'était bien d'elle qu'il fallait se servir, et qu'il n'y avait à changer que le mode d'usage. Ce que la loi du 10 avril 1832 avait fait pour interdire le territoire, il fallait qu'une autre loi le fît pour dispenser de mettre en jugement ; il y avait ici quelque chose de plus que la rentrée dans le territoire interdit ; des faits étaient survenus, que le droit commun qualifiait crime, et on n'en pouvait sortir une seconde fois que par le même moyen. Un seul article de loi, portant que tout membre d'une des familles exclues du territoire, qui y serait arrêté sous la prévention d'un crime, serait mis à la disposition du gouvernement, sans préjudice des poursuites ordinaires contre les co-auteurs ou complices ; ce seul article aurait levé tous les doutes, mis toutes les consciences à l'aise, donné à la raison politique le baptême de la légalité, et l'eût fait entrer, à titre de loi, dans le devoir du magistrat.

Ma prétention n'est pas que la loi serve de panacée; la sagesse humaine, quelle que soit sa forme, ne peut jamais être universelle et infaillible à ce point; mais je prétends qu'il est peu d'accident, qu'il en est beaucoup moins qu'on n'affecte de le croire, auxquels elle ne pourvoie, et que surtout la raison politique ne peut jamais être érigée en principe; le jour où l'on en viendrait là, tout serait perdu.

§ II. — Du crédit public.

Un des effets les plus remarquables du caractère obligatoire de la loi, celui peut-être qui le présuppose le plus nécessairement, et dont le pouvoir absolu est par conséquent le plus incapable, c'est le crédit public. La première condition du crédit est qu'il soit capable de s'obliger. Pour faire de l'État un débiteur aussi étroitement tenu qu'un simple particulier, il n'a pas suffi d'appuyer la dette sur la loi; la loi, avec sa faculté perpétuelle d'abrogation, ne pouvait pas procurer la garantie; il a fallu appuyer la loi sur la Charte, qui est à l'abri de l'abrogation par la voie ordinaire. C'est seulement derrière ce double rempart que la dette a trouvé sa garantie. Mais supposez que la Charte s'abroge comme la loi, la garantie s'évanouit; ce sera le monde des Indiens ayant pour base une tortue, qui elle-même n'en a aucune.

Les publicistes de l'ancien régime avaient sur la dette publique (je dis sur la dette publique, et non sur les dettes personnelles du roi) une doctrine curieuse à connaître et qu'on trouve dans Le Bret[1]. Le Bret se demande *si le roi est obligé de payer les dettes de son prédécesseur, et si, après les changements qui arrivent en une ville, les survenants sont obligés de payer les dettes qui ont auparavant été contractées au nom du public :* à quoi il répond en distinguant les royaumes patrimoniaux, dans lesquels le prince régnant vient à titre d'héritier, et est tenu des dettes de son prédécesseur, des royaumes non patrimoniaux, où son avénement a lieu en vertu de la loi du pays; dans ce cas il n'est point obligé. Or, le royaume de France est plutôt successif qu'héréditaire, d'où la conséquence que les dettes du prince n'y obligent que celui qui les a contractées et ne se transmettent pas au successeur; en d'autres termes, plus le titre auquel il règne est libéral, moins il y a de sûreté pour ses créanciers. « Louis XII, poursuit Le Bret, se servit de cette raison pour se défendre contre les créanciers de Charles VIII, qui le voulaient contraindre de payer les dettes de son prédécesseur; car il leur fit réponse qu'il n'était

---

[1] *De la souveraineté*, liv. IV, chap. x.

pas son héritier. » Nous avons vu de nos jours la
même doctrine produire les mêmes effets en Espagne, non pas seulement d'un règne à l'autre, mais
sous le même règne, et après un simple changement
de forme dans le gouvernement. Ferdinand VII,
pendant le gouvernement des Cortès, fait un emprunt, qui tourne à l'acquit de l'Espagne envers la
Hollande et les créanciers de Charles IV; puis Ferdinand, débarrassé des Cortès par les armes fran-
çaises, rentre à Madrid; les prêteurs réclament; il
méconnaît la dette.

En France, des gouvernements différents ou ennemis les uns des autres se succèdent, la monarchie constitutionnelle à la monarchie absolue, la
république à la monarchie, l'empire à la république; il n'en est pas un qui ne regarde comme le
seul moyen de se faire accepter, d'accepter lui-
même la dette de celui qu'il remplace. La Constituante ouvre la révolution par cette déclaration solennelle[1] : « L'Assemblée s'empresse de déclarer
qu'aussitôt qu'elle aura, de concert avec Sa Majesté,
fixé les principes de la régénération nationale, elle
s'occupera de l'examen de la consolidation de la
dette publique, mettant, dès à présent, les créanciers de l'État sous la garde de l'honneur et de la
loyauté de la nation française. » Le gouvernement
républicain, le plus radical de tous, le plus disposé

---

[1] 17 juin 1789.

à rompre avec le passé, à en répudier les charges comme les avantages, résume en une seule toutes les dettes contractées avant lui dans l'intérêt public, sans distinction d'origine; après avoir créé l'unité de la dette, il l'attache, non aux formes fugitives de la politique, mais à la personne éternelle et indéfectible de l'État[1]. « Le grand-livre de la dette publique sera le titre unique et fondamental de tous les créanciers de la république; » et ce principe, la république le décrète dans la crise la plus violente de ses besoins, de ses récriminations et de ses dangers.

Comme la loi constitutionnelle peut seule obliger l'État, seule aussi elle rend possible pour lui l'ingénieux moyen de libération imaginé par le docteur Price, l'amortissement. L'amortissement repose sur l'idée d'une caisse particulière, qui constitue, dans l'administration financière, une personne distincte ayant son existence et sa comptabilité propres, son capital inaliénable, achetant des rentes sur l'État, et se substituant, à l'aide d'une véritable novation, aux créanciers originaires, pour se faire payer par l'État les rentes qu'elle a rachetées, se tenant ainsi à l'écart, jusqu'à ce que sa fonction soit accomplie, c'est-à-dire, jusqu'à l'extinction de la dette entière; époque où elle rentre, avec le capital qu'elle lui apporte, dans l'administration générale qu'elle libère. Cette séparation de la caisse d'amortissement d'avec

---

[1] Loi du 24 août et 13 septembre 1793.

la trésorerie, et l'inviolabilité temporaire de son capital, sont choses auxquelles ne saurait atteindre ce pouvoir qu'on appelle absolu, et dont la grande misère est l'impossibilité de se lier, de se poser une limite et de la respecter, de se faire une prohibition, et de ne pas l'enfreindre. Il n'y a que Dieu qui puisse prendre avec lui-même des engagements inviolables, et dans les choses humaines, il n'y a que la loi constitutionnelle qui puisse établir entre l'État et une personne de sa création, les véritables rapports de créancier à débiteur. Aussi, est-il à remarquer que l'ancien régime tenta, par l'édit de décembre 1764, de créer une caisse d'amortissement; mais comme un homme obéré qui, dans un bon mouvement, met à part ses épargnes pour se libérer, et cède aussitôt à la tentation d'y porter la main, il réunit, par la déclaration du 10 août 1780, cette caisse à la trésorerie, c'est-à-dire qu'il la supprima.

CHAPITRE TROISIÈME.

DU POUVOIR EXÉCUTIF.

Article 13 de la Charte : « Le roi est le chef suprême de l'État; il commande les forces de terre et de mer, déclare la guerre, fait les traités de paix, d'alliance et de commerce, nomme à tous les emplois d'administration publique, et fait les règlements et ordonnances nécessaires pour l'exécution des lois, sans pouvoir jamais ni suspendre les lois elles-mêmes, ni dispenser de leur exécution. »

Ce texte a été très-diversement interprété.

Les uns n'ont vu dans sa teneur qu'une énumération, par voie démonstrative, des attributions comprises dans le pouvoir exécutif, de telle sorte que tout ce qu'il renferme, commandement des armées, déclarations de guerre, traités de paix, d'alliance et de commerce, nomination aux emplois, se résume dans ses dernières expressions : règlements et ordonnances nécessaires pour l'exécution des lois. Mais, en ce sens, les dernières expressions eussent suffi, et il n'entre pas dans les habitudes d'une bonne rédaction de lois, de se permettre les développements d'un commentaire. La Charte surtout se pique à ce sujet d'une sobriété extrême, et il ne faut pas l'en blâmer.

Les autres distinguent dans ce texte, le découpent, le mettent en pièces, et tirent de son démembrement les conséquences les plus graves pour l'autorité royale et la responsabilité ministérielle. Ils y trouvent le germe de deux autorités [1]; l'une, personnelle au roi, appelée prérogative, et qui consiste dans le commandement des armées, dans le droit de convoquer les Chambres, de dissoudre celle des députés, de nommer

---

[1] *Cours de droit public*, par M. Laferrière, p. 44.

les ministres et de faire grâce ; ces actes n'exigent pas, dit-on, l'intermédiaire des ministres ; si leur signature est apposée près de celle du roi, c'est pour la légaliser, non pour répondre de l'acte. L'autre autorité, qui est moins de l'essence de la royauté que de sa nature, comme parlent les jurisconsultes, ne s'exerce que par l'intermédiaire des ministres, qui en répondent. Ainsi, dans ce système, autre chose est de nommer les ministres, c'est un acte primitif et essentiel de la royauté ; autre chose de nommer aux emplois d'administration publique, c'est un acte de la nature de la royauté, mais qui pourrait s'en détacher.

Nous réservons ici notre pensée sur les actes personnels du roi et sur la responsabilité ministérielle, qui ne pourrait manquer d'en être modifiée ; nous nous expliquerons à ce sujet aux chapitres du prince et des ministres, sur lesquels notre plan ne nous permet pas d'anticiper. Mais, sous cette réserve, voici quel est, à nos yeux, le sens de l'article 13.

Il procède à la vérité par énumération et d'une seule teneur ; mais il n'en renferme pas moins des éléments qu'il ne faut pas confondre : 1° le chef de l'État ; 2° la prérogative ; 3° le pouvoir exécutif.

Il y a le chef suprême de l'État ; dénomination qui n'implique encore aucune des attributions précises que nous allons étudier dans la division du pouvoir. A ce titre, le roi représente le principe monarchique, occupe le trône héréditairement, et le rend inaccessible aux ambitions privées. Cette occupation du trône, indépendamment de tout ce qui va s'y rattacher, est, à elle seule, un bienfait, comme garantie d'ordre et de paix, et porte en elle une suprématie qui méritait d'être exprimée. Ce rapport de la royauté est celui qui extérieurement frappe le plus les sens, et auquel nos mœurs rattachent l'idée de la puissance et la splendeur du rang suprême.

Il y a la prérogative; ici nous entrons dans le partage du pouvoir; la prérogative est une sorte de préciput fait au roi dans ce partage. Si l'on s'était borné à dire que sa charge était de pourvoir à l'exécution des lois, on aurait pu en conclure qu'il ne pouvait rien faire dans aucune occurrence, que moyennant une loi préalable; et cependant le gouvernement a de ces affaires, dont l'expédition demande unité, promptitude, à-propos, secret, et dans lesquelles l'expérience a démontré qu'il était impossible de débuter par une loi, telle que le commandement des armées, les déclarations de guerre, les traités de paix, d'alliance et de commerce. Ajoutez que chacune de ces mentions a sa raison particulière : le droit de commander les armées n'était pas sans objection; celui de déclarer la guerre a été vivement contesté; les traités de paix et d'alliance sont encore aujourd'hui l'objet de certaines restrictions. Il n'y a pas jusqu'au droit de nommer aux emplois qui n'ait eu besoin d'une mention expresse; il se trouvait pour certaines fonctions, en concurrence avec le système électif, et il fallait dire qu'il appartenait au roi; on aurait bien pu arriver à toutes ces conclusions par le seul raisonnement; mais elles présentaient toutes une question à résoudre, une incertitude à fixer, et un texte était nécessaire.

Enfin il y a le pouvoir exécutif proprement dit, dont l'objet est de procurer l'exécution des lois. Ici, il n'y a plus de doute : la loi est le premier acte, l'ordonnance n'est que le second, et l'interversion de cet ordre serait la confusion de tous les pouvoirs.

La ressemblance du pouvoir exécutif avec la prérogative est assez grande, pour qu'on se soit demandé si la distinction était réelle, si les ordonnances qui pourvoient directement à l'exécution d'une loi, sont d'une autre nature et se régissent par d'autres principes, que celles par lesquelles s'exerce la prérogative. Il ne serait pas en effet impossible de les faire toutes rentrer dans le pouvoir exécutif, en montrant qu'elles ont toutes également la loi pour principe ou pour contrôle. Le roi n'a sans doute pas besoin d'une loi pour déclarer la guerre, ni pour faire la paix, ni pour contracter une alliance; mais, après avoir ainsi usé de sa prérogative, force lui sera de revenir à la loi, pour sanctionner l'usage qu'il en aura fait; car elle a le dernier mot, puisqu'elle dispose des hommes et de l'argent. Tout bien considéré, le pouvoir exécutif et la prérogative ne diffèrent en réalité que par l'ordre chronologique : l'un suit la loi, l'autre la devance; le premier se conforme à sa volonté promulguée, la seconde anticipe sur elle ; ici, le prince a l'initiative, sauf ratification ; là, il doit attendre. Mais, de toute manière, c'est de la loi que l'on part, et à la loi que l'on revient.

Cette différence, qui se réduit à une circonstance de temps, ne mérite pas que nous lui assignions une division particulière ; nous comprendrons la prérogative dans le pouvoir exécutif, et nous leur appliquerons à tous les deux des principes communs.

Nous verrons bientôt le pouvoir exécutif se bifurquer en deux branches, l'autorité administrative et l'autorité judiciaire, et nous offrir, dans ses divisions mêmes, de graves sujets de méditations ; mais avant qu'il se divise, considérons-le en lui-même ; tenons-nous d'abord dans cette région supérieure, où le gouvernement, conservant son nom et son action propre, et opérant par voie d'ordonnance, n'est point encore descendu dans le domaine de l'application immédiate par l'administration et la justice. Ainsi envisagé au premier moment où il sort de sa source, il a des rapports de voisinage qu'il faut étudier. Nous le ferons mieux connaître en montrant ses limites qu'en dissertant sur sa nature, et en les déterminant plutôt par des exemples que par des théories.

L'objet que nous nous proposons dit assez que nous n'entrerons pas dans la distinction des différentes espèces d'actes qui émanent du pouvoir exécutif ; que, par exemple, l'acte du pouvoir exécutif reçoive la signature royale sur la simple proposition d'un ministre, et s'appelle ordonnance, ou qu'il se délibère préalablement dans le sein du conseil d'État, et prenne le nom de règlement d'administration publique, peu importe à notre sujet; ces mesures intérieures dans le domaine d'un même pouvoir sont plutôt du droit administratif que du droit constitutionnel; l'ordre que chaque pouvoir établit chez lui, l'engagement qu'il prend avec lui-même de régler certaines matières de sa compétence d'après tel mode, sont étrangers aux autres pouvoirs; il peut se promettre de ne point déroger par l'ordonnance au règlement d'administration publique, sans que ses voisins soient menacés d'empiétement, et il n'y aurait aucun obstacle constitutionnel à ce que l'ordonnance dérogeât au règlement.

Les limites de tout pouvoir ont un double objet; elles sont pour lui et contre lui; elles le protégent et le contiennent; elles empêchent ses excursions et le défendent contre l'invasion. L'excès de pouvoir doit donc s'envisager sous deux rapports, comme venant du pouvoir exécutif, et comme tenté ou consommé contre lui.

§ Ier. — Des empiétements du pouvoir exécutif.

Le pouvoir exécutif sort de ses limites, soit par des incursions sur le pouvoir constituant, législatif ou judiciaire, soit dans des traités avec les puissances étrangères.

Le plus menacé des pouvoirs qui l'avoisinent n'est pas le pouvoir judiciaire : là ne sont pas ses plus grandes tentations. La distinction du pouvoir judiciaire d'avec ceux qui l'environnent est celle de toutes qui a le plus facilement passé des lois dans les mœurs; la sûreté des personnes et la propriété des biens qu'il a pour mission de protéger, sont des droits naturels dont l'usurpation n'a que des périls sans dédommagements. Le despotisme pur tente aujourd'hui peu d'ambitions, et on laisse volontiers les tribunaux en possession tranquille de régler le tien et le mien : le scandale causé par les rares empiétements de ce genre, prouve assez combien ils blessent la conscience publique. L'acte du gouvernement impérial qui a annulé, le 28 août 1813, la déclaration du jury de Bruxelles, portant que des accusés n'étaient pas coupables, est une de ces taches pour lesquelles la postérité est inflexible, et quoiqu'il ait la forme d'un sénatus-consulte, il n'en faut pas moins le mettre sur le compte du pouvoir exécutif. L'Empereur en avait expédié l'ordre de Dresde; l'obéissance zélée du sénat n'avait fait qu'y répondre, et le mal est plus imputable au maître qui commande, qu'à l'esclave qui obéit. Leçon mémorable! huit mois plus tard, en avril 1814, ce même sénat prononçait la déchéance de l'Empereur, et mettait au nombre de ses griefs contre lui *la con-*

fusion des pouvoirs, dont il venait de se rendre l'instrument si docile. La restauration a aussi laissé un souvenir de cette espèce. Une ordonnance du 29 août 1815, a condamné le maréchal Moncey à la peine de trois mois d'emprisonnement, pour avoir refusé de présider le conseil de guerre où devait être traduit le maréchal Ney. Mais ces exemples, qui restent dans l'histoire, ne disent rien à la doctrine.

Le péril est ailleurs. Les grands pouvoirs de l'État sont un objet perpétuel de convoitise pour celui dont la mission est de les réduire en actes, et qui dispose de tous les moyens d'action : c'est de ce côté que l'excès de pouvoir obsède le cœur humain de toutes ses séductions. L'Empereur n'avait pas besoin d'être séduit. Dès 1806, il commença, par l'établissement des tribunaux maritimes, cette longue série d'usurpations qui ne finit qu'à sa chute. Ainsi, la constitution qui avait organisé avec le plus d'appareil un corps gardien des limites, un tribunat pour dénoncer le transgresseur, un sénat pour le réprimer, la constitution de l'an viii est précisément celle qui a le plus promptement disparu dans la confusion de tous les pouvoirs ; c'est que l'opposition constitutionnelle, force purement morale, ne peut être l'objet spécial d'une fonction publique, et qu'on n'en fait un corps à part que pour la maîtriser. Quand le corps chargé de porter la parole se tait, personne ne la prend, et son silence équivaut à une ratification : grâce à cette ruse, le gouvernement le mieux gardé a, en moins de trois ans, entièrement cessé d'être constitutionnel. Quand les malheurs de la patrie eurent rompu le charme, on sait ce qu'il advint des décrets usurpateurs. Pendant que le sénat prononçait la déchéance, en alléguant la confusion des pouvoirs, la cour de cassation déclarait obligatoires les décrets mêmes d'où la confusion était provenue, c'est-à-dire qu'on rejetait la personne à cause des actes, et qu'on gardait les actes : était-ce une inconséquence? cette question vaut la peine qu'on l'examine.

Les motifs qui ont déterminé la cour de cassation peuvent se réduire à ceux-ci[1]. « Les décrets obtenaient force de loi, si, après avoir été promulgués en la forme ordinaire, ils n'étaient pas dénoncés par les corps politiques chargés, soit de concourir à la confection des lois, soit de veiller au maintien de celles qui fixaient les limites des pouvoirs....; la force des choses et l'intérêt social ont fait consacrer ce principe, reconnu par tous les pouvoirs, et sans lequel, jusqu'à ce qu'il y ait été pourvu par des dispositions nouvelles, la société resterait désarmée. » Il y a là deux ordres différents d'idées : la validité intrinsèque des décrets non annulés par le sénat, et l'intérêt suprême de la société qui ne veut pas que les services publics tombent dans l'anarchie; en

____

[1] Je les prends entre autres arrêts dans ceux du 6 juillet 1827 et du 26 avril 1828.

d'autres termes, la raison constitutionnelle, et la raison sociale. Prenons chacune d'elles séparément.

Il y a, je le sais, sur la raison constitutionnelle, un préjugé très-accrédité, mais qui n'en est pas moins un préjugé; c'est que tout décret impérial non annulé est obligatoire, et que l'inaction du sénat a rendu constitutionnel l'acte qui ne l'était pas. L'erreur provient d'une fausse manière d'entendre le droit d'annulation donné au sénat sur la dénonciation du tribunat, et a eu pour effet de l'étendre de l'ordre politique à l'ordre judiciaire. Autre chose est annuler un acte, exercer sur lui, à un titre supérieur, une censure directe et irritante qui le mette au néant; autre chose refuser de l'appliquer aux personnes, quand il établit un impôt ou qu'il prononce une peine; dans le premier cas, c'est un procès fait à l'acte, c'est une action offensive, spontanée, indépendante de tout litige, dont le but est de venger un principe; dans le second, c'est une autorité à qui certaines condamnations ne sont permises qu'en vertu d'actes d'un certain caractère, et qui, ne trouvant pas la condition de rigueur dans l'acte qu'on lui présente, refuse la condamnation demandée, et elle la refuse dans la seule limite de ses devoirs, par la seule force d'inertie dont elle est douée, sans annuler l'acte, sans le juger, et en le laissant pour ce qu'il vaut. Ce droit d'apprécier l'acte qu'on le sollicite d'appliquer, est de l'essence

du pouvoir judiciaire : c'est le discernement même
de ses devoirs, et le lui ôter, ce serait le détruire.
Il l'a possédé de tout temps; il l'exerçait autrefois
sous la forme de l'enregistrement des édits; il l'a
eu d'une manière plus certaine sous le régime de la
division des pouvoirs, avant, pendant et depuis
l'époque impériale. L'attribution faite au sénat par
la constitution de l'an VIII était une précaution, mal
entendue, si l'on veut, mais enfin une précaution ajoutée à celles du droit commun; elle n'avait
point pour objet de modifier les devoirs du juge, et
si elle cachait quelque arrière-pensée de cette nature, est-ce à nous de nous en rendre les exécu-
teurs? Or, c'est sous ce rapport que la jurisprudence
envisage le droit du sénat; c'est pour en conclure
que l'annulation politique n'ayant point eu lieu,
l'application judiciaire est devenue forcée : induction
d'autant plus à regretter, qu'un des premiers soins
de l'Empereur a été d'effacer l'institution dont on
la tire. Le sénat ne pouvait annuler l'acte que sur
la dénonciation du tribunat; il n'était par lui-même
qu'un corps inerte, sans initiative, et le tribunat,
dernier organe de l'autorité politique dont l'impulsion lui était nécessaire, fut supprimé dès 1807.
Quand on a une fois admis que le silence du sénat
force la main aux tribunaux, on peut, ce premier
pas fait, concevoir qu'une présomption de constitutionnalité a couvert les vices des décrets impériaux, tant que le corps chargé du contrôle consti-

tutionnel a subsisté; mais après sa désorganisation, quand le droit d'annuler a péri avec le droit de dénoncer, son corrélatif nécessaire, persister encore dans la présomption de constitutionnalité, c'est interpréter le silence d'un muet. A dater de 1807, les décrets impériaux, entachés d'excès de pouvoir, n'ont donc différé en rien des actes de cette espèce, que l'on présente au libre examen des tribunaux. Ajoutez que si la constitution de l'an VIII ne donnait que dix jours pour dénoncer les actes du pouvoir législatif, elle ne fixait aucun délai pour dénoncer ceux du pouvoir exécutif; de manière qu'au dernier moment de l'empire, les décrets n'étaient protégés par aucune déchéance contre l'action du tribunat, si elle eût été encore possible. Il est donc permis de douter que la raison constitutionnelle soit concluante.

Quant à la raison sociale, c'est autre chose.

Il y a des maux tellement profonds et invétérés, qu'ils en deviennent respectables. Quand l'excès de pouvoir a envahi l'administration tout entière, et qu'on ne saurait plus l'en arracher, sans tout déchirer autour de lui, ne vaut-il pas mieux le laisser à sa place, que de venger un principe aux dépens de l'ordre, et de détruire la règle, en haine de son origine? C'est ce qu'a pensé la cour de cassation; elle a proclamé la nécessité des décrets, plus que leur légalité; en quoi elle s'est peut-être laissé toucher par une considération plus législative que judiciaire. La raison constitutionnelle était dans le domaine du juge, mais elle concluait mal ; la raison sociale échappait à son appréciation, mais elle était décisive. Sans contredit, il eût été plus régulier de maintenir les décrets par une loi; la loi les eût purgés de leur vice, et satisfait à la fois à l'ordre et au principe; on eût imité le sénat romain qui, après la mort de César, déclara valables tous les actes du dictateur, sur la proposition de Cicéron; car il paraît que de tout temps l'excès de pouvoir a été du goût des héros. Mais la cour de cassation a emprunté sa compétence de l'occasion; elle s'est trouvée sur la route que suivait cette question transitoire, et elle l'a résolue au passage. C'était bien un peu remplir l'office du sénat impérial, et même se mettre en contradiction avec son dernier et plus éclatant manifeste, en absolvant ce que le sénatus-consulte de 1814 avait très-énergiquement condamné. Mais, en résultat, la cour de cassation a fait incompétemment une chose utile, et sa jurisprudence est restée moins comme doctrine que comme expédient, à condition de ne pas tirer à conséquence. C'est en ce sens que nos observations doivent être prises; leur seul but est de rectifier un des motifs de la jurisprudence, et de faire des réserves pour l'autre.

On a demandé si, le décret usurpateur étant maintenu par la jurisprudence, l'ordonnance pourrait aujourd'hui le modifier dans ses détails réglementaires. Elle ne le pourrait pas, s'il s'agissait d'une loi telle que nous l'entendons; car la loi communique son caractère à tout ce qu'elle s'approprie. En est-il de même du décret?

M. Merlin[1] a, sur les actes de la Convention, une doctrine pleine de justesse qu'il importe de rappeler; il recherche parmi les nombreux décrets rendus sous les constitutions antérieures à celle de l'an VIII, ceux auxquels convient ou ne convient pas la dénomination de lois proprement dites : « Par exemple (c'est lui qui parle), la Convention nationale faisait certainement une loi proprement dite, lorsque, pas son décret du 3 brumaire an IV, elle réglait la forme de procéder en matière criminelle. Mais, quand elle ordonnait, par son décret du 27 frimaire an II, que l'imprimerie de la ci-devant administration de la loterie serait conservée sous le titre d'*Imprimerie des administrations nationales*, et qu'elle serait chargée de toutes les impressions concernant le service des départements du ministère, la Convention nationale ne faisait qu'un acte d'administration. Aussi le Directoire exécutif n'a-t-il pas hésité, en brumaire an IV, à supprimer cette imprimerie, et à en réunir les attributions à celle qui porte aujourd'hui le nom d'*Imprimerie impériale*. » Ces principes sont applicables au gouvernement impérial, et à tous ceux sous lesquels la confusion

---

[1] *Répertoire*, v° *Loi*, § 2, n° 3

des pouvoirs, dans les mains de plusieurs ou d'un seul, est aujourd'hui regardée comme un fait accompli, sur lequel on refuse de revenir. Quand le gouvernement redevient régulier et que la division des pouvoirs se rétablit, chacun d'eux a le droit de discerner et de reprendre dans le chaos la part qui lui est dévolue. Tous les actes sortis de la confusion ne sont pas nécessairement législatifs, et chacun d'eux doit s'apprécier, non d'après son origine, mais d'après sa nature propre qu'il ne perd jamais, et il est vrai que les mesures de simple exécution, quoique prises par un décret impérial, rentrent aujourd'hui de plein droit dans le domaine de l'ordonnance.

Cela est sans difficulté, quand le décret ne contient que des dispositions réglementaires, et correspond exactement à l'ordonnance; mais quand il se mélange de dispositions législatives, n'en est-il pas de lui comme de la loi qui juge à propos de régler sa propre exécution? La difficulté est grave, et cependant il faut la résoudre en faveur de l'ordonnance. L'assimilation n'est pas exacte entre la loi constitutionnelle et le décret usurpateur; quand la première dispose, elle a au-dessous d'elle un pouvoir exécutif distinct, auquel elle peut laisser sa part; mais, lorsque pouvant se dispenser de remplir sa tâche, elle ne s'en dispense pas, et qu'elle s'en acquitte elle-même, c'est qu'elle le juge à propos: il y a là une intention qu'il faut respecter, et qui est de donner aux mesures d'exécution un caractère qu'elles ne tiendraient pas de l'ordonnance[1]; au lieu que le décret impérial, n'ayant aucune raison de rien réserver pour personne, a pu mêler tout, puisqu'il pouvait tout, et placer un détail réglementaire à côté d'un principe législatif, sans qu'il y ait rien à en conclure; on n'est pas obligé de lui reconnaître la même intention qu'à la loi usant du même procédé. L'ordonnance peut donc changer ce qu'il contient de réglementaire.

En résulte-t-il que l'ordonnance du 7 décembre 1845, sur le conseil royal d'instruction publique, ait compétemment modifié le décret de 1808 sur l'Université? Nous le croyons; le décret de 1808 avait, à la vérité, plus grossièrement usurpé que les autres, puisqu'il se permettait de faire ce que la loi du 10 mai 1806 avait ordonné de faire sous la forme d'une loi, dans la session de 1810; mais une usurpation plus grossière n'est, après tout, qu'une usurpation, qui est couverte par la jurisprudence.

Pourquoi n'en a-t-il pas été des dernières ordonnances de Charles X comme des décrets de Napoléon? La différence n'a pas sa raison dans les principes, qui étaient les mêmes sur la division des pouvoirs. Les ordonnances de 1830 n'étaient pas plus inconstitutionnelles que le décret de 1810 sur les prisons d'État, et cependant l'usurpation de Na-

---

[1] M. Foucart est d'un avis contraire.

poléon a duré huit ans, de 1806 à 1814, celle de Charles X trois jours; il a fallu que la force qui devait renverser la première vînt du dehors; celle qui a renversé la seconde est venue du dedans. Mais les décrets qui détruisaient tant de choses, en avaient beaucoup organisé; les ordonnances détruisaient tout et n'organisaient rien; c'était un désordre sans compensation; leur annulation ne faisait aucun vide, et était au contraire une véritable restauration. La constitution de l'an VIII avait créé un mode officiel d'opposition, qu'il suffisait de maîtriser pour amortir l'opposition réelle, comme le fil conducteur détourne la foudre, et la nation a laissé faire; la Charte de 1814 n'a rien ôté de son ressort à l'opinion publique; elle n'a point monté l'opposition comme un mécanisme, et la nation s'est protégée seule.

Le pouvoir exécutif n'empiète pas seulement par la voie directe de l'ordonnance; il empiète aussi par la voie indirecte d'un traité de paix, d'alliance et de commerce, et l'excès de pouvoir se complique alors d'une difficulté de plus, qui peut le rendre irrémédiable. Tant que le vice reste dans un acte émané uniquement de la souveraineté française, il a son correctif dans les moyens ordinaires d'abrogation ou d'annulation dont cette souveraineté dispose; mais quand il passe dans une convention avec une autre puissance, il devient clause d'un contrat; le remède ne dépend plus seulement du droit national; il n'est possible qu'avec le concours d'une volonté étrangère; et le retour à l'ordre constitutionnel ne se fait qu'au prix de douloureux sacrifices, y compris quelquefois celui de la paix. La diplomatie, qui n'est que le pouvoir exécutif agissant en dehors, a la même mesure que le pouvoir exécutif au dedans, et il ne lui suffit pas de passer la frontière pour changer de loi.

Ce principe, aujourd'hui certain, n'a point été reçu sans contestation. On a soutenu sous la restauration que le prince, capable de conclure un traité, l'était par cela même de souscrire indistinctement toutes les clauses nécessaires à sa conclusion, et que, pouvant la fin, il devait pouvoir les moyens. C'est la théorie qui a présidé à l'ordonnance du 17 avril 1825, par laquelle Charles X concède aux habitants de Saint-Domingue l'indépendance de leur gouvernement, c'est-à-dire, aliène une colonie française, moyennant une indemnité de cent cinquante millions. La loi qui est survenue plus tard, le 30 avril 1826, n'a pas eu pour objet, comme on pourrait le croire, de ratifier cet usage exorbitant de la prérogative; une ratification eût supposé l'excès de pouvoir; mais elle traita l'ordonnance de 1825 comme un acte valable, et se suffisant à lui-même; elle se borna à régler la répartition de l'indemnité; en quoi elle s'accusait elle-même d'inutilité; car si l'ordonnance avait eu la capacité d'aliéner, à plus forte raison pouvait-elle disposer du prix. La question a subi deux fois un nouvel examen depuis 1830, à l'occasion de l'emprunt grec, le 14 juin 1833, et de l'indemnité de vingt-cinq millions accordée aux États-Unis, le 14 juin 1835. Dans chacune de ces occasions, le traité avait devancé la loi, et consenti définitivement des stipulations financières; ce qui était un véritable tort, que la ratification législative, survenue après coup, n'a pas fait disparaître. Mais, à la différence de la loi de 1826 sur Saint-Domingue, celles de 1833 et de 1835 sur l'emprunt grec et l'indemnité des États-Unis, *autorisent l'exécution* des traités, donnant ainsi à entendre que, réduits à eux-mêmes, les traités n'auraient point été obligatoires[1]. La doctrine fut exposée en 1835, par le rapporteur, M. Dumon, avec une précision judicieuse, qui fait à chacun sa part; voici ses paroles : « La Charte donne au roi le droit de faire des traités de paix, d'alliance et de commerce. La Charte donne aux Chambres, et, en premier lieu, à la Cham-

---

[1] En 1815, un traité, non ratifié par la loi, a cédé à la Prusse le département du Mont-Blanc et la forteresse de Landau. Ce traité ne s'explique que par la force majeure, et n'établit pas un principe. Le principe contraire était constant sous l'ancien régime. En 1358, les états généraux refusèrent de ratifier les cessions de territoire consenties pendant la captivité du roi Jean. En 1506, ils annulèrent une concession de même nature faite par Louis XII à Maximilien; en 1526, même résistance à la cession de la Bourgogne faite à Charles-Quint par François Iᵉʳ; l'ordonnance de 1566 déclarait le domaine inaliénable, et à plus forte raison le territoire national. *A fortiori*, un traité ne pourrait disposer d'une propriété privée, puisque la loi elle-même ne le pourrait que pour utilité publique, et moyennant une indemnité préalable.

bre des députés, le vote de l'impôt, et par une conséquence nécessaire, celui des dépenses publiques. La prérogative royale et la prérogative parlementaire sont distinctes et séparées ; elles se limitent l'une l'autre ; elles n'empiètent pas l'une sur l'autre. S'agit-il d'un traité qui ne renferme aucune clause financière à la charge de l'Etat ? Le traité conclu sans l'intervention des Chambres, s'exécute sans leur concours ; s'agit-il d'un traité qui renferme une clause financière à la charge de l'État ? Le traité est conclu, lorsque le roi l'a signé sous le contre-seing d'un ministre ; mais les mesures financières d'exécution dépendent d'un vote législatif.... Toutefois, il ne faut pas se le dissimuler, un refus serait un événement grave ; mais ce n'est pas un motif de nier le droit ; c'est un motif d'en user rarement, et lorsque la grandeur du mal dépasse les dangers du remède.... Si les Chambres doivent user de leur droit avec réserve, ce droit n'en est pas moins assuré. On ne peut le méconnaître, on ne doit même pas l'oublier. La réserve en eût donc été convenablement écrite dans le traité de 1831. Sans doute, elle n'ajoute rien au droit des Chambres ; car il existe, sans être exprimé ; mais elle assure mieux la liberté de leurs délibérations, et préserve, en cas de dissentiment, la dignité de la couronne. » Le conseil est sage et bon à suivre. Dans la pratique, il est rarement possible de débuter par l'autorisation législative, et de se faire habiliter d'avance à négocier ;

il serait peu convenable de mettre les Chambres en mouvement pour un projet, subordonné à une volonté étrangère ; mais la réserve pourvoit à tout ; elle permet à la négociation de suivre son cours, et elle avertit la partie contractante qu'on ne se présente à elle qu'avec une capacité limitée par la constitution du pays.

Cette doctrine n'est pas vraie seulement d'un traité qui renferme une stipulation financière à la charge de l'État ; elle l'est aussi de tout traité qui implique une modification à une loi nationale.

C'est par exemple un principe de droit public, essentiel à la souveraineté, que nous lisons dans l'article 3 du Code civil : « Les lois de police et de sûreté obligent tous ceux qui habitent le territoire. » Ce principe a été violé dans les *Capitulations suisses*, sorte de traité par lequel le gouvernement de la restauration a pris à sa solde une troupe connue sous le nom de régiment de Hohenlohe, avec la clause qu'elle s'appliquerait elle-même, dans l'intérieur du royaume, la législation pénale de son pays. Ce genre d'excès de pouvoir n'est plus possible, depuis que la Charte ne permet d'admettre au service de l'État aucune troupe étrangère qu'en vertu d'une loi, et que la loi du 9 mars 1831 défend d'employer la légion étrangère dans l'intérieur du royaume.

C'est encore un principe dérivant de la même source qui a été sacrifié dans les fameux traités de 1831 et 1833 sur le droit de visite. La loi française donne à certains officiers le pouvoir de se faire ouvrir le domicile des personnes prévenues de crime, et de les mettre en arrestation; elle est tellement avare de ce dernier, qu'elle ne permet pas de le déléguer, même à un officier du même ordre dans un autre arrondissement [1]. C'est ce pouvoir que les traités délèguent à l'agent d'un gouvernement étranger; c'est ce pouvoir, dis-je, et non un autre; c'est la police judiciaire, cet attribut de la souveraineté; c'est bien elle avec tous ses caractères distinctifs; aucun n'y manque. L'objet de la recherche est un crime, car la traite des noirs est ainsi qualifiée par la loi du 4 mars 1831 ; les moyens de la recherche sont ceux de l'instruction ordinaire : perquisition, enquête, interrogatoire, procès-verbaux, arrestation; le lieu de la recherche est le territoire français; car un navire, même de commerce, est la continuation du territoire, et son propriétaire y est chez lui. Le seul moyen que l'on ait trouvé d'échapper à cette identité parfaite de la mesure, c'est de nier la fiction tutélaire du droit des gens, qui fait du navire la continuation du territoire, ou au moins de nier que ses conséquences aillent jusqu'à le protéger dans cette occurrence, en d'autres termes, de *dénationaliser* le navire. Si les traités ne peuvent se justifier qu'à ce prix, leur justification serait une calamité.

---

[1] Article 283 du Code d'instruction.

Que la traite soit abolie! c'est le vœu de tous; mais qu'elle ne le soit point aux dépens de nos lois! Je nie qu'il y ait une opposition réelle entre l'intérêt bien entendu de l'humanité et l'intérêt légitime d'une grande nation, surtout quand cette nation s'appelle la France. Mais si je me trompais en cela, s'il me fallait opter, je le déclare : je ne me croirais pas obligé envers le genre humain, au point de lui sacrifier mon pays; celui-ci serait le premier dans l'ordre de mes affections et de mes devoirs. Le patriotisme, dans les limites du juste, est la meilleure philanthropie; et si les amis des noirs, dont je ne prétends point me séparer, faisaient la faute de nous réduire à une option que je crois absurde, jamais ils n'auraient mis leur grande et pieuse entreprise à une épreuve plus dangereuse.

Le pouvoir exécutif a si bien franchi sa limite, en souscrivant les traités de 1831 et de 1833, qu'on pourrait se demander si le pouvoir législatif lui-même n'eût pas dépassé la sienne en les ratifiant. Certainement il en eût atteint le point extrême.

§ II. — Des empiétements sur le pouvoir exécutif.

Le pouvoir exécutif n'a pas toujours l'offensive, quoiqu'à vrai dire, dans les gouvernements monarchiques, les plus grands dangers viennent de lui; mais il y a des péripéties où l'esprit démocratique le resserre à l'excès dans les entraves de la loi, et le réduit à la défensive ; il faut le secourir, comme il a fallu le contenir ; l'équilibre des pouvoirs n'est qu'à ce prix.

Continuons à raisonner sur des exemples : la doctrine, tirée des faits, n'en est que plus sûre, et les leçons de l'histoire ne sont pas suspectes d'utopie. Aussi bien, au point où nous en sommes du régime constitutionnel, qu'avons-nous de mieux à faire qu'à recueillir et à classer les résultats de l'expérience?

Le droit de déclarer la guerre, de faire des traités de paix, d'alliance et de commerce, a été tour à tour pour le pouvoir exécutif, l'occasion d'empiétements de sa part et d'empiétements à son encontre ; par la même brèche qu'il a pratiquée pour faire excursion chez les autres, les autres sont entrés chez lui.

Rien de plus instructif que les phases de notre législation sur le jugement des prises maritimes. Il est bien entendu que l'on enlève au pouvoir exécutif la liberté de son action constitutionnelle, si le soin de statuer sur la validité des prises est remis à une autorité indépendante, qui ait ses règles propres, et dont chaque décision risque de traverser les opérations de la guerre, de rompre une alliance, de blesser une puissance neutre ; il faut que la même pensée préside aux relations extérieures et à la jurisprudence sur les prises. La raison pratique est

évidente; la raison de droit ne l'est pas moins.
L'armement en course est un mode de la guerre,
et l'armateur est le délégué du pouvoir qui la fait.
Qui décidera si elle a été faite dans l'esprit de la délégation, sinon le pouvoir déléguant? Il ne s'agit ici
ni de droits civils ni de droits naturels, mais d'une
délégation bien ou mal exécutée; ce n'est donc pas
un juge proprement dit qu'il nous faut, statuant
d'après des principes immuables, mais de véritables
commissaires appliquant les règles qu'on leur communique, et qui peuvent varier d'un jour à l'autre.
L'idée contraire a cependant prévalu dans les premières guerres de la révolution; un décret du 14 février 1793 a attribué la connaissance des prises à la
juridiction ordinaire; deux lois du 8 floréal an iv,
et du 27 ventôse an vi, ont confirmé cette attribution; mais les vrais principes furent rétablis sous le
consulat par Cambacérès et Portalis, et l'arrêté du
6 germinal en viii créa le Conseil des prises.

Toutefois nous ne ferons cette restitution au pouvoir exécutif qu'en l'accompagnant d'un reproche,
au risque de nous montrer formaliste à l'excès,
car il y a des scrupules qu'il ne faut jamais craindre
d'exagérer. Le pouvoir exécutif a repris son bien sans
doute; mais il a repris, par un arrêté consulaire,
ce qui lui avait été enlevé par une loi, et il y a irré-
gularité jusque dans cette manière de se faire justice.
Nous ne hasarderions pas cette critique, s'il n'avait
été dépossédé que par le décret de 1793, rendu

pendant la dictature de la Convention ; les actes d'un pouvoir qui a usurpé tous les pouvoirs, ne sont pas indistinctement des lois ; mais des lois formelles ont répété sa disposition depuis que les pouvoirs se sont divisés de nouveau, en l'an IV et en l'an VI, et l'arrêté consulaire de l'an VIII a donné un exemple qu'il ne serait pas bon de suivre aujourd'hui.

Nous avons un sujet d'étude non moins intéressant dans deux autres textes de la Charte : « Art. 23 : la nomination des pairs appartient au roi. » « Art. 13 : le roi... nomme à tous les emplois d'administration publique. » On a demandé si le droit de nomination était absolu ; ou si des conditions pouvaient y être mises, et par qui. A ne consulter que la logique, le choix et les motifs du choix appartiennent à la même personne ; en toutes choses, notre liberté d'agir implique le discernement des raisons qui nous déterminent, et si ce discernement est gêné ou nous est enlevé, notre liberté diminue ou disparaît. Le droit de nomination donné au roi ne peut donc être restreint que par le pouvoir qui l'a donné ; car, qui peut restreindre le droit, peut le rendre illusoire ou impossible, et même le retirer. On a dit que les précautions de la loi laissaient intact le droit donné par la Charte, puisque après tout c'était le roi qui nommait ; sophisme ; si le droit est pur et simple dans la Charte, et conditionnel dans la loi, le droit n'est plus le même. Je comprends que les précautions de la loi aient le but très-louable de combattre les abus de la faveur, l'intrigue, le népotisme; mais quand on a donné la nomination au roi, apparemment on a supposé qu'il en ferait un juste usage; celui qui se charge d'être juste à sa place, se substitue à lui; il peut pousser les précautions jusqu'à ne lui laisser que la signature de l'ordonnance, et soutenir encore que le droit de nomination est respecté.

Cela posé, revenons sur nos précédents depuis 1830; ils embrassent à la fois et des lois que l'on a faites, et des lois que l'on veut faire; c'est un commencement de jurisprudence constitutionnelle; on va juger par leur rapprochement la progression que les idées ont suivie, et si leur tendance n'est pas de franchir la limite.

Une loi du 29 décembre 1831 a tracé le cercle dans lequel le roi était tenu de faire ses choix pour la pairie. Mais cette loi est l'œuvre de cette législature de 1831, qui tenait d'une délégation expresse de la Charte, le droit de reviser son article 23. C'est le pouvoir constituant qui modifie en 1831 sa concession de 1830; *Deus dedit, Deus ademit*. Il n'y a rien à dire; tout est dans l'ordre, au moins quant à la compétence et à la capacité.

Deux lois, l'une du 14 avril 1832, l'autre du 19 mai 1834, règlent l'état des officiers et l'avancement dans l'armée. Nous les réunissons ici, car elles n'en font logiquement qu'une, et peut-être est-ce un tort de les avoir séparées. Elles avaient à passer, comme entre deux écueils, entre deux articles de la Charte, l'article 13 qui veut que le prince ait la nomination aux emplois, et l'article 69 qui veut que l'état des officiers soit assuré d'une manière légale. Le problème était de satisfaire à l'article 69 sans blesser l'article 13, d'assurer l'état de l'officier sans entamer la prérogative. A cet effet, la loi de 1832 a recours à une distinction; elle sépare le grade de l'emploi, et celle de 1834 fait consister l'état dans le grade, qu'elle déclare inamovible : distinction judicieuse et constitutionnellement irréprochable, car, en même temps qu'elle donne à l'état de l'officier l'inamovibilité promise par l'article 69, elle laisse au prince la collation du grade, c'est-à-dire l'exercice de la prérogative. La collation du grade reste libre; voilà pour l'article 13 ; mais une fois conféré, le grade ne se retire plus; voilà pour l'article 69. Jusque-là point de difficulté; mais voici où commencent les scrupules : cet emploi que l'on vient d'isoler du grade, dans le seul but de le réserver au prince, on peut dire que la loi de 1832 s'en empare, puisqu'elle rend conditionnel le droit de nomination, auparavant pur et simple; ces conditions sont justes au fond, il faut le reconnaître, et si elles avaient été stipulées dans un règlement intérieur, que l'administration se fût fait à elle-même, tout serait à souhait. La faveur du fond a rendu facile sur la question de capacité, et, l'esprit du temps y aidant un peu, on a pris le bien comme il venait. Mais, sous un régime où chaque pouvoir se pèse et se mesure, les principes ne transigent pas, et tout ce que peut la doctrine pour la loi de 1832, c'est de la déclarer coupable, avec circonstances atténuantes.

Ce n'est pas tout ; après ce premier pas, on en demande un autre, et celui-ci serait immense ; on veut une loi qui règle l'admission dans tous les services publics ; on nous pousse sur une pente ; l'entraînement devient manifeste ; n'y aurait-il pas dans nos mœurs quelque peu de jalousie pour un pouvoir, dont cependant nous proclamons la nécessité? On a conclu d'abord du grade à l'emploi de l'officier, quoique l'analogie fût contestable ; on conclut aujourd'hui de l'emploi dans l'armée à tous les emplois dans l'administration, sans aucune distinction de ceux qui sont forcés, d'avec ceux qui sont volontaires, de ceux qui exigent le sacrifice définitif de la vie privée, qui constituent une profession et entrent dans l'état civil, d'avec ceux qui ne sont qu'accidentels et présupposent le retour à la condition commune. On veut introduire un mode inflexible d'apprécier les hommes dans cette prodigieuse diversité de services, dont chacun a ses nécessités, ses convenances, et, il faut bien le dire, sa justice particulière. Encore une fois, ce n'est pas l'idée d'une règle qui répugne, mais d'une règle faite par un pouvoir incompétent ; le mal est de régir législativement une matière qui n'est pas législative, et où les qualités de la loi deviennent des inconvénients. L'ordonnance sous la forme d'un règlement d'administration publique aurait tous les effets de la règle, sans avoir les inconvénients de la loi; elle refrénerait l'arbitraire des bureaux, et se prêterait aux besoins réels de chaque service, sans compter l'immense avantage d'être compétemment rendue. La loi au contraire commettrait un excès de pouvoir, bien que le prince y participât; car le roi, pouvoir législatif, n'acquiescerait pas valablement à une usurpation sur le roi, pouvoir exécutif. Ce sont là choses dont personne n'a le droit de disposer.

Nous allons d'un excès à l'autre, suivant la passion qui nous mène. La politique lutte-t-elle contre un principe? on décline la loi, pour se permettre l'arbitraire. La faveur corrompt-elle l'usage de la prérogative? on prodigue la loi, pour combattre l'arbitraire. Sans doute il y a des abus; quel est le cœur honnête qui ne saigne à l'aspect de ce qui se passe? Mais il y a des abus contre lesquels la loi est un moyen trop fort; car si elle mutile le pouvoir qu'elle veut affranchir, si elle le tue pour l'épurer, où est le bienfait?

Je ne mets point au nombre des empiétements sur le pouvoir exécutif l'enquête que peut ordonner une des Chambres, pour s'éclairer sur la matière de ses délibérations; cette enquête est légitime à une condition, c'est que l'acte auquel elle se rattache soit de la compétence de la Chambre; le droit de s'enquérir est inhérent à tout pouvoir qui délibère, qui vote, qui décide, et qui, dans ce but même, a besoin de connaître la vérité. L'enquête n'a par elle-même aucun caractère propre et exclusif; elle a celui du pouvoir qui l'ordonne; elle est administrative chez l'administration, judiciaire chez les tribunaux, législative dans une des Chambres.

Il serait illusoire que l'enquête ne se fît pas directement par le pouvoir qui a besoin de s'éclairer, et qu'il fût obligé de la faire par l'intermédiaire d'un autre; celui-là seul peut instruire, qui doit juger. Il serait contradictoire surtout qu'il recourût, pour la faire, au pouvoir qu'il surveille, et qui peut-être est en cause devant lui.

Il n'est donc pas étonnant que la Chambre des députés ait arrêté en principe le droit d'enquête dans deux occasions mémorables, au sujet de la loi des tabacs et de la vérification des pouvoirs de ses membres. Le parlement d'Angleterre l'admet sans difficulté, et, ce qui vaut mieux qu'un exemple, ce droit tient à la nature des choses.

Mais pour qu'il soit efficace, il faut une loi. Dans l'état de la division de nos pouvoirs, chaque Chambre n'est que la partie d'un tout, et n'a point en elle la plénitude de son être. La résolution qu'elle prend n'a de force exécutoire que dans l'enceinte soumise à sa police, et n'a d'action extérieure ni sur les choses ni sur les personnes; elle n'aurait le droit ni d'appeler devant elle, ni d'interroger, ni de contraindre, ni de constater les faits. Une loi est nécessaire pour organiser son mode d'exécution, comme lorsqu'on a voulu donner à nos Chambres un droit de juridiction sur les offenses commises contre elles, et cette loi indispensable à l'exercice du droit d'enquête, peut et doit se faire.

§ III. — Des pouvoirs administratif et judiciaire.

Voilà le pouvoir exécutif; le voilà tour à tour attaquant et attaqué, plus souvent l'un que l'autre; mais le voilà dans son intégrité première, et sortant de sa source. Descendons maintenant d'un degré; voici qu'il se partage en deux branches, administration d'un côté, justice de l'autre.

Rien de plus facile à comprendre que la division primordiale du pouvoir en législatif et exécutif; le simple bon sens distingue à merveille l'intelligence de l'organe; mais les subdivisions ultérieures, sans être moins vraies, deviennent moins claires; le discernement des choses administratives et des choses judiciaires est déjà de la science, et la raison commence à devenir un art. Cette notion date chez nous d'une époque plus récente qu'on ne pense; l'ancien régime ne l'avait pas; il ne l'avait ni dans son organisation, puisque l'administration jugeait et que les tribunaux administraient, ni même dans la doctrine; car Montesquieu[1], que l'on a tant cité, n'enseigne rien de semblable : « Il y a, dit-il, dans chaque État trois sortes de pouvoirs; la puissance législative, la puissance exécutrice des choses qui dépendent du droit des gens, et la puissance exécutrice de celles qui dépendent du droit civil. Par la première, le prince ou le magistrat fait des lois pour un temps ou pour toujours, et corrige ou abroge celles qui sont faites. Par la seconde, il fait la paix ou la guerre, envoie ou reçoit des ambassades, établit la sûreté, prévient les invasions. Par la troisième, il punit les crimes, ou juge les différends des particuliers. On appellera cette dernière la puissance de juger; et l'autre, simplement la puissance exécutrice de l'État ». Ainsi, Montesquieu plaçait le pouvoir exécutif tout entier dans les relations extérieures, et, quant à l'intérieur, son esprit parlementaire n'y voyait que des affaires relevant du droit civil, qu'il attribuait exclusivement à la puissance de juger, ne faisant entre elles aucune distinction de celles que nous appelons administratives et judiciaires, pas plus que les cours souveraines n'en faisaient elles-mêmes. Si l'ancien régime n'ignorait pas la distinction des deux pouvoirs, il ne la connaissait donc que pour la rejeter.

L'idée même de cette séparation est en réalité de

---

[1] *Esprit des lois*, liv. XI, chap. VI.

la création de la Constituante ; mais cette assemblée ne nous en a donné que le principe, laissant à ses successeurs le soin de trouver la doctrine, et ce soin les occupe encore, comme s'il s'agissait d'une seconde création. *Tantæ molis erat!* On a commencé par douter que la justice fût une dérivation du pouvoir exécutif, et, quand on est tombé d'accord qu'elle avait cette origine commune avec l'administration, on a cherché les signes caractéristiques auxquels on pourrait avec certitude les distinguer l'une de l'autre ; mais ces signes semblent fuir les esprits les plus capables de généraliser ; et, pendant que les décisions particulières se multiplient, les formules ne s'adaptent que laborieusement aux principes ; science naissante, que l'on a raison d'encourager, mais science difficile, dont l'économie est à peine trouvée, et que des exceptions et des déclassements plus empiriques que rationnels, troublent et dérangent à chaque pas.

Nous parlons bien fièrement de la confusion des pouvoirs sous l'ancien régime ; mais nous ne l'avons corrigée qu'à moitié ; car, si nos tribunaux n'administrent plus, notre administration juge.

On a proposé de reconnaître l'administration et de la distinguer de la justice à ce signe caractéristique, qu'elle règle les rapports des citoyens avec l'État. Mais on a donné en cela la définition du droit public plutôt que de l'administration, qui n'en est qu'une partie. La Charte s'ouvre par la déclaration solennelle du *droit public des Français*, en d'autres termes, des principes qui règlent les rapports des citoyens avec l'État; ce n'est sans doute point là ce que l'on entend livrer à l'administration. Il y a telle hypothèse où l'administration statue sur les rapports des citoyens entre eux ; et telle autre où les tribunaux statuent sur les rapports des citoyens avec la société. La justice criminelle n'a pas d'autre fin, et cette première exception est tellement immense, qu'elle détruit la règle. La justice civile s'en occupe également, soit que l'État lui demande de prononcer la dépossession d'un propriétaire pour utilité publique, soit qu'elle décide des droits civiques ou de l'état civil des Français : une cour royale n'ordonne pas l'inscription ou la radiation d'un juré ou d'un électeur, sans régler les rapports les plus importants des citoyens avec l'État; elle ne prononce pas la réhabilitation d'un failli ou d'un condamné, sans le rétablir dans ces mêmes rapports dont il était déchu. Que serait-ce, si nous recherchions tous les cas où le ministère public peut se rendre partie principale au civil, et où les tribunaux jugent de la limite des pouvoirs, en donnant ou en refusant l'application judiciaire aux actes du gouvernement. C'est là du droit public au premier chef; c'est régler les rapports des citoyens avec l'État.

Je n'ai point à donner cette définition, dont les conditions logiques sont si difficiles à remplir; celle que je proposerais de l'un des pouvoirs, conviendrait toujours en quelque chose à l'autre, et je ne rendrais aucun service à la science. Ce n'est point un traité de compétence que j'entreprends; mon sujet ne me demande d'envisager dans ces matières confuses, que le rapport constitutionnel qui intéresse la garantie de nos droits. Mais s'il m'obligeait à me prononcer, j'aurais recours à l'article 5 du Code civil, comme à ce qui a été dit à ce sujet de plus simple, de plus vrai, de moins contestable. « Il est défendu aux juges de prononcer, par voie de disposition générale et réglementaire, sur les causes qui leur sont soumises. » Ce n'est point là, j'en conviens, une définition, mais c'est une indication très-féconde; on y trouve deux propositions fondamentales : 1° les juges ne prononcent que sur les causes qui leur sont soumises, et comme on ne leur en soumet que par action publique ou privée, personnelle, réelle ou mixte, on ne risque pas de se tromper, en disant qu'ils connaissent de tous les intérêts qui donnent naissance à une de ces actions, c'est-à-dire de la sûreté des personnes, et de la propriété des biens. 2° Même dans les causes qui leur sont soumises, ils ne peuvent prononcer par voie générale et réglementaire; c'est donc que cette voie est réservée à l'administration.

D'où l'on pourrait, ce semble, tirer cette conclusion : dans le domaine de l'exécution, tout est administratif, excepté ce qui est judiciaire. Déterminez ce qui est judiciaire à l'aide des principes du droit civil et criminel, faites une soustration, et le reste sera le pouvoir administratif.

Revenons à notre objet, qui est de vérifier en quoi chacun des pouvoirs séparés par l'Assemblée constituante nuit ou profite à la garantie de nos droits, en d'autres termes, comment il remplit la fonction constitutionnelle. Ils ne se présentent pas à cet examen avec des titres égaux : la justice est l'aînée de l'administration; ses principes sont certains et populaires, ses preuves sont faites, et son alliance avec la liberté est antique. L'administration est née d'hier, et c'est à peine si l'époque qui l'a trouvée, la comprend bien encore. La Constituante l'a décrétée en principe, l'empire l'a perfectionnée comme instrument d'ordre et de puissance; le régime constitutionnel trouve-t-il en elle toutes les conditions de la liberté?

Cette différence même nous indique l'ordre à suivre dans notre examen; nous commencerons par la justice, comme par une institution devenue classique, et qui peut servir de criterium. Rapprochement singulier! la Constituante a retiré l'administration aux compagnies judiciaires, par un sentiment de défiance, et voilà que la confiance nationale se fixe aujourd'hui sur la justice, comme sur le plus parfait de nos pouvoirs.

§ IV. — Du pouvoir judiciaire.

Un problème occupe vivement les publicistes. Quel est, sous un gouvernement tel que le nôtre, l'origine vraie du pouvoir judiciaire? On le veut indépendant; il faut donc en faire un troisième pouvoir, car si on le dérive du pouvoir exécutif, il ne peut être indépendant de son chef. La Charte dit à la vérité : *toute justice émane du roi; elle s'administre en son nom par des juges qu'il nomme et qu'il institue*. Mais elle ajoute aussi : *les juges nommés par le roi sont inamovibles*. De ces deux textes, le premier n'est qu'une réminiscence d'un droit public qui n'est plus. La justice émanait du roi sous l'ancienne monarchie, et il y avait une raison de le dire. On sortait du régime féodal, le roi s'était emparé du dernier ressort, et n'avait laissé le premier aux seigneurs qu'à titre de concession : la maxime avait un sens, car elle s'entendait par opposition au temps où la justice émanait des seigneurs. Le prince étant la source unique de la juridiction, on comprenait qu'il en retînt une partie, et qu'il en déléguât une autre. La délégation elle-même s'expliquait naturellement; elle n'était pas fondée sur l'incapacité légale du prince d'administrer la justice : saint Louis rendait ses jugements sous l'arbre de Vincennes; Charles V présidait au procès de Jean V, duc

de Bretagne; Charles VI à celui de Charles II, roi
de Navarre; François Ier à celui du marquis de Sa-
luces; Louis XIII à celui du duc de La Valette. Mais
la délégation avait pour cause l'impossibilité de
porter seul un tel fardeau : « Le magistrat, disait
La Bruyère, *décharge* le prince d'une partie du soin
de juger les peuples. » « Parce qu'il serait difficile
qu'il pût exercer cette puissance par lui-même, disait Jousse, il a bien voulu *confier son autorité* à cet
égard à des magistrats qui l'exercent en son nom. »
Les juges étaient si bien les auxiliaires du prince,
qu'au dire de Loiseau, *c'était une branche du crime
de lèse-majesté d'attenter à leur personne*, et on les
traitait conséquemment à leur qualité de mandataires, en leur expédiant de nouvelles commissions,
à chaque mutation de prince. Mais rien de tout cela
n'est vrai sous la Charte, et les mots de justice retenue, et de justice déléguée, ne sont pas de son vocabulaire. Le moyen de concevoir la justice déléguée, où la justice immédiate est défendue, et
tellement défendue que , s'il n'y avait qu'un seul
jugement à rendre dans tout le royaume, l'homme
de France le plus incapable d'y vaquer serait le roi?
incapable, disons-nous, à raison d'une incapacité
légale, non d'une impossibilité physique. Qu'est-ce
qu'un pouvoir délégué, que le déléguant ne peut
ni exercer par lui-même, ni rappeler à lui, les juges
étant inamovibles? S'explique-t-on la justice déléguée, depuis que la Charte a défendu le rétablisse-

ment des commissions judiciaires, et par conséquent proscrit la supposition d'un mandat direct du prince au juge? Comment surtout la concilier avec la procédure par jurés, et avec une organisation judiciaire, où le ministère public, requérant au nom du roi, peut être débouté par le juge, et où, par conséquent, le roi se débouterait lui-même? La maxime en question est donc dépaysée dans la Charte; elle s'y heurte à tous les principes; on ne l'y a insérée que par habitude, et sans se rendre compte de sa portée. Que si on la dépouille de son ancienne signification, il ne lui en reste plus aucune; elle ne cesse d'être fausse que pour devenir inutile : son danger est moindre, mais sa place n'est plus dans la Charte.

Nous devons à cette objection une réponse sérieuse comme elle.

Oui, la justice est indépendante : cette vérité est fondamentale; elle nous est commune avec l'objection, et nous déclarons d'avance que toute doctrine, qui tendrait à l'affaiblir, serait rejetée par nous comme subversive. La justice est indépendante par des raisons qui tiennent à son essence, et que nous dirons d'abord, avant de donner notre explication de la maxime contestée.

Ce qui caractérise le juge en France, c'est que la loi se substitue chez lui à son opinion propre, et le réduit à ne lui servir que d'organe, à lui prêter sa voix, à parler pour elle. Cette règle ne souffre exception, que si la loi ne lui fournit rien; alors seulement il peut se consulter lui-même; mais, à cela près, il n'use de son discernement que pour reconnaitre la loi et l'appliquer. Aussi, a-t-on dit que la meilleure loi est celle qui laisse le moins à l'arbitraire du juge : on a ajouté que le meilleur juge est celui qui s'en laisse le moins à lui-même. Il lui est enjoint de donner les motifs de sa décision, pour faire entendre qu'en la rendant, il ne fait point acte d'autorité personnelle, mais de raison légale, et qu'entre la loi et le plaideur, il ne sert que d'intermédiaire.

Ce n'est pas tout. Dans la position où ce devoir place le juge, entre la loi comme règle, et sa raison comme supplément, ce qui est à craindre, c'est que le supplément ne finisse par prévaloir sur la règle; car la tendance naturelle de l'homme est d'exercer incessamment l'activité de sa raison, et d'en laisser l'empreinte sur tout ce qu'il touche. Pour remédier au mal, on a placé au sommet de la hiérarchie judiciaire un tribunal, dont l'austère mission est de ramener à la loi le juge que les séductions de sa raison en ont un moment écarté, et l'on voit ici à découvert le secret rapport de l'organisation judiciaire avec le devoir du juge.

Quand les demandes portées devant les tribunaux sont astreintes à des formules, comme autrefois à Rome, comme aujourd'hui encore en Angleterre, les formules sont la règle unique du juge, et une règle sans supplément. Si la formule manque à l'action, le juge s'abstient; faux système, qui s'exagère la raison humaine dans le législateur, pour la méconnaître entièrement dans le juge, et dont Portalis a dit, avec un grand bonheur d'expression, qu'il semble supposer que les législateurs sont des dieux, et que les juges ne sont même pas des hommes. Tout le danger est alors pour l'équité, qui est menacée de mourir étouffée sous les formules du droit positif; c'est pour la secourir, que Rome a institué son droit prétorien, et l'Angleterre sa cour de chancellerie; deux institutions dont la raison est la même.

Mais quand les actions sont dégagées de formules sacramentelles, quand elles sont de bonne foi, quand le législateur n'a pas de lui-même l'opinion qu'il pourvoit à tout, ni du juge qu'il n'est capable de pourvoir à rien, il laisse au juge les cas imprévus, et tout le péril est alors pour la loi, car le penchant du juge est pour l'équité. C'est alors une cour de cassation qui est nécessaire; non pour remplir entre les parties le devoir pratique de la justice, non pour rendre à chacun le sien, mais pour déclarer la loi, en renvoyant à un autre juge le soin de l'appliquer, pour faire de la loi une personne morale ayant son intérêt propre, que l'on a blessé et qu'il s'agit de venger; singulier sacerdoce, institué pour le culte d'une abstraction, et dont les réponses, rendues en contemplation du droit, créent une sorte d'algèbre à la jurisprudence.

C'est alors, quand toutes les precautions de la sagesse humaine sont épuisées, que la décision judiciaire est plus que l'opinion d'un homme; elle s'élève au niveau de la vérité, ou plutôt elle est la vérité même, *pro veritate habetur;* ce qui ne peut se dire d'aucun autre genre de décision.

Le juge nous étant ainsi donné, la conséquence naturelle est qu'il ne saurait être responsable. De quoi le serait-il? La responsabilité ne s'attache qu'à la liberté, à la liberté maîtresse de ses déterminations. Mais le juge n'est pas maître des siennes; la règle qu'il applique n'est pas son ouvrage; il la reçoit toute faite, et l'applique telle qu'il l'a reçue. Ce n'est pas lui qui juge, c'est la loi. Il n'y a rien dans ses déterminations qui lui soit propre, et son mérite est de s'y être complétement effacé. S'il se trompe, son erreur est redressée par un juge supérieur, qui statue aux mêmes conditions; si sa décision n'est point attaquée, la présomption est qu'il ne s'est point trompé; il a dit la vérité même. Comment donc serait-il responsable?

Nous n'allons pas, remarquez-le bien, jusqu'à dire qu'il ne répond ni de son dol, ni de son délit; genre de responsabilité dont nul n'est affranchi, car le délit et le dol sont des faits personnels, que nous commettons pour notre propre compte, et non comme organes de la loi; nous parlons des fautes ordinaires, même des fautes dommageables, sans dol ni délit. Dans cette hypothèse, le juge est si bien effacé, que, selon une maxime qui le caractérise encore, son fait est celui de la partie. A l'époque féodale, l'appel se relevait contre le juge, que l'on forçait à défendre sa sentence, les armes à la main; pourquoi? Parce qu'on voyait en lui, non l'organe de la loi, mais l'homme du Seigneur; au lieu qu'aujourd'hui, en même temps que les voies légales ne sont ouvertes que contre le jugement, il n'y a de responsabilité pour le juge, qu'au cas de délit, d'après le Code d'instruction, ou dans un des cas de dol déterminés par le Code de procédure, mais jamais en vertu des principes généraux sur l'imputation des fautes, et notamment de l'article 1382 du Code civil. Souvenons-nous de cette observation, pour le moment où nous traiterons du pouvoir administratif.

Si le juge n'attendait l'impulsion de personne, et se mettait en mouvement de lui-même, on pourrait voir dans cette spontanéité une résolution qui lui serait propre, et dont il aurait à répondre. Mais il ne va point au-devant des procès; on les lui apporte; il ne parle que pour faire des réponses à des questions, et quand on les lui a apportées, il s'y renferme. C'est pour lui que l'on a donné au mot *espèce* une acception qui, à tout autre égard, ne serait pas française; il ne statue que sur des espèces, il ne s'étend pas jusqu'au genre; le cas particulier qui lui est déféré, a des limites infranchissables pour lui.

Voilà le juge selon la Charte, et c'est assez dire que, n'étant pas responsable, il n'est agent de personne, et que, n'étant pas agent, il est indépendant. A la vérité, le roi le nomme et l'institue; mais ne confondons pas : autre chose est la délégation du pouvoir, autre chose la nomination du fonctionnaire. Le pouvoir existe indépendamment du prince; il existe dans la loi, avec des principes, un mode et des formes auxquels la loi seule peut toucher. Ainsi créé et organisé d'avance, que lui faut-il pour achever de vivre? un fonctionnaire qui l'anime. La part du prince est de désigner la personne propre à remplir la mission déterminée par la loi. Pour que la nomination du fonctionnaire impliquât une délégation de pouvoir, il faudrait que le prince pût donner des ordres ou des instructions à l'agent de son choix; mais le juge a sa règle ailleurs que dans l'ordonnance qui le nomme, et il ne doit de compte qu'à Dieu. Aussi la formule exécutoire donnée par le prince aux décisions judiciaires parle-t-elle du juge à la troisième personne : « Notre tribunal de... a rendu le jugement suivant. » La distinction y est expresse entre le prince et le magistrat.

Maintenant que nous avons fixé le caractère du juge, comme un principe fondamental auquel toute doctrine est subordonnée, enquérons-nous du sens de la maxime importée de l'ancien droit public dans notre Charte. Cette maxime signifie-t-elle ce qu'elle signifiait autrefois? Conçue dans les mêmes termes, ne peut-elle avoir que le même sens? En résulte-t-il que le juge est le mandataire du prince, et nous fait-elle retomber dans la justice retenue et la justice déléguée? Alors nous sommes de l'avis de l'objection; la maxime a tort, et nous regrettons de la lire dans la Charte. Mais la thèse change si l'on a eu une raison, je veux dire une raison constitutionnelle de l'y écrire, et cette raison pourrait bien se trouver; car, de même que la monarchie absolue sortait du régime féodal, de même la Charte succède à des constitutions républicaines; et si, sous la première, la maxime s'entendait par relation aux justices seigneuriales, auxquelles je conviens que la Charte n'avait plus d'allusion à faire, peut-être en était-il autrement de la manière dont les constitutions précédentes entendaient le pouvoir exécutif et le pouvoir judiciaire. Rappelons quelques souvenirs :

La constitution de 91 était mi-monarchique, mi-républicaine, et, qu'on me passe le mot, d'une nature hybride. Elle attribuait au roi le pouvoir exécutif, moins le pouvoir judiciaire dont elle faisait un troisième pouvoir; elle séparait la nomination du juge de son institution; elle le donnait au peuple à élire, et au roi à instituer par des lettres patentes qu'il ne pouvait refuser.

La constitution toute républicaine de l'an III déclarait formellement que les fonctions judiciaires ne seraient jamais exercées par le pouvoir exécutif, et les juges étaient élus par le peuple à tous les degrés de la hiérarchie.

La constitution républicaine de l'an VIII met un pied dans la monarchie, comme la constitution monarchique de 91 en avait un dans la république. Elle supprime à peu près les dénominations purement théoriques, en haine de la division des pouvoirs, et ne conserve de cette langue que celle du pouvoir législatif, qui sera bientôt lui-même annulé, désignant les autres sous le nom de gouvernement et de tribunaux; elle donne au premier consul la nomination de tous les juges, hors celle des juges de paix et des juges de cassation; ceux-là continueront à être éligibles; elle imagine pour ceux-ci un système mixte, selon le goût de son auteur; le sénat les nomme sur une liste de candidats présentés par le premier consul.

Ainsi, la justice se puisait à deux sources différentes, tantôt dans le prince, tantôt dans le peuple; chacun de ces principes exclut l'autre aux époques où il domine, et se combine avec lui aux époques de transition. Cette lutte, même après avoir cessé dans la politique, s'est prolongée dans le sein de la justice criminelle, où, par une réminiscence de la cité antique si différente de la nôtre, on se demandait naguère encore si l'accusation n'était pas une action populaire. C'est à la suite de ces précédents que la Charte est venue dire : Le pouvoir judiciaire est une branche du pouvoir exécutif, car l'application des lois par un juge n'est qu'un mode de leur exécution; le roi doit donc nommer le juge, et même l'instituer; car ces deux droits ne se séparent pas, la création d'un juge n'ayant rien d'analogue à celle d'un évêque, qui suppose le concours de deux puissances; le juge nommé et institué par le prince sera inamovible, car il y a plus de garantie dans le fonctionnaire vouant sa vie entière à une tâche, à laquelle suffit à peine la vie la plus longue, que dans la mission temporaire d'un juge électif.

Voilà comme la justice émane du roi, par opposition, non plus au temps où elle émanait des seigneurs, mais au temps plus rapproché où elle a émané du peuple; bien entendu que, malgré l'emploi des mêmes termes, si elle émanait jadis du roi comme d'un roi absolu, elle n'émane aujourd'hui du roi, que comme d'un roi constitutionnel, avec les conditions qu'y met la loi. La maxime ainsi entendue n'implique donc en aucune façon la justice déléguée.

On a ingénieusement comparé les pouvoirs judiciaire et administratif, à deux jumeaux, pour l'un desquels le cordon aurait été coupé, sans l'être pour l'autre. J'accepte la comparaison, à condition que celui pour lequel il l'aurait été, eût pu grandir et devenir majeur, jusqu'à constituer une personne distincte et indépendante. Cependant le gouvernement consulaire a rétabli le cordon. Un sénatus-con-

sulte du 16 thermidor an x, conçu dans l'esprit de
la constitution de l'an viii, a institué un grand juge,
qui, sans perdre son caractère d'agent révocable,
a été introduit dans l'administration de la justice,
avec faculté de présider la cour de cassation, et
d'exercer le pouvoir disciplinaire. C'était une manière de détruire l'indépendance du pouvoir judiciaire, et de le rattacher au gouvernement. On peut
juger par là si la théorie de la division des pouvoirs
est une chose vaine, et si le génie du consulat, en
la discréditant sous le nom d'idéologie, ne proscri-
vait pas en réalité une garantie constitutionnelle ; on
peut surtout juger si aujourd'hui un éclaircissement
n'est pas nécessaire.

La doctrine ne se conforma que trop docilement
à la pensée du maitre. On le vit dans une occasion,
où celle-ci, secondée par deux des plus grands noms
de la science du droit, a tenté d'influer sur la jurisprudence. Il s'agissait de savoir si la cour de
cassation, qui s'interdit l'appréciation des actes après
le juge du fait, ne devait pas se la permette en matière d'enregistrement. La cour s'est arrêtée à ce
dernier parti par des raisons, bonnes peut-être dans
l'intérêt de l'impôt, et qui, en tout cas, ne sont pas
inconstitutionnelles. Mais, à l'origine de cette jurisprudence, voici la doctrine que proposa, pour la
justifier, M. Henrion de Pensey, qui a approfondi,
comme on le sait, la théorie de l'autorité judiciaire
dans les gouvernements monarchiques : « Lorsque,

par le jugement des affaires criminelles ou des procès entre particuliers, le prince délègue l'autorité judiciaire, cette délégation absolue, parce qu'elle est obligée, ne lui laissant sous ce rapport que l'exercice de la branche du pouvoir exécutif qui le constitue le vengeur et le gardien des lois et des formes, il ne peut annuler les jugements que pour violation des formes et contravention aux lois. Mais relativement aux contestations qui intéressent éminemment les droits de la couronne ou les revenus publics, le prince est dans une position bien différente ; *comme il lui est libre de les juger lui-même, la transmission qu'il fait de ses pouvoirs ne le dépouille pas d'une manière aussi complète.* Il lui reste le droit d'examiner si *les juges qu'il a commis ont fidèlement rempli toutes les conditions du mandat qu'il leur a conféré,* et par conséquent celui de les réformer, s'ils s'en sont écartés. Il ne serait pas même au pouvoir du prince de renoncer à ce droit de révision. En effet, par cette abdication, il se rendrait en quelque sorte étranger à la fortune de l'État.... [1] » De ce principe, M. Merlin tire la conclusion que voici [2] : « La cour n'exerce les fonctions qui lui sont attribuées par la loi, *que comme déléguée*

---

[1] Ce passage si curieux se trouve à la page 97 d'une des premières éditions de l'*Autorité judiciaire*. Il ne se trouve pas dans l'édition de 1827, que j'ai sous les yeux. Ce retranchement est-il une rétractation ?

[2] *Répertoire*, v° *Droit d'enregistrement*, § 14.

du prince; le prince aurait pu se réserver à lui-même l'exercice de cette partie de la souveraineté ; *la délégation qu'il en a faite à la cour* a été pleinement volontaire de sa part, et conséquemment la cour doit exercer ses fonctions, *comme le prince les exercerait lui-même,* s'il s'en était réservé l'exercice. En effet, si le prince s'était réservé l'exercice personnel du droit de prononcer sur les demandes en cassation, comment exercerait-il ce droit.... ? » Ainsi il y a deux justices, celle qui se rend en matière ordinaire, et celle qui se rend en matière fiscale; pour administrer la première, le magistrat ne prend conseil que de la loi et de sa conscience; mais pour la seconde, il doit pressentir la pensée du prince, et se demander : *que ferait le prince à ma place?* La mesure de ses devoirs est tout entière dans la réponse présumée à cette question.

Assurément cette doctrine n'a pas besoin de réfutation; il répugnerait moins de revenir franchement au pouvoir absolu, à la justice déléguée et aux conséquences logiques qui en dérivent, que de croire, sous le régime constitutionnel, à une justice double, à laquelle préside un esprit différent, selon qu'elle a pour objet un intérêt privé ou fiscal. Je comprends des règles spéciales pour la perception de l'impôt, à condition que ces règles soient dans la loi, et que la jurisprudence n'y ajoute rien par ses fictions; mais tous les besoins de l'impôt n'iront jamais jusqu'à faire une autre loi que la loi, et le magistrat n'est point assez malheureux pour voir s'évanouir devant lui l'unité de son devoir. Aussi n'avons-nous pas à regretter que l'arrêt du 27 juillet 1810, qui a suivi le réquisitoire de M. Merlin, ait adopté sa doctrine; il apprécie l'acte, comme on le demande, en se taisant sur la théorie du droit dont il use; or, ce droit se justifie par d'autres raisons. Mais ce qui est à retenir de tout ceci, c'est qu'il ne faut pas, sans un examen scrupuleux, ouvrir l'entrée de notre régime aux principes de l'ancien droit public; les deux grands jurisconsultes, qui ont cherché à acclimater chez nous une maxime du pouvoir absolu, dont la trace se retrouve dans le régime féodal et dans la matière des lods et ventes, appartiennent à cette époque de transition où le mélange des idées était bien pardonnable, puisque l'on commençait à peine à éclairer le droit public de la lumière toute nouvelle de la Charte.

La fausse doctrine s'est prolongée sous la Charte même. On la retrouve dans un avis du conseil d'État du 17 décembre 1823, portant que la loi du 16 septembre 1807, sur l'interprétation des lois, n'a point été abrogée par la Charte. Cette décision pouvait être juste, mais non par la raison alléguée, que, *toute justice émanant du roi, c'est à lui qu'appartient la portion de l'autorité judiciaire qui n'est pas comprise dans la délégation que ses tribunaux en ont reçue.* L'idée de l'autorité judiciaire, directement venue de la loi aux tribunaux, sans intermédiaire, n'était pas encore entrevue sous la restauration.

Le grand juge, institué par le sénatus-consulte de l'an x, étant redevenu ministre de la justice, sans aucune participation possible à sa distribution, cesse par cela même d'exercer le pouvoir disciplinaire; car le pouvoir disciplinaire sur les magistrats est une dépendance du pouvoir judiciaire. C'est un droit de la famille sur ses membres, et, pour l'avoir, il faut être de la famille même[1].

Il ne fallait rien moins qu'un pouvoir aussi fortement constitué, qui fût esclave de la loi et ne le fût que d'elle, qui, à une dépendance absolue de la loi, joignît une indépendance non moins absolue de tous les pouvoirs, qui, dans des limites certaines, fût à la fois inviolable et contenu, au point de n'inspirer ni de concevoir aucune crainte; il fallait un tel pouvoir pour lui confier avec sécurité la double fonction que nous lui connaissons : 1° la garde de nos biens et de nos personnes, auxquels on ne parvient qu'après avoir passé devant lui; 2° la garde des limites entre les pouvoirs qui dérive de la première, et pour laquelle il est doué de la plus grande force qu'il y ait chez les hommes, de la force d'inertie. Comme toutes les mesures impératives ou prohibitives ont besoin de la sanction dont il dispose, c'est à lui qu'elles aboutissent tôt ou tard, et il lui suffit d'un simple refus pour les paralyser. Cette

[1] « Castigatio domestica. »

obligation où sont tous les pouvoirs actifs de venir chez lui demander un moyen de contrainte, le constitue juge nécessaire de leurs excès, et par conséquent gardien de leurs limites.

Nous insistons sur cette dernière conséquence; car elle nous fournit un des caractères essentiels du pouvoir judiciaire. On a été longtemps en France à se faire de ce droit une idée précise; on l'a confondu d'abord avec la faculté active de censurer, modifier, annuler, et l'on a combattu comme excès de pouvoir chez les tribunaux, le droit nécessaire d'apprécier l'excès de pouvoir chez les autres. La constitution de l'an VIII, avec son sénat prétendu conservateur, avait faussé les idées sur ce point, et la cour de cassation elle-même, dans son arrêt du 1er floréal an x, avait cédé au torrent. Un arrêté consulaire du 7 fructidor an VIII ayant ordonné, au profit du trésor, le prélèvement d'un dixième sur le produit net des prises maritimes, et, le négociant capteur ayant résisté à la perception de cet impôt non établi par une loi, le tribunal de Nantes et la cour de Rennes avaient refusé la condamnation qu'on leur avait demandée. L'arrêt du 1er floréal an x a cassé l'arrêt de Rennes, en se fondant sur la séparation des pouvoirs administratif et judiciaire, et sur l'attribution faite au sénat seul d'annuler les actes inconstitutionnels; comme si c'était une seule et même chose d'empêcher directement l'exécution d'un acte, ou de ne pas contraindre celui qui lui refuse sa soumission;

comme si, même sous le mauvais régime de l'an VIII, la faculté judiciaire d'apprécier, s'était confondue avec la faculté politique d'annuler. Ces deux choses sont cependant bien distinctes par leur nature : vous, vous exécutez la loi à votre manière ; moi, je l'applique à la mienne, et n'applique qu'elle ; c'est notre lot à chacun. S'il vous plait d'excéder vos pouvoirs et de faire la loi, au lieu de l'exécuter, c'est un tort, dont je ne suis sans doute pas le redresseur, mais qui ne peut modifier ma condition ; or, dans la condition qui m'est faite, je ne puis condamner au payement d'un impôt non établi par la loi (article 40 de la Charte) ; je ne puis appliquer aucune peine non prononcée par la loi (article 4 du Code pénal). Si cependant je suis obligé de condamner indistinctement qui vous désobéit, sous prétexte que je vous fais obstacle, il vous suffira de sortir de votre orbite, pour m'entrainer hors de la mienne ; votre excès de pouvoir entrainera le mien ; c'est moi qui suis dans votre dépendance, et c'est vous qui empiétez. A parler exactement, ce que je juge, c'est moins votre acte que ma compétence ; avec mon droit judiciaire d'apprécier, je ne sors pas de mes limites, j'y reste.

Ces principes sont évidents ; et, tout évidents qu'ils sont, leur triomphe n'est sans contestation que depuis 1830. Auparavant, le refus d'appliquer une peine prononcée par ordonnance était un des actes les plus difficiles du courage civil ; ce n'est qu'en 1832, lors de la révision du Code pénal (article 471, § 15), que l'on a reconnu le droit des tribunaux de simple police, de n'accorder la sanction judiciaire qu'aux règlements légalement faits, et cette faculté s'étend à tous les degrés de la hiérarchie.

Ne nous hâtons cependant pas trop de triompher; le principe que l'on croyait rejeté sans retour, vient de reparaître au conseil d'État. Une ordonnance rendue le 23 décembre 1845[1], ayant à régler la compétence de l'autorité judiciaire et de l'autorité administrative, fait entre elles le partage que voici : des citoyens refusent de se soumettre au péage sur trois des ponts de Paris; leur refus se fonde sur ce que la durée du péage, d'abord fixée par une loi, n'a été prorogée que par un arrêté consulaire de l'an x et une ordonnance royale de 1814. Or, ils adressent à ces actes des reproches de deux espèces : 1° ils nient leur existence légale; l'arrêté de l'an x ne porte pas de contre-seing d'un ministre; l'ordonnance de 1814 n'a pas de minute; elle n'est prouvée que par des expéditions; 2° leur existence fût-elle constante, ils sont coupables d'excès de pouvoir; ils ont changé une loi. Le conseil d'État reconnaît à l'autorité judiciaire le droit d'apprécier le premier reproche, qui porte sur la forme des

____

[1] Dans l'affaire des trois ponts. De Villeneuve, vol. XLVI, II⁰ partie, p. 280.

actes ; il lui refuse celui d'apprécier l'excès de pouvoir. C'est la résurrection du principe impérial. N'accorder à l'autorité judiciaire que le droit d'apprécier la forme, c'est ne lui rien accorder. La moindre chose, quand on présente un acte à un juge, est qu'il examine s'il est en forme probante ; jusque-là il n'est pas obligé d'y croire. On lui refuse tout en lui refusant le droit d'examiner de quel pouvoir il émane; le discernement lui est ôté ; il est asservi; on en fait un instrument. Un péage sur la voie publique est un impôt; il ne peut être établi que par une loi, et ce n'est plus la loi qui l'ordonne, quand on le prolonge au delà du terme fixé par elle. On n'interdit cet examen au juge qu'en retombant dans la confusion que nous avons signalée entre le droit de critiquer ou d'annuler l'acte, et celui de lui refuser l'application judiciaire; en d'autres termes, qu'en paralysant un pouvoir, sous prétexte de le contenir. Encore une fois, il est très-légitime de le contenir dans ses limites, mais non de l'empêcher de s'y mouvoir, selon sa nature.

Toutefois le jeu de notre gouvernement représentatif peut amener une combinaison nouvelle, contre les dangers de laquelle il est bon de prémunir le juge ; car elle l'expose au risque d'exagérer son droit, et de refuser la sanction, quand il doit l'accorder. On suppose qu'en matière de finances et particulièrement de douanes, la loi ait délégué à l'ordonnance le pouvoir de prendre certaines dispositions qu'elle n'eût pu prendre seule, à la charge de se soumettre à la ratification législative ; qu'en usant de cette délégation, l'ordonnance ne se soit pas tenue dans les limites du mandat, et qu'ainsi entachée d'un excès de pouvoir, elle se présente à l'appréciation judiciaire. Par exemple, le gouvernement tient de deux lois, du 29 floréal an x et du 17 décembre 1814, le pouvoir général d'abaisser ou d'élever provisoirement les taxes des douanes, de prohiber l'entrée des marchandises étrangères ou d'augmenter les droits à leur importation ; une loi particulière du 2 juillet 1836 remet le cinquième des droits d'entrée aux produits naturels importés par navires français des îles de la Sonde et des parties de l'Asie situées au delà. Dans cet état de la législation, survient, le 2 septembre 1838, une ordonnance qui, usant du pouvoir général accordé par les lois de l'an x et de 1814, restreint le bénéfice de la remise aux produits naturels importés des pays situés au delà des îles de la Sonde. L'ordonnance changeait la loi au détriment des contribuables, puisqu'elle retirait aux produits importés des îles de la Sonde, la remise du cinquième qui leur était accordée. L'excès de pouvoir était évident. Depuis, une loi de 1841 a ratifié l'ordonnance ; mais avant cette ratification, et lorsque l'ordonnance était encore dans son état inconstitutionnel, l'administration des douanes perçoit le cinquième sur les produits importés des îles de la Sonde. On résiste ; les tribunaux du Havre, de Bordeaux, de Marseille rejettent la perception; celui de Nantes la maintient.

Quel était dans cette occurrence le véritable devoir du juge ? Il dépendait incontestablement du caractère constitutionnel de l'acte qu'on lui présentait; loi, il devait l'appliquer; simple ordonnance, il pouvait l'apprécier. Qu'est-ce donc que l'acte par lequel un pouvoir supérieur charge l'inférieur de faire ce que celui-ci ne ferait pas seul et spontanément? C'est une délégation; or, le propre de toute délégation est d'identifier le délégué avec le déléguant; dans l'exécution qui s'ensuit, c'est le déléguant qu'il faut voir, non le délégué. Ce principe, que la raison seule suffirait à justifier, est écrit dans le droit romain : *Qui mandatam jurisdictionem accepit, proprium nihil habet, sed ejus qui mandavit jurisdictione utitur !* C'est le prince des jurisconsultes, Papinien[1], qui l'a dit. Ulpien ajoute[2] · *Is cui mandata jurisdictio est, fungitur vice ejus qui mandavit, non sua.* Ce qui a été dit de la juridiction, peut se dire de nos pouvoirs constitutionnels; la raison est la même. Quand le pouvoir législatif commet au pouvoir exécutif le soin de pourvoir à certains besoins qui lui échappent, il se donne un représentant, un *alter ego.* Le juge doit donc se conduire envers l'ordonnance, comme s'il était en présence de la loi même.

Cela est-il vrai indistinctement dans tous les cas,

---

[1] *De offic. ejus cui*, ff., l. I, § 2.
[2] *Ibid.*, liv. XVI, l. III.

soit que l'ordonnance se tienne dans les limites de la délégation, soit qu'elle en sorte ? Point de difficulté dans le premier cas, à admettre l'identité de la loi avec l'ordonnance; mais dans le second, la volonté de l'une diffère évidemment de celle de l'autre. Et cependant, pour peu qu'on y réfléchisse, on s'apercevra qu'aucune distinction n'est possible, sans détruire le principe. Il y a deux raisons de cela : 1° L'ordonnance rendue par suite d'une délégation de la loi, est une loi pour le juge ; le juge doit donc l'appliquer, malgré l'excès de pouvoir ; car s'il connaissait de l'excès de pouvoir dans la loi, c'est de la loi même qu'il connaîtrait, et l'on sait la grande maxime qui fait sa règle : *Secundum leges, non de legibus judicandum.* Nous avons reconnu le même principe à l'occasion du pouvoir constituant, sur lequel nous avons supposé un empiétement du pouvoir législatif. 2° Dans la législation spéciale sur laquelle nous raisonnons, la délégation part de la loi pour revenir à la loi ; après l'exécution, le délégué se présente au déléguant pour rendre son compte, et selon l'occurrence, l'ordonnance est ou n'est pas convertie en loi. Que signifie pour le juge cette obligation du pouvoir exécutif de soumettre ses actes au pouvoir législatif ? C'est, de la part de celui-ci, une réserve de juridiction, et cette réserve est exclusive ; quand le ministre qui a contre-signé l'ordonnance la présente aux Chambres, il est en instance devant elles pour obtenir son bill d'indemnité; il y a là comme une litispendance législative, dans laquelle aucun pouvoir inférieur ne peut s'immiscer, et sur laquelle il peut bien moins encore anticiper. Il reste que, pour le juge, l'ordonnance conserve force de loi, malgré l'excès de pouvoir.

Mais un embarras peut se présenter, par suite de la fidélité même du juge à ses devoirs. L'ordonnance excède le pouvoir qui lui a été délégué; le juge l'applique; sa décision passe en force de chose jugée, et il arrive qu'à la session suivante, le législateur désapprouve l'ordonnance et refuse de la convertir en loi. Que devient la chose jugée, quand le texte qui lui a servi de base est condamné par le législateur? La chose jugée reste ce qu'elle n'a jamais cessé d'être, la vérité même, et la détermination ultérieure des Chambres ne peut rien sur une condamnation régulière; autrement le pouvoir judiciaire passerait au pouvoir législatif. La personne reprochable n'est pas le juge, mais le ministre; la difficulté se résout donc par la responsabilité ministérielle.

Si le contribuable avait payé volontairement et sans condamnation, l'administration, après la décision des Chambres, devrait restituer ce qui aurait été payé sans être dû.

Ces principes servent de base à des arrêts de la cour de cassation, du 29 novembre 1842[1], du 24 mars, et du 10 août 1847.

_____
[1] Dalloz, 43, 1, 169.

En résumé, le juge n'est que l'organe de la loi ; les motifs de ses décisions sont d'elle et non de lui ; d'où la conséquence qu'il n'est pas responsable. Pour qu'aucune influence étrangère n'altère son devoir, il a besoin de son indépendance ; aussi, n'est-il point agent du gouvernement ; il tient son titre du prince et son pouvoir de la Charte. Il ne faut rien moins que ces précautions pour qu'il ait, sans danger, le droit immense de discerner à quels actes il doit accorder ou refuser la sanction judiciaire. Ainsi organisé, le pouvoir du juge est éminemment propre à nous conduire où tend la Charte, à la garantie constitutionnelle.

§ V. — Du pouvoir administratif.

Ici, comme partout, nous ne prenons de cette vaste matière que ce qui intéresse la garantie. La retrouvons-nous dans l'administration au même degré que dans la justice ? L'y retrouvons-nous au moins telle que la comporte la nature des choses ?

On a fait, dans les matières administratives, une distinction judicieuse, qui rappelle celle du droit romain entre l'empire et la juridiction, *imperii potius quam juridictionis* :

Dans les unes, l'administration commande, autorise ou défend ; elle peut refuser ce qu'on lui demande ; elle n'est sans doute jamais dispensée d'être juste, mais entre les particuliers et elle, il n'y a pas de médiateur nécessaire; elle ne consulte qu'elle-même; elle puise en elle ses résolutions; elle est libre et responsable, c'est l'empire.

Dans les autres, elle contracte, et par conséquent elle s'oblige : l'autorité entre dans le domaine des conventions, elle se fait partie et traite avec une autre partie sur le pied de l'égalité; s'il y a litige, l'idée d'un médiateur se présente naturellement; c'est la juridiction.

On a très-bien dit qu'à la vérité dans les deux cas il y a réclamation, mais que l'on allègue, là *un intérêt*, ici *un droit;* le *droit* suppose toujours *un intérêt*, l'*intérêt* ne suppose pas toujours *un droit.* De là les deux divisions principales que présente cette matière : l'administration active, et le contentieux administratif.

De l'administration active,

ou de l'administration dans ses rapports avec nos intérêts.

Le juge n'est pas responsable, puisqu'il n'est agent de personne, et qu'il ne prend aucune résolution qui lui soit propre; par la raison contraire, l'administrateur est responsable, puisqu'il a une action spontanée, que ses déterminations sont libres, et que ses résolutions lui appartiennent.

Mais la responsabilité des agents du pouvoir n'est

efficace, c'est-à-dire, ne procure la garantie, que si on lui donne un corps dans la loi organique. La Charte l'entend ainsi, lorsque son article 69 ordonne que la loi soit faite dans le plus court délai possible. Cette promesse de la Charte a ceci de particulier, que, si en général un droit qu'elle déclare et que la loi néglige, n'a aucun effet, la responsabilité qu'elle décrète en principe et qu'on y laisse à l'état d'abstraction, en a un mauvais. Car c'est assez de l'abstraction pour servir de prétexte à des actes que l'on n'oserait pas sans elle, et c'est trop peu d'elle pour réprimer les excès que l'on risque sous son nom. La responsabilité est devenue dans la langue des hommes d'État et des publicistes, le synonyme d'administration. Hésite-t-on sur les attributions des différents pouvoirs? Donnez, s'écrie-t-on, donnez à la responsabilité. Élève-t-on des scrupules sur une mesure? Laissez, laissez faire la responsabilité; et l'on donne, et on laisse faire; mais lorsqu'après l'acte, vous essayez de la saisir, l'ombre s'évanouit, laissant derrière elle des traces que vous n'effacerez plus. Ainsi, un principe, dont la destination est de contenir, a pour résultat d'exciter. J'aimerais mieux le silence de la Charte, avec le seul secours des principes du droit commun. Il faut une loi, ne fût-ce que pour soustraire les agents à la mauvaise influence de ce provisoire; il en faut une, moins pour obtenir des condamnations, que pour parler à leur esprit, pour leur montrer à côté d'eux une menace toujours présente, et que l'effet est toujours prêt à suivre. Des tentatives ont été faites depuis 1830, qui ont donné lieu à de belles discussions ; mais le découragement a gagné les Chambres à moitié chemin, et, après avoir éclairé les approches, on s'est retiré comme devant une position inexpugnable. On est même allé jusqu'à conseiller de renoncer au problème, d'éterniser le provisoire, et de vivre au jour le jour, attendant le remède de chaque occurrence. Mais on a oublié que la Charte veut une loi, et que, quand la solution du problème ne serait pas un besoin moral, elle serait une nécessité constitutionnelle.

Si je ne me trompe, la difficulté est beaucoup moins dans la nature des choses, que dans nos idées ; dans la matière elle-même, que dans nos traditions impériales. L'empire a exagéré les principes de la Constituante, et les a faussés. La Constituante a seulement voulu séparer les deux pouvoirs qu'avait mêlés l'ancien régime, et les établir parallèlement l'un à l'autre ; mais le parallélisme n'a pas suffi à l'empire ; il a vu dans l'administration un instrument, il lui a donné la suprématie qui lui était utile, et, dans son besoin immodéré d'action, il en a fait une sorte de puissance inviolable. Reportez-vous à l'esprit des premiers textes : « Les fonctions judiciaires sont distinctes, et demeureront toujours séparées des fonctions administratives. » Voilà dans toute sa simplicité la pensée de la Constituante; les parlements faisaient des règlements, il n'en sera plus ainsi, et si le texte ajoute : « Les juges ne pourront, à peine de forfaiture, troubler, de quelque manière que ce soit, les opérations des corps administratifs, ni citer devant eux les administrateurs, pour raison de leurs fonctions, » c'est qu'en effet les corps judiciaires étaient en possession de troubler les opérations administratives, de les contrarier, et d'appeler les administrateurs devant eux, pour leur faire des injonctions et des défenses; leur immixtion dans les opérations administratives était entière; ils tiraient ce droit de l'article 209 d'une ordonnance de 1629, qui faisait un devoir aux procureurs généraux de procéder contre les gouverneurs des provinces, ensuite contre les intendants. C'est à cette immixtion dans l'opération administrative que la Constituante a voulu obvier, sans nuire à la poursuite judiciaire de la personne lésée, et cependant l'esprit de l'empire a été tel, que le principe de la juridiction territoriale sur quiconque commet un délit ou cause un dommage, en a été affaibli.

Si l'on convient une fois qu'autre chose est de s'immiscer dans l'opération administrative, autre chose de connaître des actions intentées contre l'administrateur, et que par conséquent celui-ci est justiciable des tribunaux ordinaires, il ne reste, ce semble, à la loi organique, pour se donner une base, qu'à résoudre les deux questions : Quelle sera l'étendue de la responsabilité de l'agent? De quelle manière s'introduira son action? L'action sera-t-elle directe ou assujettie à un préalable?

L'administrateur a une responsabilité plus large que celle du juge. Le juge, nous en avons dit la raison, ne répond que de son dol ou de son délit, parce que le délit et le dol sont toujours des faits personnels. N'être responsable que de cette manière, c'est ne l'être que d'une manière restreinte, spéciale, privilégiée, par des raisons qui ne s'appliquent qu'à certaines situations déterminées. La responsabilité de l'agent du pouvoir est régie par les règles ordinaires sur l'imputation des fautes : autrement elle ne différerait en rien de celle du juge.

Il peut se faire que l'agent ait été l'instrument d'un ministre, et que celui-ci prenne la garantie de l'autre; sur quoi il y a deux observations à faire : 1° Ce cas n'est qu'une exception; il n'arrive que lorsque l'acte est politique de sa nature, et que l'agent est l'exécuteur passif d'un ordre délibéré par le pouvoir exécutif; ce qui laisse sous l'empire de la règle générale l'immense majorité des actes de l'agent; 2° l'exception doit se reconnaître à la nature de l'acte, qui sera appréciée par une autorité compétente, et non sur la simple déclaration du ministre, à qui il ne doit pas suffire d'étendre la main sur son agent pour le couvrir, et pour forcer la partie lésée à le faire accuser par la Chambre des députés devant la Chambre des pairs; cette vaste machine ne se met pas en mouvement pour un grief particulier; et, ne satisfaire à la plainte la plus juste qu'à l'aide d'un moyen aussi disproportionné, ce serait anéantir la responsabilité même. A des torts ordinaires, la justice ordinaire : le bon sens le dit.

Pour que la responsabilité remontât invariablement de l'agent au ministre, il faudrait ôter à l'agent toute liberté personnelle, toute appréciation, tout discernement; résultat auquel finit par conduire une centralisation excessive; mais aussi la centralisation excessive n'a-t-elle pas nom *despotisme?* Tout système qui retire à lui la vie entière du corps social, et dont la conséquence logique est que la partie lésée ne peut jamais s'en prendre à l'auteur immédiat du dommage, est un système illégitime, car il blesse l'ordre moral. Pline le Jeune, au nom des habitants de la Bétique, accusait de concussion *Classicus,* ancien gouverneur de cette province, et l'accusation enveloppait deux de ses agents, *Probus* et *Hispanus.* Avant d'entrer dans la preuve des crimes de ce dernier, dit Pline[1], je crois nécessaire de démontrer que l'exécution de l'ordre d'un supérieur en une chose injuste, était un crime, et les deux agents furent condamnés à l'exil. Il faudrait plaindre notre régime constitutionnel, si cette vérité de tous les temps et de tous les lieux n'en était pas une pour lui.

----

[1] Liv. III, let. ix.

La seconde question fondamentale que fait naître
la loi organique de la responsabilité, si la partie lésée a l'accès immédiat des tribunaux, ou si son action doit subir un examen préliminaire, rappelle
l'article 75 de la constitution de l'an VIII, et les discussions vives qu'il a suscitées. Cette lutte a montré
d'une part, des hommes d'État et de pratique réclamant l'autorisation préalable, comme la condition
du bon ordre et d'une séparation réelle des pouvoirs, et de l'autre, je le dis, car je le crois, l'opinion publique, avec un sentiment vrai de la condition de l'administrateur sous la Charte. Ne se
pourrait-il pas que les hommes d'État eussent raison, et que l'opinion publique n'eût pas tort?
L'autorisation préalable me paraît nécessaire, comme
dans tous les cas où, pour exercer un recours extraordinaire contre un acte de l'autorité, il y a autre chose à consulter que le sentiment d'une injustice vraie ou prétendue. La chambre civile de la
cour de cassation n'est pas ouverte à tous les pour-
vois, car pour faire annuler un arrêt souverain, il
ne suffit pas de lui reprocher un tort, même réel :
il faut quelque chose de plus, dont le plaideur est un
mauvais juge. Pour qu'une plainte contre un administrateur soit écoutée d'un tribunal, il faut, avant
tout, s'assurer si elle a seulement pour objet le re-
dressement d'un tort personnel de l'agent, ou si
elle tend à rendre le tribunal appréciateur d'une
mesure administrative. Cette distinction n'est point

à la portée des plaideurs, pas plus qu'un ressenti-
ment particulier n'est bon juge de l'intérêt général.
A ce motif de droit et qui est permanent, s'en joi-
gnent qui tiennent aux circonstances et qui le fortifient. Nous sortons de longues dissensions civiles,
et s'il était permis à toutes les rancunes de traduire
directement en justice les agents du pouvoir, nos
audiences donneraient un spectacle que nous n'en-
visagerons pas même par hypothèse. Voilà ce qu'il
faut concéder au système de l'an viii, la nécessité
d'une autorisation préalable; mais par qui cette autorisation sera-t-elle accordée? Ici l'opinion publique
me paraît réclamer une satisfaction qui lui est due.
Pour ma part et comme homme, ma confiance est
entière dans le conseil d'État; mais lorsqu'on allègue
son impartialité pour justifier l'attribution qui lui a
été faite de statuer sur les mises en jugement des
fonctionnaires de son ordre, on met la question où
elle n'est pas. Quand il s'agit de garantie constitutionnelle, défaisons-nous de l'habitude d'alléguer
l'absence de l'abus; la garantie n'est jamais dans
les personnes, elle n'est que dans les institutions. A
quoi tient-il que le conseil d'État, malgré son élévation, ne soit point, en ce qui concerne l'autorisation préalable, au-dessus du soupçon? A l'opinion
que l'on a en France de l'administration, et qu'elle
veut que l'on ait d'elle, à cette unité que rien ne divise, dont elle se vante comme d'une perfection, et
qui fait que, lorsque le demandeur se plaint de

l'avoir pour juge et partie, il n'y a pas de réponse rigoureusement concluante à lui faire. L'ordre judiciaire est différemment constitué; les cours royales ne font point cause commune entre elles; chacune est souveraine dans son ressort; on renvoie de l'une à l'autre pour suspicion légitime, et l'opinion ne murmure pas, car elle est sûre de rencontrer l'impartialité quelque part. Les anciens parlements avaient tenté de se constituer, sous le nom de classes, en un corps, dont le parlement de Paris aurait été la tête : mais un édit de Louis XV eut bientôt proscrit cette prétention dangereuse. L'administration de nos jours, au contraire, est sortie du génie de l'empire, comme une personne, toute d'une pièce : on ne la touche pas à une de ses extrémités, que tout le corps n'en frémisse. Encore une fois, cette centralisation tant vantée est excellente pour l'action, mais il y a autre chose que l'action dans la vie sociale : il y a encore la justice, et la justice souffre de tant de perfection.

La satisfaction que l'on demande est cependant si facile à donner! Maintenez la nécessité de l'autorisation préalable; confiez le soin de l'examen à une institution qui statuera dans un esprit tout administratif, mais qui se détachera du conseil d'État. Que l'administration reste une pour agir; mais qu'elle se modifie, quand elle devient justiciable. Les divisions intérieures créées dans le sein du conseil d'État pour la meilleure distribution du travail, ne se manifestent pas extérieurement et ne disent rien à l'opinion. Tout ceci, j'en conviens, se réduit à un changement de nom et de forme; mais un changement de nom et de forme qui guérit de la défiance en rétablissant l'harmonie où elle n'est pas, et qui procure cependant la garantie, ce changement est encore un bienfait.

Du contentieux administratif,
ou de l'administration dans ses rapports avec nos droits.

Nous venons de parler de l'administration active, qui dispose sans discussion et sans contrôle de *nos intérêts* distingués de *nos droits*. Mais voici un cas où il se présente un droit, un droit puisé à la source ordinaire des conventions; il est allégué d'une part, et contesté de l'autre; on cherche pour lui la garantie. C'est le contentieux administratif.

Je souscris avec l'administration active un marché pour fournitures ou travaux publics; nous ne nous entendons pas sur la manière de l'exécuter; il y a débat. L'acte de l'autorité qui termine ce débat, de quelle nature est-il? Est-ce un acte de justice? Il semble que le doute même soit impossible. Quelle est donc l'institution qui y pourvoit? D'abord un conseil de préfecture où l'on procède sans publicité, sans défenseur, mais où il intervient une décision qui a sa force propre, et qui est exécutoire par elle-même; à tout prendre, c'est une juridiction;

ensuite le conseil d'État, où l'on procède avec publicité, avec l'assistance d'un conseil, en présence du ministère public, mais où la décision qui intervient n'est qu'un simple avis, sans aucune force propre, exécutoire seulement sans la forme d'une ordonnance, et auquel cette forme peut être refusée par un ministre ou par le conseil des ministres. Ce n'est plus une juridiction. Ainsi, au premier degré, juridiction sans appareil judiciaire; au second degré, appareil judiciaire sans juridiction. En définitive, c'est le conseil des ministres qui a le dernier mot; ce qui signifie que le débat n'a pas de juges.

Que cette pratique soit née sous l'empire, on ne s'en étonne pas; qu'elle ait provisoirement duré sous le régime constitutionnel, en attendant une loi, on le comprend; les amis sages de la liberté n'ont jamais prétendu à des réformes brusques et radicales; mais qu'en 1845 l'esprit de l'empire et l'esprit de la Charte étant mis en présence, celui-ci ait éprouvé une défaite complète, c'est une trop grande circonstance de notre droit constitutionnel pour que nous ne cherchions pas à nous en rendre compte.

La loi du 19 juillet 1845 sur le conseil d'État répond par la disposition suivante à la longue attente des publicistes : « Art. 24..... si l'ordonnance n'est pas conforme à l'avis du conseil d'État, elle ne peut être rendue que de l'avis du conseil des ministres; elle est motivée, et doit être insérée au

Moniteur et au *Bulletin des Lois*..... » Ainsi le conseil d'État ne donne que des avis, et si l'avis du conseil des ministres est contraire, c'est celui-ci qui prévaut.

On a dit en résumé pour qu'il en fût ainsi : Il ne faut pas de juges ; leur présence dans les affaires de l'administration serait subversive, 1° parce que la Charte n'a en vue que la justice civile : elle ne parle ni de la justice administrative ni du conseil d'État ; 2° parce que les habitudes du juge sont incompatibles avec les besoins de l'administration ; 3° parce que le jour où un juge sera institué pour connaître des actes de l'administrateur, c'en sera fait de la séparation des pouvoirs, et le régime constitutionnel sera sapé dans sa base ; 4° parce que le juge ne pourrait être indépendant de l'administration, sans que l'administration fût dépendante du juge ; la juridiction absolue de celui-ci absorberait nécessairement le pouvoir exécutif tout entier, et le gouvernement lui-même. Dans l'ordre judiciaire, on a pourvu aux inconvénients d'une juridiction absolue, en plaçant au-dessus des cours souveraines une cour de cassation qui les ramène à la loi, et en défendant à la cour de cassation de connaître du fond des affaires ; mais en matière administrative, la juridiction du conseil d'État, sans frein, sans limite, sans répression, ne serait autre chose que le pouvoir absolu même.

Reprenons.

La Charte n'a en vue que la justice civile, et ne parle pas du conseil d'État. La Charte dit : *toute justice ;* qu'elle en compte une seule ou plusieurs, peu importe ; si plusieurs, elle n'en excepte aucune ; si une seule, elle l'embrasse dans toutes ses applications possibles. Il n'est pas sans péril de faire des distinctions arbitraires à propos de la première dette de l'État et de la promesse la plus sacrée de la Charte. La Charte ne parle pas plus du conseil d'État que de la cour de cassation, que de toutes les institutions qui se meuvent en dehors et au-dessous d'elle, et qui ont en elle leur principe et leur mesure : ce qui ne veut pas dire qu'elle les ignore. D'ailleurs cette objection renferme une pétition de principe : l'art. 50 de la Charte veut que *les cours et tribunaux ordinaires actuellement existants soient maintenus.* Le conseil d'État, statuant en matière contentieuse, est-il, n'est-il pas un tribunal ? Voilà la question.

Les habitudes du juge sont incompatibles avec les besoins de l'administration. Qu'à cela ne tienne ; que l'administration ait des juges initiés à son esprit et à ses besoins, des juges dont l'instruction et même l'éducation soient administratives ; qu'elle ait ses juges spéciaux, comme l'armée et le commerce ; rien de plus juste ; mais comment en conclure qu'il ne lui faut pas de juges ?

Le jour où un juge sera institué pour connaître des actes de l'administration, c'en sera fait de la séparation des pouvoirs, et le régime constitutionnel sera sapé dans sa base. Cet argument a un grand vice; il sacrifie la fin au moyen, et voici comment : la division des pouvoirs n'a été imaginée que pour procurer la garantie des droits; elle n'est bonne et utile, elle n'a de sens que par là. Le premier de nos droits, quand j'ai un procès, c'est d'être jugé par des juges; quel que soit mon adversaire, prince, État, administration, la loi est la même pour tous. Cependant, c'est au nom de la division des pouvoirs qu'on me donne pour juge ma partie adverse; si l'objection est bonne, la garantie est sacrifiée au moyen même qui doit me la procurer; la division des pouvoirs est mauvaise; c'est la condamnation de tout le système. Voilà où tend l'argument.

Il ne se rachète pas de ce vice par sa valeur intrinsèque. Il affecte une vive sollicitude pour la division des pouvoirs, et en réalité il la détruit. En effet, il y a confusion des pouvoirs, aussi bien quand l'administration juge, que quand le juge administre, ou connaît des actes de l'administration. Que fait-on cependant? On ôte au juge la faculté de statuer sur un droit privé, né d'un acte administratif; on la donne à l'administrateur, et on ne s'aperçoit pas que si l'on évite l'incapacité du juge à raison de l'acte, on tombe dans l'incapacité de l'administrateur à raison de la fonction; on croit avoir remédié au mal, et on n'a fait que le déplacer.

Il y a dans cet argument une confusion d'un autre

genre. Le parallélisme qu'il exige entre les deux pouvoirs ne s'entend que des tribunaux d'une part, et de l'administration active de l'autre ; on sait maintenant ce qu'est pour nous l'administration active. Tant qu'il ne s'agit que d'elle, cet arrangement presque géométrique est rigoureusement praticable, ou du moins le trouble ne vient pas du pouvoir judiciaire ; ce pouvoir est toujours neutre dans les affaires dont il connaît, et cette neutralité inaltérable est une de ses perfections. Mais il n'en est pas ainsi de l'administration ; elle se mêle aux affaires, et s'y crée des intérêts propres, en tant que personne civile ; elle cesse d'être pouvoir et devient partie ; je l'appelle alors administration contractante ; comme contractante, elle est justiciable ; comme justiciable, elle relève nécessairement d'une juridiction quelconque : ces déductions sont de rigueur. Pour parvenir à faire une administration non justiciable, on applique à l'administration contractante, c'est-à-dire à la partie, ce qui n'a jamais été dit que de l'administraction active, c'est-à-dire du pouvoir.

Le système d'une administration non justiciable s'abrite fort mal à propos derrière l'Assemblée constituante, dont il se vante de conserver les principes ; en cela, il se donne un mérite qu'il n'a pas, et se prévaut d'une autorité qu'il usurpe. L'immortelle Assemblée qui a fondé chez nous la division des pouvoirs, et à laquelle il faut toujours remonter comme à la source des saines doctrines de notre droit public, a eu présente à l'esprit la distinction fondamentale de l'administration active et de l'administration contractante ; la preuve en est dans les textes qu'elle nous a laissés. Sa loi organique du 24 août 1790, dont celle du 16 fructidor an III, avec *ses défenses itératives,* n'est que la répétition, pose le principe dans sa simplicité première : *les deux fonctions sont distinctes ;* les deux fonctions, c'est-à-dire les deux pouvoirs. Il est défendu aux juges de troubler *les opérations* des corps administratifs ; ce qui ne s'adresse qu'à l'administration *qui opère,* à l'administration active. Cela fait, il restait à pourvoir à l'administration contractante ; l'Assemblée comprit si bien qu'elle était justiciable, et que rien n'était réglé quant à elle, qu'elle l'enveloppa dans le projet d'organisation judiciaire dont elle était préoccupée ; le 31 mars 1790, elle chargea un de ses comités de répondre à une série de questions préparatoires, dont la neuvième est conçue en ces termes : « Les mêmes juges connaîtront-ils de toutes les matières, ou divisera-t-on les *différents pouvoirs de juridiction* pour les causes de commerce, *de l'administration,* des impôts et de la police ? » On ne demande pas, remarquez-le bien, si l'administration aura des juges, mais quels juges, et s'ils seront ordinaires ou spéciaux ; on ne se fait pas d'autre question. La réponse est dans le décret du 11 septembre de la même année, qui, disposant des attributions des tribunaux administratifs abolis, c'est-à-dire de la cour des aides et des monnaies, des bureaux de finances, des maîtrises des eaux et forêts et autres, les transporte en premier ressort aux directoires de districts, et en dernier ressort aux directoires de départements, créant ainsi pour le contentieux une juridiction spéciale sans doute, mais réelle, avec deux degrés, dont le second rend des décisions souveraines. On peut juger maintenant si le système de notre conseil d'État, simple donneur d'avis soumis au veto des ministres, est le continuateur fidèle des traditions de la Constituante, et si c'est à bon droit qu'il se couvre de ce grand nom. Son origine est plus récente; il date de l'ère impériale, où il figure comme un de ces excès dont n'est exempte aucune réaction, pas même celle de l'ordre contre l'anarchie.

Le juge ne pourrait être indépendant de l'administrateur, sans que l'administrateur devînt dépendant du juge : Voilà ce que je n'ai jamais pu comprendre. Comment l'administration active perd-elle la liberté de son allure, parce que l'administration contractante a un juge? Comment le juge de l'une est-il nécessairement le tyran de l'autre? Le plaideur ordinaire dépend-il de son juge? en a-t-il la crainte? le craint-on pour lui? En quoi le jugement d'une contestation particulière modifierait-il un système général, ou suspendrait-il même l'exécution provisoire d'une mesure? En quoi, surtout, le juge ferait-il inévitablement le mal que ne fait pas l'administrateur? Car, enfin, juge ou non, il faut que les contestations aient un terme; si l'administrateur qui décide a le secret d'être juste sans entraver l'administrateur qui opère, pourquoi le juge spécial ne l'aurait-il pas? Ne peut-on lui faire des conditions, lui prescrire des formes appropriées à la nature de sa mission? stipuler, dans une loi, dans un cahier général des charges, dans une clause particulière d'un marché, de manière à pourvoir à tous les cas d'urgence, sauf à vider plus tard la querelle devant un juge compétent? La loi sur l'expropriation pour cause d'utilité publique en offre un exemple : si une question civile se présente devant le jury, la procédure n'en est pas retardée; la question est réservée à qui de droit, et le jury fait provisoirement son estimation; l'administration marche comme elle veut marcher, et la justice se rend comme elle doit se rendre.

On prétend que l'administrateur à qui l'on donne un juge cesse d'être responsable; pourquoi donc, s'il ne cesse pas d'être libre? Comment se peut-il que la juridiction nuise à la responsabilité, lorsqu'au contraire c'est la responsabilité qui appelle la juridiction? Comment la responsabilité de l'administrateur meurt-elle sous un juge, qui déclare le droit entre lui et sa partie? On se prend à se demander si toutes les fois qu'il s'agit de l'administration dans ses rapports avec la garantie constitutionnelle, les notions ordinaires du bon sens sont renversées.

Dans un accès de sévérité contre les ministres, on prétend que le contentieux administratif, dénué de juridiction, ajoute à leur responsabilité. Cela ne se dit pas sérieusement. Ne semble-t-il pas que, plus on laisse à leur arbitraire, plus on ait de motifs de sécurité? Et puis, quand on considère leur responsabilité réelle, que veut-on dire, en disant qu'on y ajoute? ajoute-t-on quelque chose à rien?

On dit encore que, dans l'organisation actuelle, la juridiction du conseil d'État serait absolue et sans contre-poids. J'entends. Entre un droit à garantir et une difficulté d'organisation, on se décide contre le droit, pour en finir avec la difficulté. A quelle fin cependant le législateur est-il législateur? est-ce pour reculer devant chaque obstacle? et l'obstacle lui-même, de bonne foi, où est-il? où serait la difficulté d'organiser le contentieux administratif sur le modèle du pouvoir judiciaire, dont il emprunte d'ailleurs presque tous ses principes, et dont il remplit identiquement l'office dans d'autres matières? Pourquoi n'y pas instituer, dans des compagnies séparées, l'appel et la cassation? La cassation, avec défense de juger le fond, et obligation de le renvoyer devant un second juge du même ordre et du même degré? Il est si facile à trouver, ce juge indépendant et non absolu, que l'on dit être impossible, que quand on cherche à se rendre compte de ce mensonge obstinément maintenu dans un régime de vérité, une seule explication se présente : c'est l'horreur instinctive de l'administration impériale pour la garantie constitutionnelle.

On ajoute en dernier lieu que la jurisprudence du conseil d'État est équitable, et que personne ne s'en plaint : cela prouve que les conseillers d'État sont des hommes justes; mais si cette raison suffit, je ne sais plus pourquoi nous demandons des garanties à nos institutions : déchirons la Charte, et ne nous attachons qu'à trouver de bons despotes.

L'article 24 de la loi du 19 juillet 1845 rend définitif le mal qui n'était que provisoire.

§ VI. — De quelques actes, dont l'origine est administrative ou judiciaire, et qui rentrent dans le pouvoir exécutif.

Il y a des actes qui, descendus du pouvoir exécutif dans l'administration et la justice, remontent par la force des choses à leur origine; ni l'administration ni la justice, à laquelle d'ailleurs ils appartiennent, ne les conduiraient à leur fin; tantôt le moyen d'exécution dont ils ont besoin dépasse la portée du pouvoir dont ils relèvent immédiatement; tantôt un embarras de rouages les oblige de recourir au pouvoir exécutif, sans l'intervention duquel ils y resteraient engagés. En voici deux exemples, pris l'un dans l'ordre administratif, l'autre dans l'ordre judiciaire, et qui vont rendre plus sensible la démarcation entre le pouvoir exécutif et les deux grandes subdivisions dans lesquelles il se partage; on va voir que l'activité des deux pouvoirs dans lesquels il semble se fondre, ne l'absorbe pas, et qu'il conserve son existence propre et distincte au milieu de leurs mouvements. Il est certaines choses qu'il ne peut faire à leur place, et qu'ils ne pourraient achever sans lui.

De ce nombre est l'extradition. La poursuite d'un prévenu est un acte essentiellement judiciaire et qui ne peut jamais cesser de l'être; mais, lorsque le prévenu est réfugié à l'étranger, la poursuite serait frappée d'impuissance si l'autorité judiciaire était réduite à elle-même, puisqu'elle ne saurait rien atteindre au delà des frontières. C'est alors une nécessité pour elle de recourir au pouvoir exécutif, et de lui emprunter les moyens dont il dispose; elle ne peut ni adresser de réquisitions au gouvernement étranger, ni même négocier avec lui; c'est ce qu'explique fort bien une circulaire du garde des sceaux [1]; elle ne permet aux magistrats de France ni de demander au gouvernement étranger la remise de la personne du prévenu, ni de la recevoir de lui, toutes choses qui nécessitent l'intermédiaire du

---

[1] Elle est du 5 avril 1841 ; je la trouve mentionnée à la page 697 du second volume de l'excellent *Traité* de M. Faustin Hélie *sur l'instruction criminelle.*

gouvernement français, et le distinguent de l'autorité judiciaire.

L'autre exemple est tiré des conflits d'attribution.
Les deux pouvoirs parallèles se disputent la même
affaire; le pouvoir judiciaire est saisi; le pouvoir
administratif veut l'être. Si l'un d'eux avait contre
l'autre le droit d'évocation, il deviendrait le supérieur, et le parallélisme serait détruit. Or, deux
choses importent également, et que la lutte ait un
terme, et que l'équilibre des deux pouvoirs soit
maintenu. Pour remplir ces deux conditions, il faut
donc un supérieur commun et reconnu, et, après
avoir longtemps cherché, on n'en a trouvé d'autre
que le Roi. De quelque côté que l'on penche pour
l'éviter, on ne rencontre en effet qu'une partie intéressée, et c'est à lui que l'on revient, comme au
point de départ des deux grandes ramifications. Il
est bien vrai que le Roi réunit dans sa personne constitutionnelle des qualités diverses, dont quelques-
unes ont paru incompatibles avec le droit de régler
les conflits, et la doctrine a eu quelque peine à se
rendre compte du titre précis auquel il fait acte de
supériorité entre les deux autorités rivales. On s'est
surtout élevé contre la théorie d'un avis du conseil
d'État du 6 février 1821, où l'on avance que dans
ce cas, *le roi ne fait pas, comme la cour de cassation, un simple acte de juridiction, et qu'il agit
comme administrateur suprême;* on a blâmé cette
qualification d'*administrateur suprême,* dont la

justesse peut en effet être contestée; dans les principes généraux de la Charte, le Roi ne saurait être un administrateur, puisque l'administrateur est agent et est responsable [1]; et dans le cas particulier d'un conflit, c'est peut-être la qualité qu'il faut le plus soigneusement éviter de lui donner, puisqu'on le ferait agir au nom d'un des pouvoirs intéressés, et qu'on lui ôterait ainsi son caractère de médiateur et de juge. La question, il faut en convenir, semble dégénérer en une querelle de mots, puisque, d'accord sur la personne du médiateur, on ne se divise que sur sa qualité. Mais telle est la rigueur de la doctrine constitutionnelle, et le danger que peut lui faire courir un mot impropre; lors même qu'on est d'accord sur la personne, la qualité n'est pas indifférente, et l'intérêt des principes est qu'elle soit fixée. Si le Roi intervient dans le règlement des conflits, c'est comme chef du pouvoir exécutif, et non d'un des pouvoirs qui en dérivent.

C'est une ordonnance du 1er juin 1828 qui règle cette matière; sur quoi il y a deux regrets à exprimer :

Le premier, que ce soit une ordonnance et non une loi qui s'acquitte de ce soin. Était-ce trop du pouvoir suprême de la société pour donner un médiateur aux deux pouvoirs secondaires, pour dessaisir un juge qui veut rester saisi, et pour troubler l'ordre hiérarchique des juridictions?

[1] Voy. ci-après le chapitre *Du Prince.*

Le second, que le pouvoir d'élever le conflit soit donné au préfet, à l'agent même d'une des parties. Si, dans la saine doctrine des conflits, c'est au chef du pouvoir exécutif que l'on s'adresse pour trouver le vrai médiateur, si l'inconvénient à éviter est de donner à l'une des parties le droit de revendication contre l'autre, est-ce devant un acte de l'autorité rivale que doit s'arrêter celle qui est saisie? Le déclinatoire du préfet une fois rejeté, ne faut-il pas un acte du pouvoir exécutif pour suspendre le cours de la justice?

TITRE DEUXIÈME.

FORMES DU GOUVERNEMENT DU ROI.

Autre chose le pouvoir et ses divisions, autre chose le gouvernement et ses formes. Le pouvoir est l'âme, le gouvernement est le corps; c'est du pouvoir que part ce principe de vie qui coule dans les membres et les organes, et qui distribue à chacun d'eux ce qu'il lui faut de force pour sa fonction.

La division du pouvoir est la condition nécessaire de la garantie; aussi la retrouve-t-on dans toutes les constitutions monarchiques, aristocratiques ou démocratiques, dont l'objet est de se prémunir contre le despotisme, car la liberté n'est le partage exclusif d'aucune d'elles. Sous ce rapport, la division du pouvoir est une vérité absolue, tandis que la forme du gouvernement n'est que relative.

Nous avons dû commencer par la première; elle précède la seconde dans l'ordre des idées. La Charte ne s'occupe que de celle-ci; non qu'elle ignore la division du pouvoir, elle la présuppose au contraire comme lui servant de base; mais elle se borne à l'indiquer dans ses articles 12 et 14, laissant à la doctrine le soin d'en déterminer le caractère et les limites.

La forme donnée au gouvernement par la Charte est monarchique. Pourquoi cette forme plutôt qu'une autre? c'est ce que nous n'avons point à expliquer ici; la France est monarchique par toutes les raisons qui en font une des puissances de la terre; et cette vérité, que la Charte proclame et ne crée pas, que la loi du 9 septembre 1835 retire de la dispute, et que la doctrine n'a plus besoin de défendre, nous la prenons comme un axiome. Le trait qui caractérise la monarchie constitutionnelle et qu'il importe de mettre en relief, c'est son alliance avec la liberté; la monarchie antique était absolue; elle réfléchissait les qualités personnelles du Prince; elle était bonne ou mauvaise, selon qu'il était lui-même l'un ou l'autre. Mais la liberté ne se concevait qu'avec la forme démocratique, plus ou moins mélangée d'aristocratie. Aussi les idées de monarchie et de servitude s'étaient-elles confondues; cette confusion se perpétuant dans le monde moderne, au milieu d'un état social profondément modifié, notre éducation classique en a fait un de nos préjugés les plus opiniâtres. L'Angleterre a eu la gloire d'apercevoir la première la possibilité de l'alliance, et d'en trouver le secret dans le long travail de sa constitution; elle en a laborieusement dégagé cette vérité consolante, que la vraie liberté gît beaucoup moins dans l'exercice des droits politiques, où l'antiquité la voyait

uniquement, que dans la jouissance des droits naturels, réglée et garantie par la loi civile. C'est cette
nouveauté que la Charte organise sous les formes
du gouvernement du Roi.

Les manifestes les plus récents[1] des écoles modernes résument en ces termes leurs griefs contre
la monarchie : *Elle repose*, disent-ils, *sur un principe d'exclusion, parce que le privilége d'un seul
amène celui de plusieurs.* Vous qui avez lu la Charte,
cela est-il vrai? L'admissibilité de tous et leur éga
lité devant la loi n'y sont-elles pas écrites? et, quant
au privilége du monarque, à qui donc est-il com-
municable? où sont ceux qu'il engendre? *Le régime
monarchique met la société en perpétuelle contradiction avec la nature humaine...* On regarde; on
voit la monarchie constitutionnelle demander à la
nature humaine quels droits elle entend qu'on lui
garantisse; est-ce là qu'est la contradiction? *Il est
obligé de créer un faux intérêt social au profit duquel une foule d'intéréts individuels sont méconnus
ou écrasés...* Nous craignons une méprise; il nous
semblait que c'est l'état de communauté qui ne vit
qu'aux dépens des droits individuels, et que la monarchie constitutionnelle n'a de force et de volonté
que pour les défendre.

Les grandes formes du gouvernement, selon la
Charte, sont :

[1] *Histoire de la Révolution française*, par M. Louis Blanc, t. Ier,
p. 449.

Le Prince, dont la personne est inviolable et sacrée; il est le chef suprême de l'État; le pouvoir exécutif lui appartient tout entier, et il participe pour un tiers au pouvoir législatif. Cette double attribution est pleine de sagesse. Il eût été à craindre que le pouvoir exécutif n'apportât point de zèle dans l'exécution d'une loi faite sans lui, et peut-être malgré lui; en lui donnant une part dans la loi, on lui fournit un moyen de se défendre en cas d'attaque; on l'intéresse à la bonne application d'une règle qu'il n'a point faite seul, mais qui n'a pu se faire qu'avec son concours; il a plus que du zèle, il a de la sympathie pour son ouvrage; l'inconvénient de déranger en quelque chose la symétrie que les constitutions de 91 et de l'an III avaient établie entre les pouvoirs, ne balançait pas de tels avantages; d'ailleurs le mélange qui se fait dans la personne du Prince d'un tiers du pouvoir législatif avec la plénitude du pouvoir exécutif, ne nuit pas à leur séparation réelle; même dans la personne où ils se rencontrent ainsi, ils restent distincts; le Prince, comme chef du pouvoir exécutif, ne peut rien sur la règle à laquelle il a participé comme pouvoir législatif, et la nouvelle rédaction de l'article 13 de la Charte ne permet aucun doute à cet égard, puisqu'elle défend au Prince de suspendre les lois et de dispenser de leur exécution. Nous avons donc eu raison de traiter des deux pouvoirs séparément;

La Chambre des pairs et la Chambre des députés, qui complètent avec le Prince le pouvoir législatif;

Les ministres, agents responsables d'un Prince qui ne peut jamais l'être;

Immense mécanisme qui résout le problème des contre-poids politiques; monde de convention, tout peuplé de créations de la loi et de fictions constitutionnelles, dont la plus grande, qui les résume toutes, est la représentation nationale. Ce ne sont pas les jurisconsultes philosophes qui feront aux formes de notre gouvernement le reproche d'être fondé sur des fictions; ils savent trop bien que les fictions légales sont des vérités intellectuelles déduites de nos besoins sociaux, et que, retrancher la métaphysique du droit, c'est supprimer le droit lui-même, qui n'est qu'un être métaphysique. Les fictions abondent dans le droit civil, qu'elles seules rendent possible et raisonnable, à commencer par la présomption qui suppose que tout le monde le connaît; cette nécessité est encore plus évidente dans le droit public, où les combinaisons de l'homme ont une part plus grande[1].

---

[1] Consulter sur la nature et la légitimité des fictions de droit un ouvrage trop peu connu : *Le droit dans ses maximes*, par M. Duval, procureur du roi à Brest, 1837, p. 79 et suivantes.

CHAPITRE PREMIER.

DU PRINCE.

[1] Rien de plus simple, de plus vulgaire, j'allais dire de plus grossier, que la notion du prince absolu. Un prince à qui il suffit de prononcer ces mots *je le veux*, pour s'asseoir sur le trône en sûreté de conscience, est l'expression la plus claire du pouvoir. Mais le Prince constitutionnel est une personne complexe, une combinaison savante, où l'homme se modifie au point de disparaître, et de ne laisser à sa place qu'un sujet de controverse et d'étude. C'est la matière de tout un enseignement d'expliquer avec précision ce qu'il est et ce qu'il peut, et c'est chez lui l'indice d'une intelligence cultivée, d'avoir conscience de lui-même. La conscience de son être constitutionnel manquait à Charles X.

La monarchie est héréditaire pour répondre aux deux principaux besoins d'une grande nation : 1° au besoin d'ordre et de paix publique, en décourageant les ambitions, en ôtant à l'usurpation toutes les chances, en maintenant au-dessous d'elle les orages de la liberté; 2° au besoin d'unité et de suite dans l'exécution des lois, en obviant aux périlleuses intermittences du gouvernement.

---

[1] La Bruyère, *Du souverain*, n° 2, t. I, p. 310.

La vie d'un peuple est longue, et chaque génération n'a, pour y pourvoir, que la vie courte des individus qui la composent. Voilà pourquoi la sagesse sociale fonde une institution égale en durée, sinon à l'existence tout entière du peuple, au moins à une de ses périodes, et dans laquelle des individus, dont l'existence particulière est finie, se succèdent sans interruption, pour entretenir en elle une existence politique qui ne le soit pas, à peu près comme ce vaisseau des Argonautes, à qui de nombreux radoubs n'avaient plus laissé une seule pièce de sa construction primitive, et qui n'en conservait pas moins son identité. C'est conséquemment à cette pensée que va se former notre droit public; il va faire abstraction de l'individu, pour ne voir que l'institution; il va proclamer que le prince se transforme, et qu'il ne peut plus mourir; il va exiger qu'il n'agisse pas. Il va regarder comme un triomphe de neutraliser ses qualités personnelles, d'en diminuer l'influence, de manière à ne pas se faire une nécessité des bonnes, et à ne pas craindre les mauvaises. Madame de Staël disait à l'empereur Alexandre : « Sire, votre caractère vaut une constitution. — Je ne suis, répondit l'empereur avec beaucoup de sens[1], qu'un heureux

---

[1] C'est dans le même sens que l'on cite cette réponse de la femme de chambre de madame de Pompadour au médecin de la favorite. Louis XV survint inopinément pendant une visite du docteur, qui en parut troublé; et, comme la femme de chambre lui en demandait la cause : « Je ne puis, dit-il, voir de sang-froid un homme qui peut me

accident pour mes peuples. » Ce que la Charte prend à tâche, c'est de faire que ces accidents personnels, heureux ou non, cessent d'être décisifs, et que le bonheur du peuple ne dépende plus d'une chose variable. La Providence semble avoir affligé deux princes de la même infirmité, pour montrer la différence du régime constitutionnel au pouvoir absolu; la démence de Charles VI a mis le comble aux calamités du royaume; en Angleterre, la démence de Georges III n'a point été un malheur public.

C'est pour obtenir ce résultat que l'on a imaginé d'absorber le prince dans l'institution; l'institution ainsi considérée est une abstraction sans doute, mais une abstraction permanente au milieu de vicissitudes continuelles, et c'est là son mérite; elle enchaîne à un principe stable une destinée changeante et caduque, et corrige par une fiction légale l'infirmité de notre nature.

M. Benjamin Constant appelle cette institution *pouvoir royal*. Lors même que l'on s'entend sur les choses, les mots ne sont pas encore indifférents; l'institution n'est pas pour nous un pouvoir, mais une forme. Nous ne connaissons de pouvoirs que ceux dont nous venons de traiter dans le titre précédent, et nous n'admettons pas plus le pouvoir royal que le pouvoir politique, que le pouvoir par-

faire couper la tête. — Ah ! repartit la femme de chambre, le Roi est trop bon ! »

lementaire : ce mot ne se prodigue ainsi qu'au péril de la garantie. Cromwell ne prit pas le titre de roi, qui ne conférait qu'un pouvoir défini; il préféra celui de protecteur, dont l'autorité n'avait point de limite connue.

§ Ier. — Changement d'état du Prince.

Ce n'est pas dans la loi romaine qu'il faut chercher les règles du changement d'état dont il est ici question. Le changement d'état, à Rome, était un changement en mal, une diminution, quelquefois une perte totale des droits de cité; mais celui que la loi constitutionnelle opère dans le Prince, l'anéantissement de la personne privée dans la personne publique, est l'inverse; il élève l'homme au-dessus de la condition humaine; c'est la création d'un état qui serait impossible dans l'ordre naturel, une sorte d'exaltation politique par la puissance d'une fiction.

Il faut dire, à l'honneur de notre ancienne monarchie, qu'elle avait adopté ce changement d'état, et qu'il n'était pas chez elle un simple précepte, mais une manière de proclamer que les rois sont faits pour les peuples et non les peuples pour les rois, et de recommander à ceux-ci, comme une vertu morale, le dévouement au bien public, le renoncement à eux-mêmes; elle était allée plus loin; elle en avait fait un principe de droit public, et le mettait au

nombre de ce qu'elle appelait les lois du royaume,
distinguées des lois du Roi. De ce que le Prince
s'identifiait avec l'État, elle avait rigoureusement
conclu que ses biens personnels étaient dévolus au
domaine, et il se passa, sous le règne de Henri IV,
un fait caractéristique. Ce grand prince, dont le
droit n'avait été reconnu que par force, était parvenu au trône, ruiné et presque nu. Il crut, après
son avénement, avoir de bonnes raisons de conserver ses biens personnels, et les affranchit, par
un édit de 1590, de l'antique loi de la réunion.
Mais ce *victorieux et cette barbe grise* ne put jamais
obtenir du parlement l'enregistrement de son édit,
et son procureur général de La Guesle s'honora par
sa résistance. Que fit le Roi ? Il céda, et revint au
principe de la dévolution des biens par son édit de
juillet 1607, dont le préambule porte ces paroles
remarquables : « La cause la plus juste de cette
réunion a, pour la plupart, consisté en ce que nos
prédécesseurs *se sont dédiés et consacrés au public,
duquel nous ne voulons rien avoir de distinct ni sé-
paré; ils ont contracté avec leur couronne une espèce de mariage communément appelé saint et politique, par lequel ils l'ont dotée* de toutes les
seigneuries, qui, à titre particulier, pouvaient leur
appartenir..... La justification de ce grand et perpétuel dot se peut aisément recueillir d'une bonne
partie desdites unions, etc. » et l'apport de la dot
fut réalisé : la dévolution eut lieu.

Ce qui était vrai autrefois l'est à plus forte raison aujourd'hui; car enfin, sous l'ancien régime, le changement d'état, bien que formellement reconnu en principe, n'avait cependant produit son effet que sur les biens; il n'en avait eu aucun sur la volonté du Prince, qui était restée dans la direction des affaires, aussi absolue que celle du maître dans la disposition de sa chose; cette inconséquence dans le changement d'état était elle-même une loi fondamentale; au lieu que la volonté du Prince constitutionnel étant limitée, à ce point que l'exercice de la royauté n'est souvent chez lui que le sacrifice de sa volonté individuelle à la raison sociale, le changement d'état est sans réserve, le vieil homme est plus complétement dépouillé, et l'application du principe se poursuit dans toutes ses conséquences. Quand donc la Charte dit : *Formes du gouvernement du Roi*, elle ne parle que du Roi transfiguré, du Roi-principe, du Roi-institution.

Notre constitution est trop jeune encore pour nous fournir de ces précédents qui prouvent les principes par les faits. A défaut de jurisprudence nationale, recourons à l'Angleterre.

Henri VII, avant son avénement, et pendant les guerres des maisons d'York et de Lancastre, avait subi une condamnation sous le nom de comte de Richmond. Il monte sur le trône; que devient sa condamnation? Elle s'efface par le seul fait de l'avénement; la disparition de la personne privée est

telle qu'il n'en reste rien, pas même la tache im-
primée par la justice. C'est ce que décide le parlement dans un acte que Bacon explique comme
nous venons de le faire.

Ce même Henri VII, que Bacon donne pour un
législateur de génie[1], fit, la deuxième année de son
règne, un statut que l'on appelle, par excellence,
le statut de Henri VII, et qui est bien l'épilogue des
guerres civiles; il défend de distinguer entre le
prince de fait et le prince de droit, et de rechercher pour crime de haute trahison *tout serviteur du
roi et souverain seigneur actuellement en possession
du trône, qui lui aura rendu de bons et loyaux
services.* Ce statut, dit Hallam[2], reste comme une
autorité incontestable à l'appui de cette maxime
constitutionnelle, que la possession du trône donne
un droit suffisant à l'obéissance des sujets, et justifie la résistance à quiconque essaye de faire valoir
de meilleurs droits que ceux du Prince régnant. On
peut penser ce que l'on voudra de cette application
du principe; mais le principe est la base de ce statut
célèbre : cette vertu intérieure du trône se commu-
niquant à quiconque vient s'y asseoir, n'est autre
chose que la personne publique s'assimilant la personne privée.

Un publiciste du temps de la reine Élisabeth,

---

[1] Hallam, *Histoire constitutionnelle d'Angleterre,* t. I, p. 19; traduction de M. Guizot, 1828.

[2] *Ibid.,* p. 17.

Thomas Smith, dans un passage rapporté par Hallam [1], atteste qu'il a vu, *sous le règne du roi actuel,* une enquête contre des jurés...; sur quoi M. Guizot fait la note suivante : « Le mot *roi,* appliqué à Élisabeth, est remarquable; mais il n'est pas rare de lui voir donner le titre de *prince ;* » c'est que, dans la saine doctrine constitutionnelle, la personne privée n'existant plus, il n'y a point à distinguer entre l'homme et la femme : l'institution n'a pas de sexe.

Voici deux exemples plus récents et peut-être plus curieux :

Lorsqu'en 1642, le parti presbytérien leva une armée contre Charles Ier, il la leva au nom du Roi, et ce fut, dit M. Villemain, par habitude plutôt que par dérision [2]! C'était très-sérieusement que les parlementaires se prévalaient du nom du Roi contre le Roi lui-même. Charles II, effrayé de cet exemple, proposa un bill portant qu'*on ne peut prendre les armes par l'autorité du Roi contre sa personne ;* mais ce bill parut contraire à la règle, ne passa à la Chambre haute qu'à la majorité de deux voix, ne fut même pas discuté à la Chambre des communes, et n'est jamais devenu loi.

L'autre exemple n'est pas moins remarquable :

Lorsque Georges III fut interdit, et la régence confiée au prince de Galles, le bill ayant passé aux deux Chambres, il arriva que le Roi sanctionna sa

---

[1] Hallam, *Histoire constitutionnelle d'Angleterre,* t. I, p. 72.

[2] *Histoire de Cromwell,* t. I, p. 43.

propre interdiction, c'est-à-dire son incapacité à rien sanctionner. M. Rey[1] ne voit dans ce procédé qu'*un respect hypocrite et puéril pour les lois*. Il n'aurait dû y voir qu'une conséquence naturelle d'un principe fondamental.

Ces précédents, auxquels on en pourrait ajouter beaucoup d'autres, sont pris, comme on peut le voir, sous les trois dernières dynasties de l'Angleterre, les Tudors, les Stuarts et la maison de Hanovre; au milieu de tant de vicissitudes, le principe de changement d'état n'en a éprouvé aucune.

§ II. — De l'incapacité d'action, et de la maxime *le Roi règne et ne gouverne pas*.

Entendons-nous bien, c'est ici surtout que la doctrine a besoin de précision. La question qui s'annonce est, comme on le voit, celle du gouvernement personnel, question célèbre qui a passionné les esprits en Angleterre, qui les passionne aujourd'hui en France, afin que rien ne manque au parallèle des deux peuples. Mais chez nous, comme chez nos voisins, elle s'est compliquée de difficultés qui peut-être lui sont étrangères, et dont il importe tout d'abord de la dégager. En réalité, le gouvernement ne risque de devenir personnel que si le

---

[1] *Institutions judiciaires*, t. I, p. 106.

Prince tente de se passer de ses ministres dans l'exercice du pouvoir exécutif; il n'est guère possible de le concevoir autrement. Cependant on a cru l'apercevoir dans deux situations où il n'est pas, où il ne peut pas être : 1° lorsque le Prince, de concert avec ses ministres, lutte contre la majorité des Chambres, et cherche à faire prévaloir sur leur esprit celui de son cabinet; 2° lorsque le Prince, isolé de ses ministres que l'on suppose d'accord avec la majorité, les laisse gouverner, mais les contrarie par tous les moyens d'influence dont il dispose. De ces deux hypothèses, la première s'est réalisée chez nous en 1830; c'est elle qui a amené la révolution de Juillet; la seconde ne s'est, à bien dire, réalisée d'une manière caractéristique qu'en Angleterre, sous le règne de Georges III. Dans aucune ne se rencontre le gouvernement personnel, puisque dans chacune d'elles, ce sont les ministres qui gouvernent, soit de concert avec le Prince contre les Chambres, soit de concert avec les Chambres contre le prince. Elles naissent toutes deux du jeu du système représentatif, et nous en renvoyons l'examen au chapitre où nous en traiterons. Ici nous n'envisageons le gouvernement personnel que comme conséquence du changement d'état. La discussion gagnera en clarté à cette séparation.

Nous avons distingué dans le Prince la personne publique de la personne privée, et nous avons même dit que celle-ci allait se perdre dans la première; tellement, qu'il a été permis de n'en plus voir qu'une seule, à savoir, celle qui a dévoré l'autre. Qu'est-ce à dire ? Cette fiction, puisque c'en est une, est-elle absolue ? Non évidemment, car elle n'irait à rien moins qu'à supprimer l'homme. Mais à cela près qu'elle ne supprime pas l'homme, et qu'elle le laisse vivre de sa vie naturelle, ne va-t-elle pas au moins jusqu'à la réduire à un état rigoureusement passif ? Cette absurdité vaudrait bien l'autre. Le changement d'état se ferait en mal, et dégraderait au lieu d'élever ; le Prince ne vivrait même pas de sa vie naturelle, s'il avait des yeux pour ne point voir, des oreilles pour ne point entendre, une raison pour ne point s'en servir ; la nation se donnerait un chef auquel elle ferait une condition, je me trompe, une vertu de la stupidité. Le plus grand éloge d'un Prince constitutionnel se résumerait dans cette formule, que les chroniqueurs écrivaient au bas du portrait de chacun des rois fainéants : *juvenis qui nihil fecit;* et nos combinaisons les plus savantes aboutiraient au fétichisme ; non, à quelque chose de pis ; car le fétiche ne renonce pas à son instinct.

Tout cela est absurde, même dans le monde des fictions ; les fictions ont leur bon sens, comme le merveilleux a sa vraisemblance. Quelle est donc la vraie doctrine ? Comment le changement d'état peut-il rester tel qu'on l'enseigne, sans que le Prince cesse d'être le digne chef d'une nation libre ? Voici peut-être la réponse.

Notre étude se renferme tout entière dans le monde officiel, dans ce monde où la Charte a bâti ses fictions, où se meuvent les rouages du gouvernement, où le pouvoir se manifeste par des actes, où l'autorité publique commande, défend, dirige, prévient, réprime; ce qui se passe sur cette scène où se portent nos regards, c'est l'action; mais l'action a une cause; quelque chose la précède. Au fond de la scène, derrière cette toile que la Charte ne soulève pas, il y a le conseil, travail préparatoire dont les résultats seuls tombent sous nos sens et nous atteignent. Là réside le Roi[1], non pas comme corps inerte, uniquement destiné à remplir un vide, mais comme intelligence; car c'est à une intelligence que l'on s'adresse, quand on lui confie le soin de choisir ses ministres, de les contrôler par la majorité des Chambres, de contrôler cette majorité elle-même par l'opinion publique, de se décider en conséquence pour la dissolution de la Chambre élective ou pour un changement de cabinet, c'est-à-dire de remplir la tâche la plus difficile dans un pays libre, de discerner l'opinion vraie des opinions qui usurpent sa ressemblance, et de juger tous les partis en se tenant au-dessus d'eux; le régime constitutionnel n'a pas de difficultés plus grandes, et l'on suppose nécessairement à celui que l'on charge de

---

[1] « Le Roi, suivant notre constitution, est supposé présent au conseil... » Hallam, *Histoire constitutionnelle d'Angleterre*, t. V, p. 132.

les résoudre, un sens politique très-perfectionné.
C'est si bien une intelligence qu'il faut dans le Prince,
que, s'il est mineur, on lui donne un régent; pourquoi un régent, s'il ne s'agit que d'occuper le trône?
Un fétu s'en acquitterait aussi bien qu'un homme.
Or, la nécessité d'une intelligence ne peut se comprendre que pour délibérer des affaires de l'État;
délibérer dans le conseil, c'est le droit et le devoir
du Prince; ce n'est pas encore l'action, mais c'est
l'influence; et si l'on refuse même l'influence, on
retombe dans l'absurde, on supprime l'être intelligent dans le Prince. On comprend à merveille que
cette partie intérieure des affaires reste invisible, et
que la Charte ne franchisse pas le seuil du cabinet;
l'influence d'un homme sur un homme n'est point
de ces choses qui se mesurent; elle échappe à toute
discipline humaine. Quelqu'un prévaut toujours
dans une délibération; il est inévitable que l'un
prenne l'ascendant, et que l'autre le subisse; il n'est
même pas impossible que le premier en abuse. Qu'y
faire? Aucun gouvernement n'a de remède à ce mal,
si mal il y a. Mais la Charte a des palliatifs; les
hommes d'élite dont elle entoure le Prince dans le
conseil n'y sont pas pour obéir; c'est leur opinion
propre qu'elle leur demande, et elle ne peut pas le
leur signifier plus énergiquement qu'en les décla-
rant responsables; or, chez un homme de cœur,
rien ne donne le courage du devoir comme le sentiment de la responsabilité. Ajoutez que l'influence

excessive du Roi dans le conseil est un danger plus
rare qu'on ne pense; chez les princes comme chez
les autres hommes, la médiocrité est la loi commune;
et il faut bien qu'il en soit ainsi; autrement, les héros
et les monstres ne seraient plus des exceptions. C'est
sous cet aspect que la Charte envisage l'humanité,
et, comme sa donnée est établie sur la moyenne de
plusieurs siècles, elle ne lui fait point tort, et rencontre juste le plus souvent. La race carlovingienne
offre, sur treize rois, deux hommes extraordinaires,
et la race capétienne, sur trente-trois rois, y compris Louis XVI, neuf grands caractères et deux tyrans;
le reste n'eût pas été aperçu dans la condition privée. Hallam[1] réclame pour les rois de son pays
quelque chose de plus que la moyenne; mais l'observation de tous les temps est peu d'accord avec
cette illusion du patriotisme. « Allez, disait Oxens-
tiern à son fils, qui tremblait de se présenter si jeune
au congrès de Munster, allez, vous verrez par quels
hommes le monde est gouverné. » « Je n'aurais jamais cru mon espèce si pauvre, » écrivait madame
Rolland. « Que les hommes sont rares! » s'écriait
Bonaparte entrant au Consulat. A l'exception des
fondateurs de dynasties, chez qui de grandes circonstances excitent de grandes facultés, les princes
en général ne dépassent pas ce niveau. On compte
même comme un des avantages du pouvoir hérédi-

____

[1] *Histoire constitutionnelle d'Angleterre*, t. V, p. 132.

taire la sécurité que donne la possession régulière et certaine du rang suprême, lorsque, n'apercevant autour d'elle aucun objet de convoitise, elle amortit les passions, et laisse aux facultés du prince le calme de la vie ordinaire. Quatre héros, issus l'un de l'autre, Pepin d'Héristal, Charles Martel, Pepin le Bref et Charlemagne, se succèdent sans interruption; mais à peine Charlemagne a-t-il fondé son empire, que la transmission légale et paisible du pouvoir laisse retomber sa race au niveau du vulgaire. Cette remarque est de M. de Sismondi[1].

Il ne faut donc pas s'inquiéter à l'excès de ce qui se passe dans le conseil, où l'homme est forcément abandonné à lui-même; il ne faut surtout pas tenter d'y introduire une règle impossible. Mais si la règle n'entre pas dans le cabinet, elle saisit tout ce qui en sort; ce qui n'est que conseil au dedans, se traduit en acte au dehors, et tombe sous l'empire de la fiction : l'homme disparaît et l'institution reste seule.

Si maintenant on me demande ma pensée sur la maxime *le Roi règne et ne gouverne pas*, je répondrai qu'elle est vraie ou fausse, selon ce que l'on entend par gouvernement. Si opiner dans le conseil, c'est gouverner, le Roi gouverne; si le gouvernement ne commence qu'au sortir du conseil, s'il se compose essentiellement d'actes extérieurs,

---

[1] *Histoire des Français*, t. III, p. 50.

le Roi ne gouverne pas. Dans les discussions auxquelles la maxime a donné lieu, ceux qui la combattent n'ont vu que le conseil, et ont allégué la nécessité de laisser le Roi mettre dans la balance le poids de sa sagesse ; ceux qui tiennent pour la maxime se sont placés dans la sphère de l'activité constitutionnelle, et ont allégué que le Roi ne pouvait s'y permettre un seul acte. Si je ne me trompe, ni ceux-ci n'érigent en principe l'inertie du prince dans le conseil, ni ceux-là ne revendiquent pour lui une part active dans l'administration ; mais chaque parti n'aperçoit qu'une des deux périodes que nous venons de distinguer : l'un voit le gouvernement dans la première, l'autre ne le voit que dans la seconde, et chacun en dérive sa théorie. Les exemples de Georges III et de Georges IV sont de la première espèce ; il s'agissait pour eux de renvoyer ou de garder leurs ministres : il se peut que dans cette lutte ils n'aient pas toujours observé de mesure ; mais enfin, à l'exception de l'impardonnable tort que se donna Georges IV en chargeant lord Temple de déclarer à la chambre haute que ceux qui ne voteraient pas dans son sens seraient *ses ennemis personnels*, ce n'étaient que des déterminations intérieures qui ne se traduisaient pas en actes formels. Il est donc vrai que la question est telle que nous l'avons posée . où est le gouvernement?

Cette question pourrait bien n'être que dans les mots ; car si l'on tombe d'accord, d'une part, que

dans le conseil, le Roi ne peut se réduire à une nullité systématique; de l'autre que, hors du conseil,
il ne peut rien sans le contre-seing d'un ministre,
n'est-on pas d'accord sur tout ce qui importe? Cependant, il n'est pas bon de laisser indécis le
sens d'un mot aussi usuel, et sur lequel roule une
question fondamentale. Je dirai ma pensée, moins
pour moi, que pour ceux qui mettent la question
dans la signification du mot.

Dans le vocabulaire constitutionnel, gouvernement
signifie action des grands pouvoirs institués par la
Charte. Je ne comprends pas de gouvernement sans
action; le conseil ne fait pas plus partie du gouvernement, que la délibération qui précède toute action
raisonnable ne constitue l'action, ni même un
commencement d'exécution. Le gouvernement naît
au moment précis où la pensée devient acte, acte
touchant ma personne ou mes biens. Cela posé et
dans cette limite, l'incapacité d'action chez le prince
est absolue. Et je résume la doctrine dans cette formule, qui n'a pas la concision proverbiale de l'autre, mais qui est moins contestable : le roi influe
sur le gouvernement, il ne gouverne pas.

S'il en est ainsi, pourquoi donc la signature du
Roi figure-t-elle sur l'acte, au même titre que celle
du ministre? Cette signature n'est-elle pas une participation à l'acte? Non, les deux signatures n'y
figurent pas au même titre; celui-là seul participe à
l'acte, celui-là seul est agent, qui est résponsable :

et le Roi ne l'est pas. Le contre-seing du ministre responsable signifie que l'acte est sien, qu'il se l'approprie, qu'il en est l'auteur, et qu'il se charge de l'exécuter; la signature du Roi ne lui est nécessaire qu'au premier degré du pouvoir exécutif, pour faire l'ordonnance; elle cesse de l'être à l'étage inférieur, quand l'ordonnance descend à l'administration : l'ordre seul du ministre suffit alors pour mettre en mouvement tous les agents secondaires. La signature du Roi n'implique de sa part aucune approbation : il peut avoir lutté contre la mesure, et, comme il ne saurait imposer sa volonté aux ministres responsables sans détruire leur liberté, il y a nécessité qu'il cède, puisqu'il ne peut se retirer; d'où il suit qu'il donne quelquefois sa signature sans son adhésion, et que l'acte ne lui appartient pas nécessairement, au lieu que le ministre qui peut se retirer, ne donne son contre-seing à l'acte qu'en l'adoptant.

On demande quel est donc l'objet de la signature du Roi, si elle n'a pas le sens ordinaire d'une signature au bas d'un acte? C'est le cachet monarchique. Le gouvernement serait changé, si le ministre se passait de la signature du Roi sur l'ordonnance, tout aussi bien que si le Roi se passait du contre-seing du ministre. Les deux signatures sont nécessaires, mais à des titres différents. Lequel est-il donc le plus difficile de croire, ou que l'ordonnance signée du prince n'est pas son ouvrage, ou que le discours qu'il prononce à l'ouverture d'une session législative est celui des ministres? Et cependant telle est la force de la fiction, que les paroles qui sortent alors de sa bouche ne lui sont pas personnelles, et que les ministres en répondent.

Passons des explications théoriques aux exemples, et choisissons des actes analogues dans les deux espèces de gouvernements.

Lorsque Sully[1] fut envoyé comme ambassadeur en Angleterre, pour renouer avec Jacques Ier le fameux projet de Henri IV contre la maison d'Autriche, il exigea une autorisation écrite de la main du Roi; en quoi Sully agissait conséquemment aux maximes du pouvoir absolu, et mettait réellement sa responsabilité à couvert. Henri IV se permettait un fait personnel, mais il le pouvait. Voici le même fait sous le régime constitutionnel : pendant les négociations de la paix de Nimègue, Danby, grand trésorier de Charles II, écrivit à Louis XIV une lettre où le Roi d'Angleterre se mettait aux gages de la France, moyennant le prix annuel de 6 millions, pendant trois ans. Une pareille démarche répugnant au cœur de Danby, le Roi prit la dépêche, et y ajouta de sa propre main : *Cette lettre est écrite par mon ordre.* Ici le fait personnel du prince violait la loi fondamentale, et la protection dont Charles voulut couvrir Danby, ne put sauver le ministre; la fatale lettre ayant été rapportée en Angleterre par l'am-

____
[1] *Mémoires de Sully*, liv. XIV, p. 195.

bassadeur Montague, le pardon anticipé donné par le Roi fut rejeté, et Danby mis en accusation[1].

Pendant son ambassade à Londres[2], Sully correspondait directement avec Henri IV, au moyen d'un chiffre de convention qui n'était intelligible que pour eux. Avant le ministère de Louvois, les généraux en usaient ainsi avec le Roi; Louvois les astreignit à correspondre par son intermédiaire; il ne put réussir auprès de Turenne, dont il n'était pas aimé, et qui s'adressait toujours à Louis XIV; mais le prince ne répondait à Turenne qu'après avoir conféré avec Louvois. Même observation sous le règne de Louis XV : ce prince avait pris un certain Fabvier pour intermédiaire de la correspondance politique qu'il entretenait avec le comte de Broglie, à l'insu et contre les vues de son cabinet[3]. Voici encore le même fait sous le régime constitutionnel : de nos jours[4], un des chefs d'accusation contre le général Chatam, qui commandait l'expédition de Walkeren, fut d'avoir secrètement écrit un compte pour le Roi seul, qui l'avait choisi malgré son conseil; c'était violer la loi, en franchissant l'intermédiaire des ministres, et en provoquant un acte personnel du prince.

---

[1] Voy. sur ce procès, Hallam, *Histoire constitutionnelle d'Angleterre*, t. IV, p. 20 et suiv.

[2] *Mémoires de Sully*, liv. XIV, p. 211.

[3] M. de Lamartine, *Histoire des Girondins*, t. II, p. 218.

[4] Ch. Dupin, *Voyages dans la Grande-Bretagne*, t. I, p. 4.

M. Thiers dit, à l'occasion de la catastrophe du duc d'Enghien, ce triste incident de l'histoire qu'il vient de nous donner[1] : « Le premier consul fit rédiger tous les ordres, *les signa lui-même,* puis enjoignit à Savary de les porter à Murat, et d'aller à Vincennes pour présider à leur exécution. Ces ordres étaient complets et positifs ; ils contenaient la composition de la commission, la désignation des colonels de la garnison qui devaient en être membres, l'indication du général Hullin comme président, l'injonction de se réunir immédiatement, pour tout finir dans la nuit ; et si, comme on ne pouvait en douter, la condamnation était une condamnation à mort, de faire exécuter le prisonnier sur-le-champ. Un détachement de la gendarmerie d'élite et de la garnison devait se rendre à Vincennes pour garder le tribunal, et procéder à l'exécution de la sentence. Tels étaient ces ordres funestes, *signés de la propre main du premier consul.* » C'est donc un frein bien salutaire que la fiction constitutionnelle, puisqu'il faut s'en affranchir pour faire le mal !

Je ne connais qu'un acte véritablement personnel au prince. Cet acte n'est point le discours par lequel il ouvre la session des Chambres, quoiqu'il soit naturel de lui attribuer les paroles qu'il prononce ; dans la fiction constitutionnelle, les ministres en sont réputés les auteurs ; car il a sa si-

[1] *Histoire du Consulat,* t. IV, p. 602.

gnification dans les affaires intérieures et extérieures
de l'État, et il passe avec raison pour un acte du
gouvernement. Ce sont encore moins les communications que le prince peut avoir avec des fonctionnaires éloignés, des ambassadeurs, des généraux,
des gouverneurs de colonies, même en évitant de
leur donner la forme d'un acte, comme lorsqu'il
leur fait des recommandations verbales, qu'il les
rappelle pour conférer avec eux, qu'il leur envoie
des agents *ad hoc;* dans chacun de ces actes, c'est
le gouvernement qui parle, opère, conseille; l'intermédiaire du ministre est toujours possible, et il
n'y a jamais de bonnes raisons de s'en passer. Si
les instructions transmises par cette voie sont conformes aux instructions ostensibles et contre-signées,
pourquoi éviter l'intermédiaire constitutionnel? Si
elles y dérogent, elles sont un mal. Mais l'acte réellement personnel au prince est le commandement
des armées de terre et de mer; cette exception
unique à la règle est écrite dans l'article 13 de la
Charte. La théorie seule n'y eût pas conduit; elle
eût plutôt détourné de confier au prince une fonction qui exige entre le chef et les subordonnés des
communications immédiates, rapides, instantanées,
et qui par cela même est personnelle; il était permis
de craindre que le commandement des armées
n'éloignât le prince d'un poste où sa présence est
un besoin de tous les jours, que la vie des camps
ne lui inspirât le goût de la guerre, ne lui donnât

la tentation de la déclarer pour le seul plaisir de la faire, et qu'il ne trouvât un piége dans son propre génie et jusque dans la victoire. L'exemple de Napoléon était inquiétant. Mais d'autres considérations et d'autres exemples ont prévalu; on a cité Guillaume III à la bataille de la Boyne, et Georges II à des époques plus récentes, et dans des occasions moins illustres; on n'a pas voulu le priver d'une chance qui peut être décisive dans les hasards de la guerre, celle d'enflammer le soldat par la présence du prince et de susciter des héros sous son regard. Cette prérogative a été attribuée au prince, avec la conséquence inévitable qu'elle entraîne, la suppression de tout intermédiaire. Nous renvoyons à un autre chapitre les difficultés qu'elle fait naître sur la responsabilité ministérielle, et qui ne sont pas les moindres de notre régime.

§ III. — De l'infaillibilité du Prince.

De ce que le prince ne peut agir par lui-même, il résulte qu'il ne peut mal faire; où il y a inaction obligée, il n'y a pas de faute possible; telle est la raison précise de son infaillibilité. On a dit fort à tort que c'était simplement un attribut de convention, dont on le douait pour lui donner du relief, et l'abriter contre les ressentiments. Erreur, et erreur dangereuse; le Roi ne peut mal faire, parce qu'il ne peut rien faire. Telle est la seule application raisonnable de la maxime que nous examinons; faire de l'infaillibilité autre chose qu'une conséquence logique de l'incapacité d'agir; dans le prince, mettre l'homme à découvert, le montrer agissant, et agissant au risque de se tromper (car il n'est pas donné à l'homme d'agir autrement), et soutenir à celui qui souffre, que l'auteur de la faute a le don surnaturel de n'en pas commettre, c'est une illusion que l'esprit le plus docile ne parviendra jamais à se faire; cela est faux, même comme fiction.

Une loi du 9 septembre 1835 a dit : « Quiconque fera remonter au Roi le blâme ou la responsabilité *des actes de son gouvernement* sera puni d'un emprisonnement d'un mois à un an et d'une amende de 500 fr. à 5 000 fr. » Cette loi est bonne si elle distingue le Roi de son gouvernement, et si elle admet que les actes de l'un ne sont pas ceux de l'autre; sinon, elle est injuste et absurde; car elle me fait un crime d'un mouvement irrésistible de mon esprit; il n'est en ma puissance ni en celle de personne, de faire que je ne remonte pas du mal que je souffre à sa cause avouée; ce serait un démenti à la conscience individuelle et à la raison publique.

Je dis donc : le Roi ne commet pas de fautes, car il ne s'expose pas au risque d'en commettre.

§ IV. — De l'inviolabilité du prince.

Tout s'enchaîne : le Roi ne peut mal faire, puisqu'il n'agit pas; le Roi est inviolable, puisqu'il ne peut mal faire; sa volonté ne régnant plus uniquement, il serait injuste qu'il fût responsable; il serait absurde qu'une institution le fût.

Il y a deux espèces d'inviolabilités; l'une, de droit naturel, couvre la liberté de l'homme; l'autre, de droit positif, est celle que la loi constitutionnelle crée pour la fin qu'elle se propose. L'inviolabilité royale est de cette dernière espèce. L'inviolabilité naturelle de nos droits n'étant toujours ni respectée, ni comprise, faut-il s'étonner que l'inviolabilité positive du prince ait besoin d'être défendue, et contre ses adversaires qui la nient, et contre ses amis qui la compromettent? Selon quelques-uns[1], *dire que le Roi est inviolable, c'est dire qu'il ne doit pas supporter la conséquence de ses actes*. C'est dire bien mieux : c'est dire qu'il ne fait aucun acte. Ils ajoutent : *donc l'inviolabilité suppose l'acte*. Nous répondons : donc l'inviolabilité exclut l'acte.

Le procédé habituel du législateur est de ne donner que la formule définitive de son principe, et de passer sous silence les idées intermédiaires qui

---

[1] Journal l'*Époque* du 30 mars 1846.

l'y ont conduit. L'infaillibilité du prince n'est pas exprimée dans la Charte; ce qui ne veut pas dire qu'elle n'y soit pas sous-entendue; c'est la doctrine qui la supplée, comme idée intermédiaire, comme nécessité logique, comme la mineure du syllogisme. L'inviolabilité, au contraire, y est en toutes lettres; une telle exception au droit commun, l'exemption de toute juridiction, n'était pas de ces principes qu'on peut laisser établir par voie d'induction; ce n'était pas trop du texte pour le créer. Encore les termes dont il se sert sont-ils à remarquer : *la personne du Roi est inviolable et sacrée.* C'est la seule fois que la Charte parle de la personne du Roi. Partout ailleurs elle emploie le mot *roi* seul, dans le sens d'institution. Mais comme si elle eût craint que les idées vulgaires ne séparassent la personne publique de la personne privée, et que celle-ci ne restât en dehors, découverte et exposée, elle fait entendre qu'elle les confond toutes les deux, qu'elle ne fait aucune différence de l'idée au symbole, et que l'inviolabilité de l'une se communique à l'autre.

Inviolable et sacrée, dit la Charte; ces deux mots ne sont pas synonymes; le second ajoute au premier.

L'inviolabilité, appliquée à une personne, signifie qu'elle n'est ni responsable, ni justiciable. On a fait, dans le procès de Louis XVI, des distinctions qui n'allaient à rien moins qu'à la destruction du principe; on a distingué entre les crimes politiques et ceux qui ne l'étaient pas ; puis on a sous-distingué dans les crimes politiques ceux qui attaquaient la constitution de ceux qui la laissaient subsister. Mais l'inviolabilité couvre indistinctement tous les crimes, publics ou privés, ou elle n'en couvre aucun ; elle les couvre tous, puisque la différence de la vie publique à la vie privée, effacée quant à la personne, l'est nécessairement quant aux actes ; autrement les deux personnes resteraient séparées, et il n'y aurait plus de fiction.

Comme on a cherché à restreindre l'inviolabilité, on a cherché à l'étendre ; on a prétendu qu'elle faisait obstacle à la déchéance du prince, quelque énormité qu'il commît, et qu'il restait toujours prince, en dépit de Dieu et des hommes. Il n'est pas de vérité que l'on ne compromette en la forçant. La raison dit qu'après l'attentat d'un prince, il suffit de ne pas lui en demander compte en justice, pour satisfaire au principe, et être quitte envers lui ; mais il n'y a de loi humaine ni divine qui enchaîne éternellement une nation à un homme, dont son salut ou son honneur exige qu'elle se sépare. L'étude approfondie d'une doctrine oblige quelquefois de raisonner dans des suppositions extrêmes ; mais enfin, si le prince brise tout lien social, s'il tue sa mère, s'il empoisonne son frère, s'il incendie Rome, Rome est-elle tenue de laisser un pareil monstre à sa tête ? Dans un autre ordre d'idées, s'il trahit la patrie, s'il la livre à l'étranger, ou s'il change violemment la constitution du pays, s'il se déclare incompatible avec elle, s'il fait de son règne une impossibilité morale, le devoir de la nation est-il de périr pour le principe? Le principe a été méconnu à l'égard de Charles Ier et de Louis XVI; il a été respecté à l'égard de Charles X : Charles X est tombé, mais il est tombé inviolable.

La personne du Roi n'est pas seulement inviolable, elle est encore sacrée. Nous passons ici de l'ordre légal à l'ordre moral, et il s'agit moins d'un principe que d'un précepte. La Charte ne s'adresse plus aux magistrats, pour leur interdire toute poursuite judiciaire, mais aux esprits, pour leur recommander le respect : la loi peut rigoureusement obtenir le premier résultat; elle est moins maîtresse du second : il dépend des mœurs. C'est une disposition analogue à celle qui, dans l'article 371 du Code civil, veut que l'enfant à tout âge porte honneur et respect à ses père et mère. Mais, quoique moins positive que l'autre, elle n'est pas moins nécessaire; avant l'inviolabilité légale, il y a une inviolabilité morale, sans laquelle la première est inutile : c'en est fait de celle-ci, quand on se dispense de l'autre. On ôte tout au prince dont on s'habitue à médire; rien ne résiste à l'action continue du dénigrement et du sarcasme, et il n'y a pas de majesté humaine qui ne s'évanouisse dans les outrages. Ceux qui se donnent le triste plaisir de l'attaquer, n'ont pas la conscience de tout le mal qu'ils font; s'ils l'avaient,

ils seraient trop coupables. Quand l'injure a abaissé
le chef de l'État jusqu'à sa portée, il ne reste qu'à
l'abandonner à lui-même; il se précipite de son
propre poids, et une fois détaché du faîte, il ne
s'arrête plus dans sa chute; il roule jusqu'au fond
de l'abîme. Un Roi que l'on outrage est un Roi que
l'on immole. Ce n'est point assez d'imposer silence
à l'outrage, il reste à former les mœurs de la monarchie constitutionnelle, qui ne sont pas celles de la
monarchie absolue. Le prestige de l'antique royauté
s'est évanoui sans retour, et l'obéissance d'instinct
fait place à une soumission raisonnée. L'identité du
prince avec l'institution, c'est-à-dire avec la patrie,
est l'idée mère de laquelle doivent sortir nos mœurs
modernes. C'est en propageant cette doctrine, c'est
en la rendant vulgaire, que l'on habituera les esprits
à ne plus séparer le prince du pays, et que la piété
pour sa personne deviendra spontanément une
partie de notre patriotisme. Dans ce siècle raison-
neur, on n'arrive à une vérité de sentiment que par
une vérité de principe; mais quand on y est parvenu, comme en Angleterre, on a donné aux affections politiques leur fondement le plus solide.
De son côté, le prince peut hâter notre éducation
constitutionnelle par la conformité scrupuleuse de
sa conduite au principe, en ne montrant jamais
l'homme au lieu de l'institution, en ne troublant
jamais par l'inconséquence d'un acte personnel
l'œuvre naissante de la fiction. C'est ainsi que le

prince, inviolable dans la loi, devient sacré dans les esprits.

§ V. — Le Roi ne meurt jamais.

Le pouvoir absolu disait aussi qu'en France le Roi ne meurt jamais. De Laurière, après avoir rappelé qu'anciennement la première année de chaque règne ne comptait que du jour du sacre, enseigne qu'aujourd'hui le Roi ne meurt pas : « Ce qui signifie, ajoute-t-il, que le trône ne vaque jamais. » Mais cette règle ne s'étendait pas au delà, et ne voulait pas dire que les personnes qui se succédaient sur le trône fussent la continuation l'une de l'autre. Il faut voir dans Le Bret [1] comment au contraire elles étaient distinctes, à tel point que le Roi régnant n'était pas tenu des dettes de son prédécesseur.

L'idée de l'institution donne seule toute sa portée au principe de l'immortalité politique du prince. Avec elle il y a identité entre toutes les personnes qui se succèdent, et la dernière ne peut méconnaître le fait de son prédécesseur, par l'unique raison qu'elle ne s'est pas obligée.

Chez les Anglais, le parlement est dissous de plein droit par la mort du Roi. J'aurais cru le contraire plus logique et plus prudent; plus logique, parce que la mort de la personne privée n'est qu'un acci-

[1] *De la souveraineté*, liv. IV, chap. x.

dent naturel sans effet légal sur la personne publique, et qui ne devrait rien interrompre dans le gouvernement; plus prudent, parce que si le bon ordre court quelque risque, c'est, ce semble, une raison de rassembler et de tenir prêtes toutes les ressources du pays. Nous n'avons pas encore de précédent sur ce point, ni même de loi expresse, quoique cependant la loi sur la régence, du 30 août 1842, s'éloigne du droit anglais dans l'hypothèse d'un roi mineur : le régent doit prêter serment devant les chambres, si elles sont rassemblées, et, si elles ne le sont pas, elles doivent être convoquées dans le délai qu'elle détermine. Ainsi, au lieu de dissoudre, notre loi semble avoir hâte de réunir; cette disposition vaut mieux que la pratique anglaise.

§ VI. — Le Roi ne peut plaider que par procureur.

On disait autrefois, on dit encore avec raison que *nul en France, hormis le Roi, ne plaide par procureur*. Cette ancienne maxime est de celles qui prennent un sens nouveau, et il faut l'exprimer par cette formule nouvelle : *Le Roi ne peut plaider que par procureur*. Elle n'était jadis qu'une manière de rehausser l'éclat du rang suprême, en dispensant le monarque d'opposer son nom personnel au nom d'un sujet devant la justice; cette raison d'étiquette était si bien l'unique fondement de la maxime, que la reine, qui ne

participait pas à la souveraineté, participait néanmoins à ce privilége, ainsi que l'attestent les registres
du parlement de Paris de 1387, 1401 et 1415. Henri II,
qui crut devoir étendre la maxime à la reine, par une
déclaration expresse du 30 novembre 1549, n'en
donnait pas d'autre raison : « Nous avons été
averti que... l'on fait difficulté de recevoir notre
très-chère et très-aimée compagne... à plaider par
son procureur, la voulant faire plaider et procéder
comme les autres privés, *qui serait chose mal séante
et indécente*. Pour ce est-il que nous voulons que,
non-seulement en ce regard, mais aussi en tout ce
que *notre dignité royale* est et peut être communi-
quée à notre susdite compagne, elle jouisse et use
de pareils et semblables priviléges que nous... »

Ce n'est plus par un simple motif de bienséance
que le prince est admis à plaider par procureur,
c'est par la raison nécessaire qu'il ne peut plaider
autrement. Ce n'est pas un privilége de la majesté
royale, c'est une incapacité qui aujourd'hui n'atteint
que le prince : la reine est dans le droit commun ;
elle est capable de plaider en son nom, si l'occasion
s'en présente.

Cette explication nouvelle de l'ancienne maxime
doit influer sur les règles de la procédure entre simples particuliers. Il est évident que la raison de la
maxime ne s'appliquant qu'au prince, la maxime ne
pouvant se maintenir qu'à titre d'exception au droit
commun, le droit commun doit continuer à défen-

dre de plaider par procureur, sans quoi la différence serait effacée entre le prince et les simples
particuliers. Aussi un arrêt de la cour de cassation[1], rendu sous l'empire de la charte de 1830,
a-t-il raffermi l'autorité de la maxime un moment
ébranlée !

§ VII. — Si le prince peut devoir et peut posséder en vertu
du droit commun ?

Du domaine privé et de la dévolution des biens.

Nous recherchons dans cet ouvrage, non le droit
constitutionnel positif, mais le droit constitutionnel ;
non un droit transitoire, mais un droit définitif ;
non le droit qui convient au premier règne d'une
dynastie, mais le droit permanent de tous les rè-
gnes selon la Charte. Une doctrine de circonstance
n'est pas une doctrine. On demande donc ce qu'il
faut penser, indépendamment des textes, de la grave
question que la loi du 2 mars 1832 sur la liste civile
a résolue contre les précédents. Le Roi, que nous
venons de caractériser, ce Roi dont la personne naturelle n'existe plus pour la Charte, peut-il devoir
et posséder ? a-t-il un actif et un passif comme les autres citoyens ? La personne qui n'est plus privée,
peut-elle avoir un domaine privé ? Si elle en peut

---

[1] Arrêt de la chambre des requêtes du 8 novembre 1836 ; Dalloz,
XXXVI, 1, 412.

avoir, que devient-il lors de l'avénement? Le prince le conserve-t-il, ou les biens sont-ils entraînés avec la personne, dans la grande unité à laquelle elle s'incorpore ?

N'en déplaise à une doctrine toute récente, il est impossible de prendre cette question au point précis où l'a mise le législateur de 1832, ni même de la connaître, sans remonter de quelques siècles dans l'histoire. Je sais bien que ce procédé répugne, et que la tradition est péremptoirement récusée, sous le prétexte que notre régime étant nouveau, ne peut se concevoir que par opposition à l'ancien. Mais je n'adopte pas sans réserve cette proposition, beaucoup trop générale. Il y a deux éléments dans l'ancien régime : le pouvoir absolu et la monarchie; la Charte est antipathique au premier, puisqu'elle tend à la garantie par la division des pouvoirs; en cela je comprends la raison des contraires. Mais elle s'est assimilé le second, et, sous ce rapport, elle ne peut rompre entièrement avec un passé qu'elle continue; il n'y aurait aucune sagesse à répudier celle des siècles. Parmi les règles utiles qu'avait établies l'ancien régime, et qu'il faudrait inventer pour le nôtre, si elles n'existaient pas, je mets au premier rang le changement d'état du prince; fiction pleine de justesse et de grandeur, qui a sa réalité politique, et qui crée pour le prince, en même temps qu'une destinée d'une magnificence presque surhumaine, une morale d'abnégation de lui-même et de dévouement à la patrie. La fiction était ce que doit être toute fiction, complète et conséquente avec elle-même; le prince se donnait tout entier à la France, et en revêtant son nouvel être, il ne gardait rien de sa dépouille; il l'abandonnait dans son union intime avec l'État; c'était le principe de la dévolution des biens. On a voulu de nos jours discréditer ce principe, en lui assignant une origine féodale. Il est parfaitement oiseux d'examiner s'il a son germe dans quelque usage des fiefs; une vérification exacte de cet argument historique aurait pour résultat que la dévolution des biens n'a aucune affinité, même éloignée, avec ce que nous connaissons de la féodalité; au lieu d'affinité, on ne trouverait que des dissemblances et des oppositions; le principe qui attache la terre à l'homme, au point de l'entraîner avec lui dans une dévolution commune, est l'inverse d'un principe qui attachait l'homme à la terre; la féodalité ne pouvait point avoir de règle pour la révolution monarchique qui allait la détruire, et c'est un contre-sens en droit public de soupçonner de féodalité un principe qui, comme moyen de concentration, est essentiellement anti-féodal. Mais, quelle qu'ait été son origine, il suffit que la dévolution des biens ait été écrite, comme principe purement monarchique, sous Charles IX, dans l'édit de 1566, à une période de notre histoire où la chute de la féodalité dominante était accomplie, et qu'elle l'ait été en 1791, où certainement on ne lui eût pas fait grâce, si elle eût porté cette tache.

Après avoir médit du principe comme féodal, on le supprime comme monarchique : son unique objet, dit-on, était de favoriser les réunions et de prévenir les démembrements de territoire; les réunions sont consommées, les démembrements impossibles; le principe a rempli sa fonction : il est désormais inutile. Mais,

1° Si la dévolution n'était qu'un remède aux démembrements du territoire, on se serait avisé un peu tard de son inutilité, car les derniers démembrements datent de la seconde race. Ajoutez que ce système aurait quelque chose à démêler avec la science moderne, laquelle serait si peu disposée à lui accorder que les partages des deux premières races ont été des démembrements de la monarchie, que même elle lui contesterait qu'il y eût une monarchie à démembrer;

2° On ne voit pas ce qu'il y a de commun entre la dévolution et les réunions de territoire. La dévolution est de droit public, la réunion de droit politique; les biens dévolus sont des propres du prince qui monte sur le trône; les territoires réunis peuvent ne pas lui appartenir; la dévolution profite au domaine et enrichit le fisc; la réunion est une accession au territoire du royaume et une extension de la souveraineté nationale. Ni la dévolution n'a pour but unique la réunion, ni la réunion n'a pour cause unique la dévolution. La réunion a une foule de causes diverses, les traités, la conquête, les mariages, la confiscation féodale, le vœu des populations; la France presque entière est due à la réunion; tout au contraire, on n'en doit à la dévolution que la moindre partie.

Quel était donc sous l'ancien régime la vraie cause de la dévolution? Un principe inhérent à la monarchie, et qui ne pouvait naître que d'elle, le changement d'état du prince. Qu'on ne s'y trompe pas, cette assertion est plus qu'un raisonnement, plus qu'une doctrine, plus que la meilleure des déductions logiques; c'est une chose jugée. On se rappelle la grande circonstance de l'ancien droit public dont nous avons déjà parlé, Henri IV rendant en 1590 un édit pour retenir ses domaines, la Navarre, le Béarn, le marquisat de Salernes et en empêcher la dévolution; le Parlement, sur les conclusions conformes du procureur général, refusant d'enregistrer l'édit; le Roi reculant devant l'autorité du principe, rendant en 1607 un second édit dans le seul but de consentir à ce qui d'ailleurs s'était fait de plein droit, à la réunion de ses domaines, et donnant de son consentement cette explication si remarquable : « La cause la plus juste de laquelle réunion a consisté en ce que nos prédécesseurs se sont dédiés et consacrés au public... et ont contracté avec leur couronne une espèce de mariage communément appelé saint et politique..... » Nous avons donc eu raison de dire qu'il y avait chose jugée sur la vraie cause de la dévolution, et que l'équivoque n'était plus permise.

Les conséquences de la fiction monarchique et de l'éclipse totale de la puissance privée se tiraient rigoureusement : le prince ne pouvait rien posséder, ni par conséquent rien devoir en vertu du droit commun ; ses biens s'abîmaient dans le domaine, et avec eux les dettes, jusqu'à concurrence de la valeur des biens. Il s'ensuivait que le prince n'avait point de dotation particulière ; *le mariage saint et politique* ne comportait aucune séparation de biens. Le Roi, identifié avec l'État, puisait dans le trésor et disposait du domaine. Le domaine à la vérité était déclaré inaliénable ; mais ce principe, qu'il faut croire impossible, l'ancienne monarchie s'était montrée aussi infatigable à le violer qu'à le proclamer ; on avait admis les engagements de biens, comme un palliatif à l'excès du principe, afin que le Roi pût disposer de quelque chose. Mais on sait que le palliatif tua le principe, et que les engagements devinrent une forme de la dilapidation.

La révolution qui se fit en 1791 dans la législation domaniale devait avoir son contre-coup dans celle qui régissait l'avénement au trône ; le domaine fut déclaré aliénable, mais aliénable seulement par une loi, d'où il résultait que le prince, ne pouvant plus faire la loi, n'avait rien à sa disposition : c'était aller d'un excès à l'autre ; car les besoins de la fiction ne vont pas jusqu'à interdire au prince les

jouissances de la propriété et l'exercice de la bien-
faisance, cette partie nécessaire de la royauté. On
créa donc le domaine privé, contre-coup inévitable
de l'innovation que venait de subir le domaine de
l'État, et sans conséquence pour le gouvernement;
mais on ne relâcha rien de ce qui tenait essentiellement au changement d'État; la dévolution fut
maintenue. Passons l'époque impériale; il faut toujours la passer, quand on cherche les principes obligatoires pour les princes, à moins qu'on ne s'y arrête, pour se conduire cette fois par la raison des
contraires; l'empire garda le domaine privé, con-
struisit le domaine extraordinaire, comme la colonne
Trajane, du fruit de ses conquêtes, et se tut sur la
dévolution. La restauration revint aux principes de
la Constituante; les deux lois de 1814 et de 1825
maintinrent le domaine privé, mais la dévolution
fut ressuscitée. On n'oubliera pas l'arrêt du 30 janvier 1822[1], par lequel la Cour de cassation la dé-
fendit contre une tentative qui menaçait de la compromettre.

C'est dans cet état que le gouvernement de juillet
a trouvé le droit public. Pourquoi l'a-t-il changé?
Pourquoi imiter l'empire, en gardant le domaine
privé sans son corrélatif nécessaire, la dévolution ?
Le changement d'état dont elle émane n'est pas,
nous l'avons prouvé, un principe temporaire; il est

---

[1] Dans l'affaire Desgraviers.

consusbtantiel à notre monarchie ; sa fonction est éternelle ; il est implicitement dans la Charte de 1830, et les idées constitutionnelles le fortifient au lieu de l'affaiblir.

Les fictions de droit sont des êtres de raison ; la logique est la condition de leur existence, et la plus légère inconséquence leur est mortelle. Aussi la loi est-elle d'une fidélité remarquable à son propre ouvrage ; elle s'en fait l'esclave, et l'on en trouverait de nombreux exemples dans toutes les matières de droit. Le changement d'état conduit irrésistiblement à l'incapacité d'action, à l'infaillibilité, à l'inviolabilité, à la dévolution ; ôtez un seul anneau, la chaîne entière se déroule, et si vous me refusez la dernière de mes déductions, je me charge de vous repousser jusqu'au gouvernement personnel.

Le législateur de 1832 a cru devoir se piquer un peu moins de logique, au risque de compromettre la partie qu'il retient de la fiction, et prévenir une autre espèce de danger ; il a craint que la perspective de la dévolution ne portât l'héritier présomptif du trône à soustraire d'avance ses biens au domaine, par une sorte de recélé. A ce compte, il faudra renoncer à tout principe d'ailleurs vrai et juste, par la seule raison qu'il est possible de l'éluder. Y a-t-il beaucoup de lois qui échappassent à ce raisonnement ? et par exemple, n'a-t-on pas dit de la liste civile, placée dans le voisinage d'un domaine privé, que le prince vivrait dans la tentation continuelle de faire sur elle d'indignes économies, pour grossir sa fortune particulière? N'a-t-on pas très-bien répondu qu'il fallait se reposer sur le prince du soin de faire un emploi royal des deniers qu'il tiendrait de la nation? Pourquoi n'aurait-on pas en lui la même confiance, quand il s'agit de ne pas éluder une loi fondamentale? Prendrons-nous contre le chef de l'État les mêmes précautions que contre un plaideur vulgaire? D'ailleurs, on n'a pas réfléchi que la dévolution était la précaution la plus sûre contre un mauvais emploi de la liste civile; quand on sait que le domaine attend tôt ou tard les biens particuliers, l'intérêt est moindre à les augmenter aux dépens de la liste civile; que si cependant on la détourne de sa destination, le remède est certain, puisque le retour à l'État est inévitable.

L'ancien droit public dépouillait entièrement le prince; mais la patrie l'adoptait, lui et les siens, et se chargeait de leur fortune. Cela était grand et noble, et valait bien la séparation du patrimoine; mais la fausse conception d'un domaine privé à jamais distinct du domaine de l'État, a suggéré la disposition suivante : « Article 21. *En cas d'insuffisance du domaine privé,* les dotations des fils puînés du Roi et des princesses ses filles, seront réglées ultérieurement par des lois spéciales. » C'est vendre cher le sacrifice du vieux principe. Ainsi, le domaine de l'État n'a rien à attendre du domaine privé, ce qui n'empêche pas que le domaine privé ne puisse recourir au domaine de l'État. Dans ce cas, voici la position du prince : c'est à lui à prouver l'insuffisance de son domaine ; il faut qu'il produise un certificat d'indigence, qu'il dépose son bilan, qu'il en ouvre aux yeux de chacun tous les mystères, l'actif et le passif, qu'il se soumette à la discussion préalable de ses affaires privées, et à quel risque ! Qu'on juge de ce qui peut se faire, par ce qui s'est fait en 1837[1]. Oh ! qu'il valait mieux s'en tenir à la sagesse de nos pères !

Ce serait à ne pas se consoler de cette malheureuse innovation, si elle avait pris définitivement possession de notre droit public. Mais il est permis d'espérer qu'elle n'est que transitoire, et c'est surtout pour les amis de l'établissement de juillet, qui confondent dans la même idée la dynastie et les principes, que cette espérance est un besoin. Henri IV et Louis-Philippe ont cette ressemblance entre autres, que leur pouvoir est sorti de commotions civiles, et il était naturel que des précautions contre un avenir incertain se mélassent à leurs premières institutions. Les chambres de 1832 ont accordé à l'un ce que le Parlement de Paris avait refusé à l'autre, mais dans un esprit qu'il ne faut pas méconnaître. Le rapport de M. de Schonen dit : « Les circonstances qui ont amené l'avénement de

---

[1] A l'occasion de la dotation demandée pour le duc de Nemours.

Louis-Philippe sont de telle nature, *que la rigueur du droit serait une véritable injustice;* la royauté ne lui est pas venue comme aux autres princes.... En statuant sur le domaine privé du Roi, *nous avons dû faire une exception toute personnelle,* et fondée sur les circonstances de son avénement au trône. » Le projet, article 17, réservait en termes exprès le principe de la dévolution; le projet de la commission, article 21, répétait la même réserve; l'article 22 distinguait formellement le présent de l'avenir : « Les biens dont le Roi actuel ne s'est pas dessaisi avant son avénement, ainsi que l'usufruit de ceux dont il a aliéné la propriété, sont placés dans son domaine privé, sans que cette exception puisse en rien modifier pour l'avenir le principe de la dévolution, et de la réunion au domaine de l'État. » Ainsi l'idée de la dévolution s'était maintenue jusqu'à la période la plus avancée de l'examen législatif; mais tout à coup le vieux principe disparut dans un amendement de M. Salverte. Ce n'est pas ainsi que se fondent les institutions définitives; mais aujourd'hui qu'une épreuve de dix-sept ans permet de s'emménager pour un long avenir, espérons que le principe sera examiné en lui-même, avec cet esprit impartial que donne la sécurité, et que la dynastie de 1830 aura aussi son édit de 1607.

CHAPITRE DEUXIÈME.

DES MINISTRES.

A peine l'article 12 de la Charte a-t-il dit : « La personne du Roi est inviolable et sacrée, » qu'il se hâte d'ajouter : « Les ministres sont responsables, » comme si la première de ces propositions appelait aussitôt la seconde, comme si l'une sans l'autre n'eût présenté qu'une moitié de la pensée constitutionnelle, et que celle-ci ne se complétât que par leur soudure. C'est qu'en effet l'inviolabilité royale ne s'explique, ne se réalise, ne se pardonne, que grâce à la responsabilité ministérielle. La responsabilité des choses de ce monde est une nécessité morale à laquelle on n'échappe pas ; la Charte peut bien la détourner de la tête du prince, mais non la supprimer ; et si elle ne la fixait sur quelque autre, elle retournerait à celle qu'elle en veut affranchir. La responsabilité des ministres est donc le corrélatif inévitable de l'inviolabilité du prince. Cette loi est tellement rigoureuse, qu'aussitôt que la responsabilité diminue, l'inviolabilité souffre ; si l'une est contrariée dans son cours, elle reflue sur l'autre : la responsabilité, comme une substance dont rien ne peut se perdre, se retrouve toujours quelque part. Pour que le prince ne soit responsable de rien, il faut que les ministres le soient de tout; si la responsabilité n'est pas complète d'un côté, l'inviolabilité ne le sera pas de l'autre.

L'inviolabilité du prince est une fiction de la loi positive; la responsabilité des ministres une loi de l'ordre moral. D'où il résulte que, dans le conflit de ces deux idées, ce n'est pas celle-ci qui peut céder; mais aussi, quand elle est complète et réelle, elle communique toute sa réalité à la première.

Pour qu'elle soit ce qu'elle doit être, est-ce assez de l'énonciation qu'en fait l'article 12 de la Charte? Suffit-il que cet article rende les deux corrélatifs inséparables dans son texte, comme ils le sont dans la pensée? La Charte répond, dans son article 69 : « Il sera pourvu, dans le plus court délai possible, aux objets qui suivent : ..... la responsabilité des ministres. » L'article 12 se borne à déclarer le principe; la Charte de 1814 le laissait à l'état inerte de vérité théorique; la Charte de 1830 veut qu'une loi le vivifie; ce qui est désormais la seule manière de le comprendre et de le vouloir. Sous la Charte de 1814, on distinguait la responsabilité générale et la responsabilité juridique, se terminant, l'une au renvoi des ministres, l'autre à leur mise en accusation; on trouvera la trace de cette théorie dans un discours de M. Pasquier à la chambre des députés du 3 février 1817; la première seule semblait praticable et efficace; la seconde paraissait incompatible avec le gouvernement représentatif. Tel était l'état de la doctrine, lorsque survint la Charte de 1830 ; son article 69 fixa le droit constitutionnel ; en exigeant une loi sur la responsabilité des ministres, il entendit la responsabilité juridique ; car la responsabilité générale ou politique n'a pas besoin de loi.

Cependant, au moment où j'écris, on semble encore douter de la nécessité d'une loi ; après avoir palpé la question à différentes reprises, on l'a trouvée résistante ; on l'a laissée tomber comme trop lourde, et on ne songe plus à la relever. Alors il est arrivé que, soit étonnement de la nouveauté du sujet, soit crainte sincère de toucher au principe le plus actif de notre gouvernement, et de l'entraver au lieu de le contenir, on a cherché des raisons au découragement, on s'est presque fait un système de l'inaction ; il y a au fond des esprits une sorte de renonciation tacite. On s'est demandé si, après tout, il était bien utile de faire une loi qui ne s'applique qu'à des catastrophes ; si le code des révolutions peut s'écrire ; s'il n'était pas plus sage de vivre au jour le jour, de se conduire selon l'occurrence, et d'attendre de chaque accident sa règle, de chaque circonstance sa loi ; si, en attendant, nous n'avions pas la responsabilité morale qui nous suffit. On n'a oublié qu'une chose : l'article 69 de la Charte. Si ce n'est point un parti pris de lui désobéir, il n'y a pas à délibérer : il a fait d'une loi organique une nécessité constitutionnelle, et il a sagement fait. Une loi sur la responsabilité n'a pas

seulement à prévoir les grandes crises du gouvernement et de la société, mais aussi les détails quo-
tidiens du ménage politique; elle n'est pas seulement
nécessaire pour frapper de loin en loin des coups
terribles, mais pour produire un effet moral, permanent, de tous les jours, par sa seule existence,
comme formule, comme appareil, comme instrument tout prêt. Son efficacité est plus préventive
que répressive. Lorsqu'en 1791 on posa, dans l'Assemblée nationale, le principe de la responsabilité
ministérielle, une voix s'écria, dit-on : La responsabilité, c'est la mort. Nos définitions sont moins
terribles; elles ne se résolvent pas nécessairement
en supplices. Les bons effets d'une loi organique
sont, pour nous, plutôt dans son existence que
dans ses rigueurs, et nous disons au contraire : **La
responsabilité, c'est la vie.**

De toutes les lois que promet l'article 69, celle-ci
se distingue par un caractère particulier d'urgence
et de nécessité. Les autres régissent des matières qui
ne sont pas neuves, qui ont leurs précédents, et
qui peuvent, à un certain point, souffrir cet état
provisoire que la sagesse elle-même semble conseiller dans une transition politique. Elles peuvent
rigoureusement vivre sur leur passé, sans périr;
dans leurs règles, bonnes ou mauvaises, il y a imperfection, mais non lacune; inconséquence, défaut d'ensemble, disparate, injustice même, si l'on
veut, mais non anarchie. Elles tendent presque

toutes à s'avancer d'un bien relatif vers un plus grand bien; mais la responsabilité ministérielle est une matière intacte, sans autre précédent que celui de 1830, où la justice nationale a été prise au dépourvu, et pour laquelle le provisoire est une véritable mutilation; car il tronque une institution essentielle; il la laisse dans un état de difformité et d'impuissance, comme un sens auquel on refuserait un organe. La responsabilité promise et non organisée n'est pas seulement un bien négatif, mais un mal très-positif; puissance affamée, absorbante, fascinatrice, qui réside au fond de notre gouvernement, comme le vertige au fond d'un abîme, et qui donne à l'administration sur tout ce qui l'entoure, une force d'attraction irrésistible, en même temps que le plus dangereux de tous les genres d'arbitraire, celui qui se prévaut de l'absence d'une loi. Tant que dure cet inépuisable prétexte d'envahissements, chaque minute ajoute au mal, et à la crainte d'y porter la main.

Cet ajournement indéfini d'une loi organique a produit dans la législation contemporaine une singulière interversion d'idées. Le même gouvernement qui remet au lendemain cette affaire sérieuse, a fait, le 9 septembre 1835, une loi par laquelle c'est un délit de faire remonter au Roi le blâme ou la responsabilité des actes de son gouvernement. Cette loi est juste en elle-même, et je reconnais qu'elle a pourvu à un besoin de son époque. Mais

à ne consulter que l'ordre du développement constitutionnel, elle est un anachronisme en logique;
elle exige le résultat, avant l'accomplissement de
la condition. Le prévenu auquel on voudrait appliquer la peine pourrait dire : « De quoi me punis-
sez-vous? d'un délit qui ne peut pas être encore.
Je n'ai pas fait remonter la responsabilité au prince :
elle est allée à lui d'elle-même; je n'ai fait que la
suivre : c'est la tendance naturelle de l'esprit humain. Si vous voulez la fixer plus bas, faites donc
en sorte qu'elle ne prenne pas son essor plus haut;
ne la laissez pas flottante. Ne m'offrez pas comme
une satisfaction sérieuse la responsabilité morale des
ministres; la responsabilité morale n'appartient pas
à la Charte, mais à l'opinion, et l'opinion n'a pas
besoin qu'on la décrète. Si la Charte n'a pas entendu autre chose, son texte m'était inutile. » Cette
réponse ne vaudrait rien devant un juge obligé
d'appliquer la loi; mais dans une chambre législative, elle serait sans bonne réplique.

Une loi sur la responsabilité ministérielle considérée, non dans la juridiction et dans la procédure,
qui appartiennent à un ordre secondaire, mais dans
ses principes fondamentaux et constitutionnels, doit
porter sur deux objets principaux : 1° le titre auquel
les ministres s'obligent; 2° les actes qu'embrasse
leur responsabilité.

§ Ier. — Du titre auquel les ministres s'obligent.

L'idée vulgaire, naturelle, j'allais dire innée, c'est que le Roi est le maître, et le ministre le serviteur; que l'un est fait pour donner des ordres, et l'autre pour les exécuter. L'idée acquise, réfléchie, rectifiée, c'est que le ministre est libre, puisqu'il est responsable; et qu'il opine, adopte ou rejette pour son compte, puisqu'il est libre. Il faut sans doute que l'on ne s'élève à l'idée du ministre constitutionnel qu'avec un certain effort, puisque l'on voit sous les deux régimes des ministres accusés se défendre par la même raison, l'ordre du maître.

Cette raison était concluante sous l'ancien régime; le ministre n'existant que par une commission du prince, n'avait que voix consultative, et le simple conseil n'engage jamais celui qui le donne. Fénelon pouvait tenir au duc de Bourgogne, héritier présomptif du trône, un langage qui serait aujourd'hui une prévarication, s'il était adressé au comte de Paris : « Vos conseillers d'État ou ministres ne sont que de simples consulteurs. » Ce principe était particulièrement vrai du surintendant des finances, dont la règle suprême dans l'emploi des fonds publics était la volonté du prince, et avait dicté la formule des provisions expédiées à ce ministre : « Nous vous avons constitué par ces présentes surintendant de nos finances, sans que de cette administration vous soyez tenu de rendre compte *ailleurs qu'à notre personne.* » Aussi Pellisson adressa-t-il directement la défense de Fouquet à Louis XIV, non pas comme à l'influence la plus puissante, mais comme au juge compétent, comme de commissionnaire à commettant. On remarque que dans les procès des ministres de la monarchie absolue, depuis Pierre de La Brosse sous Philippe le Hardi, Enguerrand de Marigny et Gérard de La Guette sous Philippe le Bel et Louis Hutin, Pierre Remy sous Philippe de Valois, Jean de Montaigu sous Charles le Simple, jusqu'à Jean de Samblançay sous François Ier, l'obligation d'obéir a été l'argument banal, le lieu commun de la défense des accusés, et, remarque non moins intéressante, presque toutes les condamnations prononcées ont été flétries par l'histoire, ou comme inconséquentes au principe de la monarchie absolue, ou comme l'œuvre d'inimitiés personnelles. On a conservé le plaidoyer d'Enguerrand de Marigny; on sait qu'il avait été surintendant des finances sous Philippe le Bel, et qu'après la mort de ce prince, il fut mis en accusation sous Louis Hutin, fils du feu roi, par le crédit du comte de Valois, son ennemi. Il plaidait devant le Roi, et avait pour accusateur un avocat du temps, nommé Annat. Voici son système de défense [1] : «Sire, les

---

[1] Les auteurs du *Barreau français* (t. Ier, p. 13), auxquels j'emprunte cette citation, l'ont eux-mêmes puisée dans un livre intitulé : *Les Annales de Paris.*

hommes cognoîtront, à mon grand regret, que *ma cause était celle du feu roi, votre progéniteur; que si j'ai eu tort, il en recevra le contre-coup... Tel vous jugerez le premier ministre de ses affaires, tel jugement ferez des actions du dit roy. Nous, en tant que ministres des roys, nous en sommes comme les pieds et les mains...* Quant à toi, Annat, je ne peux te répondre... tu m'accuses d'avoir fait beaucoup de choses contre la volonté du feu roy, de laquelle, s'il vivait, je lui rendrais secrètement raison... Le secret des affaires qui sont mortes en la mort du roy, me défendrait assez, sans qu'il fust besoin que je parlasse; car le silence seul suffirait pour me justifier envers celui qui sçait comme le tout s'est passé... Sire, ne recherchez donc pas celui que votre père a avoué de tout ce qu'il a fait; *bien qu'il soit mort, il est accusé en mon nom.* » La condamnation d'Enguerrand, cassée dans l'opinion comme celle de Samblançay le fut plus tard par une épigramme de Marot, coûta de longs remords à Louis Hutin et surtout à Charles de Valois.

Par la raison même qui aurait dû rendre ce système de défense triomphant sous l'ancien régime, il ne pourrait plus être écouté sous le nôtre. Nos ministres ne sont point *de simples consulteurs;* ils délibèrent et agissent, et même ils agissent seuls; tant s'en faut qu'ils soient *les pieds et les mains du prince,* que même ils peuvent se faire une volonté autre que la sienne et l'exécuter; il reçoit si peu *le contre-coup des torts* qu'ils se donnent, il est si peu *accusé en leur nom,* prince et ministres sont si bien des personnes distinctes, que l'un se repose dans cette gloire sereine qui est son partage, tandis que les autres s'agitent dans le mouvement social; il peut arriver en même temps que les bénédictions soient pour le prince et les malédictions pour ses ministres. Toutes les fois qu'il y a un mal à expier, ce mode de rétribution est dans l'état normal de notre gouvernement.

Le libre arbitre des ministres se déduit de leur responsabilité; la responsabilité n'est raisonnable et juste que par lui. De même que la responsabilité dont on charge celui qui n'agit pas, est une responsabilité fausse, ainsi que nous l'avons dit à l'occasion des gérants de journaux, de même la responsabilité vraie prouve la liberté et la capacité de ceux à qui on l'impose. Les actes qu'on leur impute sont leurs actes propres.

Cette idée de l'obligation personnelle des ministres est bien simple, et l'on aurait du scrupule à la démontrer, si on ne la voyait méconnue sous le régime même auquel elle sert de base. Il est à remarquer qu'on s'en écarte aux époques critiques où le gouvernement dégénère, tend au pouvoir absolu et se redresse par une convulsion. Car, dans cette région des orages, les erreurs des hommes d'État se résolvent en révolutions, et les catastrophes sont les avertissements et la vengeance de la doctrine violée.

Le procès de Danby, ministre de Charles II, à en juger par les développements qu'y consacre Hallam [1], est une des sources de la doctrine anglaise. C'est dans ce procès célèbre que fut établi le principe de la continuation de la procédure d'une session du Parlement à la session suivante, et surtout celui de la responsabilité personnelle des ministres. Danby n'avait signé le fatal traité avec Louis XIV qu'après s'en être fait donner l'ordre par Charles II, avec la promesse écrite de lui procurer sa grâce, en cas de condamnation ; c'est muni de cette double précaution qu'il se présenta devant ses juges ; mais ni l'ordre formel du roi, ni son pardon anticipé ne protégèrent Danby. Le pardon accordé d'avance, en manière d'assurance contre les risques de la responsabilité, eut pour résultat de faire décréter en principe que la grâce du Roi ne couvrait pas la faute du ministre.

Ces déviations du principe se conçoivent dans le pays où la jurisprudence constitutionnelle s'est d'abord formée d'essais et de précédents, au risque continuel de se tromper ; elles se conçoivent moins en France, en 1830, au sein même et dans la ferveur de la méthode rationnelle, et cependant on voit le même argument reparaître dans la défense des ministres de Charles X. Ainsi le sort de la France a pu dépendre d'une doctrine, et si les ministres n'a-

---

[1] *Histoire constitutionnelle d'Angleterre*, t. IV, p. 25 et suiv.

vaient pas cru que la volonté personnelle du Roi était une loi pour eux, les ordonnances du 25 juillet n'eussent pas été signées. Pour rectifier une idée fausse et raffermir un principe, il a fallu le soulèvement d'une nation et la chute d'un trône, le tout aboutissant à cette morale politique proclamée par l'arrêt de la Cour des pairs[1]? « Si la volonté personnelle du roi Charles X a pu entraîner la détermination des accusés, cette circonstance ne saurait les affranchir de la responsabilité légale. »

Ce procès a révélé une autre manière d'éluder le principe. On assure que la majorité des ministres de Charles X blâmait les ordonnances, et que des documents irrécusables témoignent de leur longue résistance. L'un d'eux, pressé, dit-on, d'expliquer pourquoi il s'était fait une telle violence, a allégué des bienfaits personnels, une fille richement dotée, et la reconnaissance du père de famille prévalant sur les devoirs du ministre. Si d'une vertu privée peut ainsi sortir un crime politique, c'est donc que les règles de la vie ordinaire ne sont plus celles d'un ministre, et qu'une bonne conscience selon le monde lui suffit si peu, que même il doit se tenir en garde contre elle. De cette position singulière, et qui mérite bien d'être étudiée de celui qui l'occupe, il résulte que si, d'une part, le prince, en abusant de son ascendant sur son ministre et en

---

[1] Arrêt de la Cour des pairs du 21 décembre 1830 ; D., XXXI, 1, 39.

forçant ses scrupules, peut le pousser au crime, de l'autre, le ministre qui aliène une partie de sa liberté à chaque bienfait qu'il accepte, se rend incapable du plus important de ses devoirs, et se fait la bizarre et absurde condition d'un agent, qui cesse d'être libre sans cesser d'être responsable. J'étends sans hésiter cette observation à tous les degrés de la hiérarchie; si, comme on le répète trop souvent, la collation d'un emploi public établit entre celui qui donne et celui qui reçoit, les mêmes rapports qu'entre le bienfaiteur et l'obligé, c'en est fait de l'intérêt général et des principes de la hiérarchie; l'administration se peuplera de très-reconnaissants et de très-mauvais fonctionnaires, et la gratitude deviendra un des modes de la prévarication.

§ II. — Des actes compris dans la responsabilité.

Quels actes sont compris dans la responsabilité des ministres? Tous les actes de leur fonction ; tous, répondrions-nous, sans une exception que nous avons annoncée, et que nous nous réservons d'examiner à la fin de ce paragraphe.

A cette exception près, la responsabilité comprend tous les actes de la fonction,

sans distinction de ceux qui portent à la fois la signature du prince et le contre-seing d'un ministre, et de ceux qui émanent du ministre seul,

sans distinction des actes écrits et de ceux qui

ne le sont pas. L'ordre verbal peut suppléer ou déroger à l'acte écrit; il peut contenir un attentat, une
prévarication, une faute, et la faute, la prévarication, l'attentat aiment à se cacher sous cette forme
plus fugitive et moins saisissable; un geste même
peut exprimer une idée coupable.

Non-seulement la responsabilité comprend tous
les actes, mais encore des faits auxquels la dénomination d'acte n'est pas applicable dans sa rigueur
logique, comme les omissions. Dans le droit privé,
on répond de sa négligence; pourquoi n'en répon-
drait-on pas dans le droit public, où elle peut décider du salut ou de la ruine commune? L'omis-
sion est la manière de tromper qui frappe le moins
les sens; c'est l'apparence sous laquelle une pensée criminelle se croit le plus en sûreté; c'est son
mensonge de prédilection. Laisser les lois sans exécution, laisser sans défense une frontière ou une
place menacée, laisser se former l'émeute, l'insur-
rection, la guerre civile, sans les conjurer, laisser
s'épuiser les approvisionnements sans les renouve-
ler, les magasins de l'État se vider sans les remplir,
une disette prévue s'approcher sans assurer les sub-
sistances, recevoir des renseignements décisifs sans
les communiquer, s'abstenir quand il faut agir, se
taire quand il faut parler; si l'on excepte de la responsabilité les cas de cette espèce, on abandonne
à la fraude ses moyens les plus ordinaires, les plus
faciles et les plus sûrs.

Nous résolvons ainsi une question controversée : on a demandé si la responsabilité ne devait pas se restreindre aux actes contre-signés. Le contre-seing ne se donne qu'à la moindre partie des actes écrits, aux ordonnances proprement dites, qui ne peuvent se passer de la signature royale; le contre-seing n'est plus contre-seing, mais signature principale sur les décisions que prend le ministre dans le cercle de sa compétence administrative, sur les lettres, instructions, circulaires qui sortent en foule de ses bureaux, et la responsabilité est bien autrement compréhensive, puisqu'elle embrasse et les ordres verbaux et les fautes par omissions.

Cette question n'est point la même que celle qui s'est élevée sur le caractère exécutoire des actes; on les a cependant confondues. Il va sans dire que les actes émanés du prince et non revêtus du contre-seing ne sont exécutoires pour personne; mais cette observation est à peu près sans intérêt, puisqu'on ne connait d'actes de cette espèce, que les lettres closes expédiées aux pairs et aux députés à l'ouverture de chaque session, et que ces lettres ne sont pas de véritables actes de gouvernement. Quant aux actes du gouvernement ou d'administration, on distingue, pour savoir s'ils sont exécutoires, entre les agents du pouvoir et les tiers; ces tiers ne doivent obéissance qu'aux actes en forme, suivant l'autorité de laquelle ils émanent; quant aux agents du pouvoir, il serait excessif de soutenir qu'ils

peuvent toujours exiger des ordres formels, et qu'ils
ne doivent jamais se conformer à des instructions
verbales, quand les droits des tiers restent saufs;
il y a telle conjoncture où cette doctrine entrave-
rait inutilement l'administration. Mais quel que soit
le devoir de ceux à qui l'ordre s'adresse, la responsabilité de celui qui le donne reste la même.

Il suit de tout ceci qu'il n'y a pas deux espèces
de ministres, et que l'administration générale ne
peut adopter aucune division intérieure qui sous-
traie quelque acte à la responsabilité. Ainsi on ne
pourrait plus, comme on l'a fait sous l'Empire,
créer des ministres non secrétaires d'État, n'ayant
ni département, ni contre-seing, et expédiant les
affaires en dehors de la hiérarchie constitutionnelle. Voilà pourquoi tous les comités du conseil
d'État sont attachés aux ministres dont ils relèvent, et expédient les affaires sous leur responsabilité.

Il est curieux de suivre la marche des idées sur
la responsabilité des ministres, en matière de crédits supplémentaires, complémentaires et extraordinaires; on y voit comment l'esprit français traite
quelquefois les principes pour lesquels il s'est le
plus passionné. Le point de départ est dans l'article 40 de la Charte : « Aucun impôt ne peut être
établi ni perçu, s'il n'a été consenti par les deux
Chambres et sanctionné par le Roi. » Puis vient la
loi des finances du 25 mars 1817, qui, tout en re-

commandant à chaque ministre de se renfermer dans
les limites de son budget, article 151, suppose cependant qu'il pourra être forcé d'en sortir ; c'est l'origine des crédits supplémentaires, ainsi nommés
parce qu'ils sont ouverts comme supplément à un
service déjà voté ; l'article 152 de la même loi défend au ministre des finances d'autoriser les paye-
ments excédants, si ce n'est dans des cas extraordinaires et urgents, et en vertu d'ordonnances qui
devront être converties en lois à la plus prochaine
session des Chambres ; c'est l'origine des crédits
extraordinaires, ainsi nommés, parce qu'il sont ouverts pour des services non votés. Il faut bien par-
donner à cette loi d'avoir pourvu, dans un temps
de crise, à des besoins qui se font sentir même
dans l'état normal du gouvernement ; mais elle ne
laisse à chaque ministre et au ministre des finances
cette dangereuse faculté d'ouvrir par ordonnance
des crédits supplémentaires et extraordinaires, que
sous la menace itérative *de leur responsabilité;* le
mot est écrit dans les deux articles consécutifs.
Presque tous les budgets subséquents ont régi les
crédits par les mêmes principes. Cependant, dans
la dernière discussion de notre Parlement sur cette
matière, en 1836, la commission de la Chambre
des pairs[1] a déclaré sans détour que la responsabilité des crédits supplémentaires lui paraissait im-

___

[1] *Moniteur* du mois d'avril 1836.

possible, parce qu'elle intimiderait les ministres et énerverait le gouvernement. Ainsi, c'est le principe même qui est remis en question; on veut du principe pour intimider, on n'en veut pas parce qu'il intimide. Qu'est-il arrivé? que les ministres n'ont pas été timides; les crédits supplémentaires vont croissant d'année en année dans une proportion effrayante; ils étaient en 1842 de 2 800 000 francs, en 1843 de 3 500 000, en 1844 de 4 200 000; on s'épouvante, on murmure et l'on vote. La voilà bien l'influence de la responsabilité, que l'on décrète en principe, sans l'organiser! Quand l'administration excède le budget, elle nous dit qu'elle est responsable, lisez plutôt la loi de 1817; mais quand vous lui demandez de répondre des excédants, prenez garde, vous allez tout perdre, et c'en est fait du gouvernement représentatif. Encore quelques pas et il sera très-permis de nier que le concours des Chambres soit nécessaire à l'établissement de l'impôt; à la vérité une loi intervient, sinon auparavant, du moins après; mais qu'importe, s'il est convenu que la responsabilité n'est qu'un mot? Ils crient, ils payeront.

Quelques-uns ont[1] eu l'idée de procéder plus largement, d'attribuer personnellement au prince et d'enlever à la responsabilité cette partie du pouvoir exécutif que l'on est convenu d'appeler préroga-

---

[1] *Cours de droit public*, par M. Laferrière.

tive, c'est-à-dire, le commandement des armées de
terre et de mer, les déclarations de guerre, les traités de paix, d'alliance et de commerce. Nous nous
sommes déjà expliqué sur la différence de la prérogative au pouvoir exécutif proprement dit; là
comme ici, il s'agit d'actes du gouvernement, auxquels la responsabilité est également applicable. Elle
l'est même plus aux premiers qu'aux seconds; toute
la différence entre eux est que ceux-ci exécutent
une loi faite, et que ceux-là, par des raisons particulières, anticipent sur une loi à faire; loin qu'il
y ait lieu de relâcher la responsabilité pour ceux
qui prennent l'initiative, il faut au contraire la res-
serrer, puisque le risque est plus grand.

Cependant il faut le reconnaître, il y a une exception évidente, pour laquelle toutes les règles,
sauf celle de l'inviolabilité royale, sont suspendues.
La Charte a voulu que le Roi pût commander les
armées de terre et de mer; le commandement est
un acte essentiellement personnel; il exclut les fictions et les formalités du droit constitutionnel, et
par conséquent l'intermédiaire des ministres. Dans
ce cas unique, le prince agit, et il agit sans cesser
d'être inviolable.

Les ministres ne peuvent être responsables

ni de la prise de commandement par le prince;
car le prince use de son droit; les ministres ne peuvent l'empêcher et ne sont pas obligés d'y concourir; leur retraite serait inutile pour les affranchir

d'une responsabilité qu'ils n'encourent pas, et pourrait faire un mal immense, en laissant éclater un dissentiment;

ni des ordres que donne le prince dans la sphère du commandement, comme général en chef, car ces ordres sont les conséquences nécessaires de l'acte personnel.

Mais en dehors des limites étroites de l'exception, on rentre dans la loi générale, et la responsabilité revit. Ainsi la nomination aux emplois dans l'armée n'appartient pas au général, mais au prince, et revient à cette partie de la prérogative qui n'est pas personnelle, qui par conséquent ne peut s'exercer que par l'intermédiaire des ministres. En Angleterre, dit-on, le ministre de la guerre nomme le général, et celui-ci soumet directement au Roi les nominations d'officiers, dont le ministre est responsable. Cette pratique ne saurait être reçue en France, ni quand le ministre nomme le général, ni même quand le prince prend le commandement.

CHAPITRE TROISIÈME.

DE LA CHAMBRE DES PAIRS ET DE LA CHAMBRE DES DÉPUTÉS.

Le prince et les deux Chambres font la loi; c'est par là qu'ils représentent la nation. Car la nation ne se représente qu'à cette fin; sa parole ne peut être que la loi même. Les autres pouvoirs constitués ne sont point ses organes; ils exercent des fonctions qui leur sont propres, et, loin de la faire parler, ils réagissent sur elle, au nom de cette loi qui est son ouvrage immédiat.

Les deux Chambres coopèrent avec le prince à l'œuvre commune de la loi; elles y coopèrent à un titre égal; la voix d'aucune des trois parties n'est prépondérante; leur unanimité est nécessaire. Les deux Chambres sont donc législatives; en quoi elles diffèrent des chambres purement consultatives, que le prince appelle près de lui pour les entendre et s'éclairer, mais sans compter leurs voix comme délibératives, et en restant le maître de la détermination. Henri IV traitait le parlement de Paris en chambre consultative, lorsqu'il lui adressait, au sujet de l'enregistrement de l'édit de Nantes, ces paroles que nous avons déjà rappelées : *Je prends bien les avis de mes serviteurs; si je les trouve bons, je les embrasse, et change volontiers mon opinion.* C'est le pouvoir absolu bien intentionné, mais c'est le pouvoir absolu.

La représentation nationale est la forme la plus saillante, la plus vive, la plus populaire du gouvernement constitutionnel; dans les idées vulgaires, elle va jusqu'à l'absorber; elle lui donne son nom, comme si elle le constituait seule; on dit : *le gouvernement représentatif,* pour dire le gouvernement de la Charte, et cependant elle n'en est qu'une forme; on pourrait les concevoir séparément; il y a telle combinaison, où le gouvernement serait constitutionnel sans être représentatif.

La forme représentative est populaire, venons-nous de dire; ce qui signifie seulement qu'elle est aimée de la nation, non qu'elle en est comprise; nous en avons le goût, nous n'en avons pas l'intelligence. Rien ne serait plus dangereux que de l'abolir, ni plus facile que de la corrompre; la nation se soulèverait à l'idée de la perdre, et accepterait volontiers tous les mensonges qu'on lui présenterait sous son nom. C'est donc un bien d'éclairer notre passion pour elle, et, comme en définitive c'est à nous la procurer que tendent les trois corps qui participent à l'œuvre de la loi, c'est par elle que nous devons commencer, pour juger ce que doivent être les deux Chambres; car nous nous sommes expliqué sur le prince.

SECTION PREMIÈRE.

DE LA REPRÉSENTATION NATIONALE.

Le système représentatif a des adversaires de deux sortes, qui lui font la guerre dans les intérêts les plus opposés :

les uns l'attaquent comme illégitime, parce qu'il a pour base la délégation des pouvoirs, laquelle est

nulle, puisque la souveraineté est inaliénable; c'est
la doctrine de Rousseau qui n'admet que l'exercice
immédiat de la souveraineté;

Les autres le nient comme manquant de réalité,
parce que le mandataire pouvant obliger le mandant
contre son gré, la représentation est inexacte, et
l'image infidèle; la nécessité d'une identité parfaite
entre le vœu de chaque citoyen et de chaque représentant, a été soutenue en thèse sous la Restauration.

Ces coups ne portent pas, mais ils sont bien
dirigés; car les points d'attaque qui leur sont donnés
pour but, offrent précisément les caractères constitutifs de la représentation nationale. Cet ordre nous
révèle celui que nous devons suivre.

§ Ier. — De la délégation des pouvoirs.

Sans contredit, la souveraineté est inaliénable;
ce qui ne signifie pas que le pouvoir législatif ne soit
pas susceptible de délégation. La délégation prouve
au contraire que le principe en réside dans le délégant. Si une grande nation, qui ne peut pas exercer
immédiatement sa souveraineté, ne le pouvait non
plus médiatement, elle ne l'exercerait d'aucune
manière, et sa souveraineté ne serait qu'un mot.
C'est tout ce que nous répondrons à une doctrine

dont la réfutation, tant de fois faite, retomberait dans le lieu commun.

La représentation nationale suppose la délégation des pouvoirs, puisque si la nation se présentait elle-même, il n'y aurait pas à la représenter. Aussi ne faut-il pas croire qu'il y ait eu représentation, partout où il y a eu des assemblées nationales. Il n'y en avait pas dans les anciennes républiques, où le peuple entier se réunissait au forum, et expédiait lui-même ses affaires ; il n'y en avait pas *au Mallus, au champ de Mai, au champ de Mars*, où comparaissaient en personne tous les hommes libres, *omnes Franci, cunctus populus, cuncti liberi homines*, suivant les expressions remarquables des chroniqueurs. L'autre partie de la population était esclave ou serve, et n'avait aucun droit à stipuler ni directement, ni par intermédiaire. La représentation proprement dite n'a donc commencé que dans les grandes nations d'hommes libres, dont la réunion était impossible, et elle est beaucoup plus moderne qu'on ne pense. On pourrait contester à Montesquieu que ce beau système, comme il l'appelle, ait été trouvé dans les bois.

§ II. — Que le système représentatif exclut les pouvoirs intermédiaires.

L'idée des pouvoirs intermédiaires était naturelle et libérale sous l'ancien régime. Le prince, source

de tout pouvoir, résidait au sommet ; la nation gisait
à l'autre extrémité de l'espace, attendant la loi.
Chacun d'eux se tenant ainsi à distance, on avait
eu l'idée de placer dans l'intervalle des pouvoirs,
que, par cette raison même, on appelait intermédiaires : « Ce sont, dit Montesquieu[1], des canaux
moyens par où coule la puissance, » et il cite les
corps de la noblesse et du clergé. Il y voyait un de ces
contre-poids, vrais ou faux, qui, dans l'opinion du
moins, mettaient une certaine nuance entre le pouvoir absolu chez nous et le despotisme pur ; il dé-
plorait l'acharnement avec lequel les parlements
frappaient sans cesse, depuis plusieurs siècles, sur
la juridiction patrimoniale des seigneurs et sur
l'ecclésiastique ; il demandait avec inquiétude si
l'ancienne constitution n'en serait pas changée.

Non-seulement changée, mais détruite ; la nation
est sortie de son éloignement ; elle est remontée,
par ses représentants, au niveau le plus élevé ; elle
s'y est confondue avec le prince dans un seul être.
Ce ne sont plus deux termes distincts et extrêmes ;
il n'y a entre eux aucun milieu à remplir ; l'intervalle est supprimé. Il y a bien entre les pouvoirs
créés par la Charte une hiérarchie, les uns supérieurs, les autres subordonnés ; mais il n'y en a plus
d'intermédiaires ; leur place a disparu, et le mot n'a
plus de sens.

____

[1] *Esprit des lois*, liv. II, chap. IV.

Je tiens à cette réflexion, parce que n'est que sur le fondement de l'ancienne doctrine et de l'autorité de Montesquieu, que la Restauration a fait de continuels efforts pour reconstruire une aristocratie, et que l'idée des pouvoirs intermédiaires agite encore certains esprits. C'est ne tenir aucun compte de la représentation nationale, et oublier que la Charte a pourvu au besoin des contre-poids, par le partage qu'elle a fait des pouvoirs.

§ III. — D'une fausse doctrine des Anglais.

Dans le droit français, le pouvoir de faire la loi se délègue, ce qui prouve que le délégant n'est pas présent au lieu où se fait la loi ; autrement la délégation n'aurait pas d'objet. Que s'ensuit-il ? que la loi une fois faite doit lui être notifiée, pour qu'il la connaisse et qu'il lui obéisse. C'est la promulgation. Notre droit public présume que personne n'ignore la loi ; fiction déjà assez forte, avec la formalité de la promulgation, pour qu'on ne se dispense pas d'une formalité qui, seule, la sauve de l'absurdité. La raison de la promulgation est bien simple : la notification collective de la loi nouvelle ne se fait point aux mêmes personnes qui y ont participé, puisque les délégants et les délégués jouissent de leurs droits politiques, et que la notification en est due indistinctement à tous les Français, surtout à ceux

qui n'en jouissent pas ; lors même que la notification
se fait aux citoyens qui ont participé à la loi directement, elle est encore nécessaire, parce qu'alors
même elle ne leur est pas faite en la même qualité ;
c'est comme citoyens actifs qu'ils ont fait la loi ; c'est
comme sujets qu'ils en reçoivent la notification ; car
ils sont obligés par leur propre ouvrage. Cette théorie de la promulgation est claire, raisonnable, conséquente.

L'Angleterre, qui a la même doctrine sur la délégation des pouvoirs, en a une autre sur la promulgation. Elle conclut de la délégation que la partie
délégante assiste au parlement, qu'elle y voit tout,
entend tout, et qu'il ne reste rien à lui apprendre ;
d'où l'inutilité de la promulgation[1]. C'est la doctrine
de ses publicistes les plus accrédités, de Smith et
de Blackstone. Blackstone dit en propres termes :
« Bien qu'il fût nécessaire dans le droit romain de
promulguer formellement les édits des empereurs,
il n'en est pas de même pour les lois anglaises, parce
que *tout homme*, en Angleterre, participe à la confection d'un acte de parlement, *puisqu'il s'y trouve
présent par ses représentants.* » Voilà une bien mauvaise explication d'une bien mauvaise coutume.
C'est un double tort de tirer d'une fiction de droit
une conséquence qu'elle ne renferme pas, et de la
retourner contre ceux au profit de qui la fiction est
établie.

[1] Rey, *Institutions judiciaires*, t. I, p. 108.

§ IV. — Du mandat législatif.

A chaque matière nouvelle que j'aborde, je suis tenté de m'écrier : prenez garde, le régime constitutionnel est ici tout entier; il s'agit d'être ou de n'être pas. Pourquoi l'avons-nous dit de chacun des droits de l'homme? Pourquoi y a-t-il la même raison de le dire de chaque forme du gouvernement? Pourquoi en particulier du système représentatif? C'est que notre régime est un tout rationnel, une œuvre philosophique, dont les parties se tiennent, comme les membres d'un syllogisme. Si peu que l'on dérange l'agencement de ses pièces, tout se démonte. C'est le palais d'Alcine; touchez le charme, il s'évanouit; et, dans le palais magique de la représentation nationale, le charme est partout. Sous le despotisme, il n'y a que des accidents qui se succèdent et ne s'enchaînent pas; dans le système représentatif tout s'enchaine, tout tire à conséquence, et la logique est sa loi suprème; cette vérité est plus rigoureuse en France qu'en Angleterre. C'est surtout dans le système représentatif que la différence du mode empirique au mode rationnel devient saillante, et que, de l'un à l'autre, l'analogie serait trompeuse. L'empirisme britannique a eu de ces bonheurs sur lesquels il ne faut pas compter; les plus détestables pratiques y ont trouvé des correctifs, qui ont tiré le bien du mal. Mais l'empirisme ne se répète pas ; il n'y a rien à conclure de ce qu'il a fait à ce qu'il fera. Il s'imite encore moins ; le préjugé le plus funeste à la France serait de chercher les mêmes résultats par les mêmes voies, et d'attendre que ces atomes errants dans l'espace s'y accrochent une seconde fois de la même manière, pour produire un mécanisme qui marche. Ce que la raison a fondé chez nous, c'est à la raison de le consolider, et le principe français est que notre droit constitutionnel est strict.

En admettant l'idée du mandat législatif, qu'on sache bien à quoi l'on s'engage : on s'engage à admettre celle d'un mandant, d'un mandant bien entendu distinct du mandataire, et duquel découle le pouvoir, que l'on appellera, si l'on veut, souveraineté nationale. Mais cette idée est loin d'être admise dans le droit public de tous les pays où il y a des assemblées politiques ; le Roi de Prusse, en haranguant la première diète qui ait été convoquée dans ses États[1], a commencé par rompre avec l'hypothèse d'un mandat ; il a ouvert la diète par cette déclaration de principes : il n'y a qu'une volonté dans le royaume, et, tant que sa main tiendra l'épée, il ne souffrira aucun contrat entre son peuple et lui ; une diète est assemblée, dont le droit est qualifié *historique,* par opposition au droit *philosophique,* pour signifier qu'il n'y faut pas voir une déduction

---

[1] En avril 1847.

de la raison, mais une tradition, qui remonte à une pensée du Roi, son père, c'est-à-dire à la seule volonté qu'il y ait dans l'État. Chez nous, où la raison n'est pas un péril, mais une heureuse nécessité, où la volonté souveraine a fait la Charte, où la Charte a divisé les pouvoirs, en leur imposant des obligations réciproques, sans lesquelles il n'y a pas de garantie; chez nous, dis-je, dans le concours des pouvoirs chargés de donner des lois à la nation, on n'hésite pas à reconnaître ce qui y est virtuellement, un mandat. Cette différence était tout d'abord à indiquer.

Mais, chez nous même, le mandat législatif n'est pas unanimement reconnu; et, il en est qui, tout en faisant grâce à son origine philosophique, contestent sa réalité pratique; c'est à eux qu'il importe de répondre.

Chaque représentant n'a, disent-ils, qu'un vote à donner; or, son mandat est de stipuler des intérêts multiples, divers et contraires; il est donc réduit à l'impossible. Cette objection est concluante, si le mandat législatif ne peut avoir son unité.

Mais pourquoi donc ne l'aurait-il pas? Si la pluralité des commettants et la diversité des vues individuelles était un obstacle à l'unité d'un mandat, l'obstacle se trouverait aussi bien dans le mandat civil, auquel d'ailleurs je ne prétends pas assimiler en tout le mandat législatif. Pourquoi ne serait-il pas aussi possible à une nation d'avoir son intérêt propre, qu'à un certain nombre d'individus? La France se vante d'avoir son unité et de constituer une personne; pourquoi l'unité serait-elle bannie du mandat donné par elle?

On voit d'ici la solution du problème : l'unité n'est pas sans doute dans chaque tête de commettant, mais dans l'intérêt général; l'intérêt général est en possession de l'unité; hors de lui, on tombe dans la diversité, et alors les adversaires ont raison; le système est impossible.

La difficulté est moins de concevoir l'unité, et de l'établir dans les lois, comme elle est établie dans les faits, que d'en prévenir le morcellement dans la pratique représentative. L'idée d'unité est absolue; elle n'admet pas de moyen terme; aussi l'intérêt général, par lequel elle se résume en politique, et qui seul en a le privilége, ne peut-il se concevoir à demi. C'est lui et ce n'est que lui, ou c'est autre chose. L'intérêt local, par exemple, n'est déjà plus l'intérêt général; rien ne peut faire qu'il n'en soit pas une fraction. On croit que l'intérêt local n'est pas encore l'intérêt privé, dont chacun se défend; mais c'est une illusion. L'intérêt privé, qui a honte de lui-même, se cache derrière l'intérêt local, que sa fausse ressemblance avec l'intérêt général enhardit; l'intérêt local n'est que le prétexte, le sophisme, le piége de l'intérêt privé; c'est le même coupable alléguant seulement une circonstance atténuante. Si l'intérêt local se fait admettre, l'intérêt privé

entre inévitablement à sa suite, et l'ennemi est dans
la place. C'est la tendance de notre époque. L'élection d'un riche banquier a été, en 1847, l'occasion
d'un procès criminel, qui appartient à l'histoire et
à la doctrine. On avait commencé par promettre à
l'arrondissement une banque industrielle et agricole;
on a fini par une poursuite pour cause de corruption individuelle, et cette dégradation irrésistible
n'a point échappé au ministère public près la cour
d'assises de Maine-et-Loire[1]. « L'intérêt général, a
dit l'officier du parquet, ayant fait place à l'intérêt
local, celui-ci a bientôt fait place à l'intérêt privé. »
Il y a là un entraînement auquel rien ne résistera.

L'Assemblée constituante, à laquelle appartiennent
toutes les idées élémentaires, grandes et vraies de
notre régime, n'a pas divisé la France en départements, le département en districts, le district en
cantons, sans entrevoir le danger qui nous occupe;
elle a senti qu'il était possible de se méprendre jusqu'à appliquer cette division à la représentation nationale, et à faire subir à l'intérêt général les mêmes
découpures qu'au territoire; c'eût été reconstituer
une autre féodalité à la place de celle qu'elle venait
de détruire. L'article 8 de son décret du 22 décembre 1789 y pourvut par la déclaration suivante :
« Les représentants nommés à l'Assemblée nationale par les départements ne peuvent être regardés

---

[1] Journal *la Presse* du mercredi 17 février 1847.

comme les représentants d'un département particulier, mais comme les représentants de la totalité
des départements, c'est-à-dire de la nation entière. »

Ce qui nous occupe aujourd'hui, c'est de prendre
le contre-pied de la Constituante et de dépecer le
grand corps créé par elle. Elle élevait la représentation nationale à l'unité, et ne divisait le territoire
que pour l'administration. De notre temps, l'administration seule a l'unité et la représentation nationale
tombe en poussière; elle se précipite de la France au
département, du département à l'arrondissement
administratif, de l'arrondissement administratif à
l'arrondissement électoral; il n'y a de connu que la
ville, la communauté, la famille; le reste s'évanouit;
nous tombons dans un abîme qui va se creusant et
se rétrécissant toujours. La Chambre des députés a
donné un excellent exemple, lorsqu'elle a refusé de
valider l'élection que l'arrondissement de Louviers
avait faite, avec la condition de lui procurer un chemin de fer. Il ne manque à cette leçon que d'être
plus fréquente, et d'être donnée à la ville, au département, à la communauté, à l'établissement quelconque, qui rappetisse à sa dimension le mandat
législatif.

C'est donc une idée fausse de l'acte additionnel
de 1815, de donner au commerce une représentation spéciale; le commerce entre assurément pour
beaucoup dans l'intérêt général du pays, et il est

bon que ceux qui savent le défendre, soient envoyés où il a besoin d'être défendu, mais non avec une mission particulière, dont le vice est toujours de se subordonner l'intérêt général.

Toutefois, c'est en vain que les esprits s'éclaireraien sur la nature du mandat législatif, et que la nation serait unanime à en vouloir l'unité, si la Providence ne l'avait rendue possible, en nous faisant le beau présent de l'imprimerie, qui nous apparaît ici sous un jour nouveau : nous avons étudié la liberté de la presse comme droit naturel à chaque citoyen ; elle se montre ici, dans son résultat collectif, comme instrument nécessaire de la représentation nationale. L'unité, c'est-à-dire l'opinion commune, ne se formerait pas, si la pensée conçue au Midi n'avait un moyen d'aller, à travers l'espace, chercher la pensée conçue au Nord, pour s'unir à elle ; elles s'éteindraient toutes deux, chacune dans son isolement et s'ignorant l'une l'autre. La presse, réalisant la fiction mythologique de la Renommée, les recueille, les rapproche, les combine, et en fait cette voix du peuple, qui est la voix de Dieu.

Il est vrai à la lettre qu'avant la découverte de l'imprimerie, le système représentatif, tel que nous le concevons, n'était pas réalisable dans une grande monarchie, et qu'aujourd'hui, chez nous, il serait impossible sans une presse libre. On a craint que la presse, au lieu d'exprimer l'opinion vraie, n'en formât une factice et n'allât ainsi contre son but ; si l'on entend qu'elle peut détrôner l'opinion vraie, non par une surprise d'un moment, ce qui ne prouverait rien, mais par une usurpation définitive, seule hypothèse qui fût concluante, je réponds que ce danger n'est à craindre que si la presse n'est pas ce qu'elle doit être ; car telle est sa nature singulière : esclave, elle tyrannise l'opinion et la fait mentir ; libre, elle s'asservit à elle, et l'exprime fidèlement. Tant est grande l'importance d'une bonne organisation de la presse, de manière qu'elle soit réellement libre et réellement responsable !

L'unité du mandat ainsi rendue possible et ainsi expliquée, examinons comment elle se perd ou se conserve chez ceux qui le donnent et chez ceux qui le reçoivent, chez les commettants d'abord, chez les mandataires ensuite. Commençons par les premiers.

§ V. — Suite du précédent. — Du mandat impératif.

L'article 16 de la Charte contient une disposition qui n'est placée sous le titre des *formes du gouvernement du Roi* que parce qu'elle est fondamentale, et qu'on a voulu la rendre commune aux deux Chambres : « Toute loi doit être discutée et votée librement par la majorité de chacune des deux Chambres. »

Ce qui veut dire : le choix des pairs et des députés n'a qu'une fin possible, qui est de voter la loi, de la voter après discussion, de la voter librement, de la voter dans le sein d'une des deux Chambres. Le mandat législatif diffère donc en un point essentiel du mandat civil; dans celui-ci, le mandant est maître absolu de sa volonté, il détermine l'objet du mandat et désigne la personne du mandataire; dans celui-là, la Charte ne laisse au prince et à l'électeur que le choix du pair et du député, et se réserve de déterminer l'objet de leur mandat commun; elle le fixe d'avance avec des conditions de personnes, de mode et de lieu, et par une disposition d'ordre public, auxquelles aucune convention ne peut déroger. Ainsi, quelque prédisposition qu'apporte le pair ou le député, son premier devoir est de se présenter libre à la discussion, accessible à toutes les vérités qui en sortent, et maître de voter en conséquence.

Le prince ou l'électeur qui modifierait par des conditions particulières le caractère constitutionnel du mandat, se substituerait à la Charte, et appellerait à lui le gouvernement tout entier. La loi se ferait où elle ne doit pas se faire, et s'y ferait sans discussion. Chaque collége électoral étant l'égal des autres, et pouvant ce qu'ils peuvent, des mandats contraires viendraient se heurter dans les Chambres; les délibérations législatives ne seraient que le choc de volontés ennemies et immuables; elles deviendraient un danger public, et l'unité serait détruite. Ce mal est partout un mal, même dans les constitutions fédératives; mais au moins n'y est-il pas une inconséquence; dans le partage que l'assemblée générale et les assemblées particulières s'y font d'une chose qui ne semble pas partageable, de la souveraineté, chaque État confédéré fait la loi à son député, sans aucun souci de l'unité qui n'est pas dans la constitution, au risque d'inextricables embarras et même de la guerre civile, comme en Suisse et aux États-Unis, ou d'une ruine entière, comme en Pologne. Mais en France, où l'on tient à ce que la représentation soit nationale, et où aucune section de territoire n'est souveraine, le mandat impératif serait tout à la fois une inconséquence et une calamité.

Il pourrait même conduire à l'absurde. Un député est élu avec un mandat impératif; après l'élection et la séparation du collége, l'opinion s'éclaire et change; élu et électeurs, tout le monde se détrompe. Mais le député est lié, et le collége n'est plus là pour le délier; comme il veut dégager sa parole, il vote contre son opinion et celle de ses commettants.

Il n'y a pas d'exemple de mandat de cette espèce donné par le prince au pair de sa création; malheureusement l'électeur n'a pas été toujours aussi discret. Le cas échéant, la Chambre à laquelle appartient l'élu doit refuser de l'admettre; il ne s'y présente point avec sa liberté. Il ne suffirait pas d'annuler la condition impérative, en laissant subsister le mandat; la nullité est irritante, et, d'après le droit civil, elle se communiquerait au contrat auquel on l'aurait attachée. Mais il y a ici une raison de plus; on n'aurait jamais la certitude que l'esclave que l'on entendrait affranchir ne se croirait pas obligé de garder sa chaîne, et que le vote ne s'en ressentirait pas.

On a affecté de confondre avec le mandat impératif les opinions connues du candidat, qui ont pu servir à l'électeur de motifs dans son choix; mais les opinions connues du candidat lui laissent toute sa liberté, tandis que le mandat impératif la lui ôte.

L'unité du mandat n'est pas seulement menacée dans ceux qui le donnent, mais aussi dans ceux qui le reçoivent.

§ VI. — De l'aristocratie et de la démocratie.

Voilà peut-être les mots de la langue politique dont nous abusons le plus. Parce que le beau idéal était pour l'antiquité dans la fusion des trois espèces de gouvernement entre lesquelles elle avait fait une distinction classique; parce que l'idée de cette fusion, qui, au dire de Stobée, auteur d'une anthologie grecque, remonterait au philosophe Hippodame, de l'école de Pythagore, et que Polybe, contemporain de Scipion l'Africain, aurait importée de Grèce en Italie, parce que cette idée se retrouve en ces termes

dans la république de Cicéron[1] : *Statuo esse opti-
mam constitutam rempublicam, quæ ex tribus gene-
ribus illis, regali, optimo et populari confusa modice;*
parce que Tacite admirait cette belle combinaison,
sans croire à sa possibilité[2]: *Cunctas nationes et
urbes populus, aut primores, aut singuli regunt;
dilecta ex iis et consociata reipublicæ forma, laudari
facilius quam evenire; vel si evenit, haud diuturna
esse potest;* parce que de nos jours l'analyse historique a cru découvrir les trois éléments sociaux
dans la promiscuité de ce moyen âge, dont nous
sommes nés, on a conclu que la division tri-
partite du pouvoir législatif dans la Charte n'était
autre chose que l'accomplissement du miracle désiré
par Cicéron, et dont Tacite désespérait; on a vu
dans le prince, dans la Chambre des pairs, dans la
Chambre des députés, des organes spécialement
affectés par elle à l'intérêt monarchique, à l'intérêt
aristocratique, à l'intérêt démocratique, et on a
soufflé à chacun d'eux l'esprit particulier de celui
dont on le disait le symbole. La discorde en personne n'inventerait rien de mieux que cette théorie,
en haine de l'unité. Constituer trois grands corps en
état de surveillance, c'est-à-dire de défiance réci-
proque, leur donner pour première tâche la garde
d'un dépôt nécessairement convoité par les autres,
c'est organiser la guerre au sein de l'État. Ces

---

[1] *Resp.*, lib. II.
[2] *Ann.*, lib. IV, cap. XXXIII.

mots ont déjà produit sous la Restauration tout le mal que peuvent produire des mots séparés des choses; on répétait au prince : « Prenez garde, *la démocratie coule à pleins bords,* » et le prince prenait des précautions contre la démocratie, aussi sérieusement que si nous avions été sur la place publique de Rome ou d'Athènes; c'est à une panique de ce genre que nous devons la tentative de ressusciter le droit d'aînesse. On criait au peuple : « Prenez garde, l'aristocratie va tout envahir, » et l'alerte était la même que si la féodalité eût été à nos portes. A tous ces combattants, il ne manquait que des ennemis; mais il peut arriver que les ennemis naissent des préparatifs mêmes de la guerre, et le plus grand des malheurs serait que la politique s'épouvantât des fantômes de la doctrine.

Laissons ces impropriétés de termes aux livres où elles sont sans conséquence, et ne les transportons pas dans le droit public, où elles se changeraient en instruments de dommage. La Charte ne donne à la France qu'un gouvernement monarchique, et, si elle n'admet point de mélange, c'est qu'apparemment elle croit la France homogène. En effet, ces mouvements spontanés d'une société libre, qui font que du haut en bas les degrés de l'échelle sont toujours occupés, n'ont rien de commun avec nos dénominations scientifiques; les inégalités ne rompent pas l'unité, et le corps social aura toujours ses extrémités et son milieu, sans cesser d'être identique à lui-

même. La classe qu'on appelle intermédiaire, parce
que sans doute elle n'est faite ni pour exercer la
domination, ni pour la subir, dont la destinée est
de se suffire à elle-même par le travail, qui peut-
être constitue la véritable condition de l'homme
dans le monde moderne, et dont les progrès sont
ceux de la civilisation même, la classe intermédiaire
n'a aujourd'hui, comme à la première époque de
son apparition dans l'histoire, que des intérêts et
des instincts monarchiques, et comme elle tend,
par le seul empire du droit commun, à absorber la
nation tout entière, on peut dire que l'état social n'a
déjà plus rien qui réponde aux dénominations d'a-
ristocratie et de démocratie.

Le mal ne pourrait venir que de ceux à qui le
mandat législatif est conféré, et de la manière dont
ils le conçoivent; ni le pair ne doit s'attacher à être
plus aristocrate que le député, ni le député plus dé-
mocrate que le pair. Ils n'ont tous qu'un même but,
et ne doivent avoir qu'une même tendance, l'intérêt
général; car il y a sans doute un intérêt général,
puisqu'il y a une France.

SECTION DEUXIÈME.

DE LA CHAMBRE DES PAIRS[1].

Cela posé, que l'intérêt général est la chose à représenter, il s'ensuit que les trois parties du corps
représentatif sont les organes destinés à le percevoir.
Cette assignation de rôles a son importance.

Nous ne disconvenons pas que chacune de ses
parties ne puisse se faire un esprit différent de celui
des autres; elles peuvent s'affecter diversement de
l'intérêt général. L'intérêt général d'un grand peuple
a de nombreuses faces; et il est naturel d'aller lui
chercher des organes sur tous les points d'où l'on
peut l'apercevoir; mais il n'en conserve pas moins
son unité.

La Charte n'a pas entendu demander le même
esprit à deux Chambres qu'elle compose d'après des
modes si différents; elle défère au prince le choix
des pairs, parce que si les deux Chambres avaient été
électives, le prince eût été trop faible : elle défère
aux électeurs le choix des députés, parce que si les
deux Chambres eussent été à la nomination du prince,
le prince eût été trop fort. Elle n'a pas, dans l'intérêt
de l'équilibre, puisé à deux sources différentes, pour
que les deux Chambres ne retinssent rien de leur

---

[1] Il n'entre pas dans notre plan d'envisager la Chambre des pairs
comme Cour de justice.

origine ; quand l'une vivifie, et que l'autre modère, elles obéissent toutes deux à leur tempérament, et cela même est un bien. Mais remarquez que la Charte de 1814 avait pris la très-sage précaution de rendre la pairie héréditaire ; c'était obvier à l'ascendant excessif que le prince peut prendre sur une Chambre qui est sa créature ; c'était y introduire l'indépendance. La pairie viagère ne rassure l'homme que sur son propre compte ; et comme la pairie n'est pas une fonction qui s'attache à la personne, mais une position éminente qui élève toute une famille, elle inquiète le père par la crainte de voir déchoir son fils, et donne cette prise sur lui ; au lieu que l'hérédité de la pairie (bornée d'ailleurs à la ligne directe) fait taire chez le père de famille tous les genres de sollicitude qui ne lui laisseraient qu'une indépendance incomplète ; elle rend plus rares pour le prince les occasions de faire sentir sa prérogative, et plus rares pour les prétendants les occasions d'y recourir. Elle a l'immense avantage de créer une classe d'hommes, qui faisait la force des sociétés antiques, qui fait celle de la société anglaise et qui manque à la nôtre ; une milice vouée de bonne heure à l'étude des intérêts généraux du pays, puisque sa naissance l'appelle à les discuter un jour. C'est un malheur que la Charte de 1830 ait laissé à la Charte de 1814 cette supériorité sur elle ; les amis de la liberté sont tombés dans ce contre-sens, de prendre en haine une institution toute favorable à la liberté ; ils n'ont vu qu'un privi-

lége où ils devaient voir une garantie; ils ont ôté à
la couronne son contre-poids dans la Chambre des
pairs; ils ont multiplié pour le prince les moyens d'y
influer; leur erreur a été de croire que le privilége
renfermé dans une Chambre législative faisait invasion dans le droit commun, et ils ont oublié que le
privilége de primogéniture, admis en 1826 par la
Chambre élective, n'a été repoussé que par la Chambre héréditaire.

Rien ne ressemble moins à un problème que la
nomination des pairs par le prince; cette donnée
si simple ne demande aucun effort de conception
ni d'exécution. Le prince cherche les supériorités
sociales, et il est bien placé pour les reconnaître,
puisque son élévation les domine toutes; quand il
en a observé une, il va droit à elle, et la choisit;
c'est la déclaration d'un fait, et la certitude de rencontrer juste est portée aussi loin qu'elle peut l'être,
puisque le choix vient du plus capable. Il n'en est
pas tout à fait ainsi de l'élection des députés; ce
n'est plus un fait individuel à déclarer, c'est un fait
collectif et social à étudier; il faut une observation longue et profonde, une organisation laborieuse, des rouages déliés et nombreux. Trouver le véritable électeur, c'est le plus grand problème de la représentation nationale; passer de la
Chambre des pairs à l'élection des députés, c'est
passer d'une réalité avérée à une fiction hasardeuse.
Il ne faut donc pas s'étonner que nous soyons si

brefs sur l'une, et que nous ayons tant à dire sur l'autre.

SECTION TROISIÈME.

DE LA CHAMBRE DES DÉPUTÉS.

Il n'est pas douteux que, dans le vote de la loi, les trois parties du pouvoir législatif ne soient égales entre elles, et qu'aucune ne soit prépondérante, puisque la loi se fait à l'unanimité; mais il est tout aussi vrai que, dans les mouvements extérieurs du corps représentatif, la Chambre des députés a un caractère particulier. Ainsi sa nature élective semble lui donner pour mission spéciale d'aller puiser au cœur de la nation le sang qui doit porter la vie dans le gouvernement; ainsi son consentement est le premier qu'il faut obtenir pour la levée de l'impôt, comme si elle était le représentant le plus direct de la partie qui doit le payer; ainsi le prince a le droit de la dissoudre, mais à la condition d'en demander une autre au pays, à qui l'on semble demander un jugement; ainsi encore, elle a le droit d'accuser les ministres, pour faire entendre qu'en lui déférant cette action toute populaire, le soin de les surveiller est devenu le sien propre; toutes choses par lesquelles elle se distingue des autres pouvoirs, sans cesser d'ailleurs de leur être homogène.

C'est au corps qui se meut le plus, qu'il y a le plus d'occasions de se heurter. Aussi est-ce entre le prince et la Chambre des députés que le maintien de l'harmonie court le plus de risques, et que s'élèvent les plus grands problèmes du système représentatif. C'est par là surtout que les partisans du pouvoir absolu et ceux du gouvernement démocratique attaquent la monarchie constitutionnelle. Ils proclament tous l'incompatibilité d'un monarque avec une Chambre élective, les uns parce que la Chambre est condamnée à méconnaître les droits essentiels de la royauté, les autres parce qu'il n'est pas au rang des choses possibles que le prince, être permanent et inviolable, ne finisse pas par s'assujettir la Chambre élective, être intermittent et variable.

Ici se présentent les deux questions que nous avons réservées[1] : ou le prince résiste à la Chambre des députés avec ses ministres, dont le choix lui appartient et qu'il garde malgré elle; ou bien, se résignant à céder, il prend dans la majorité des Chambres un ministère que repousse son vœu personnel, mais auquel il fait une guerre d'influence et d'intrigue. On sent que la seconde de ces questions dépend de la première; car si, dans le dissentiment du prince et de la Chambre élective, on trouve une fois le régulateur commun auquel il faut se soumettre, la

---

[1] Voy. ci-dessus, tit. II, ch. 1er, § 2, *de l'incapacité d'action.*

seconde question se résout par voie de conséquence.

Reconnaissons d'abord que la difficulté ne peut
se présenter, et ne s'est présentée en effet que dans
l'hypothèse où les deux pouvoirs qui se heurtent
croient provenir d'origines différentes, et mettent aux
prises des droits inconciliables et inflexibles. Cette
hypothèse est celle de Charles X, opposant son droit
antérieur et supérieur, à une Chambre qui ne tenait
le sien que de la Charte. Les ordonnances du
25 juillet n'ont pas eu d'autre théorie, et la Révolution de 1830 a eu, entre autres effets, celui de donner à tous les pouvoirs une origine et des principes
communs. Dans le cercle de la Charte, source unique de tous les pouvoirs, le problème se résout à
merveille par le raisonnement que voici :

La solution s'en trouve dans la faculté donnée au
prince de dissoudre la Chambre. Elle s'y trouve tout
entière; car, 1° si la Charte n'a pourvu que de cette
manière au cas d'un dissentiment, c'est qu'elle a
exclu toute autre manière d'y pourvoir; 2° on a
dit que la dissolution de la Chambre était un appel à
la nation, et on l'a très-bien dit : car, ôtez cette
raison à la dissolution, elle n'en a plus. Or, on
n'appelle que devant un juge. C'est un jugement
qu'il faut voir dans le résultat des élections, et un
jugement devant lequel les prétentions opposées
doivent se taire; telle est la condition que la Charte
a faite à tous les pouvoirs. S'il en était autrement,

le système représentatif ne se comprendrait plus, et la monarchie redeviendrait absolue, ou du moins elle ne différerait de la monarchie absolue qu'en un point : ce que le prince absolu peut faire seul et de suite, le prince constitutionnel ne le pourrait qu'après la cérémonie d'une ou plusieurs dissolutions; à cette formalité près, le pouvoir serait le même; les Chambres ne seraient plus législatives, mais consultatives, et Henri IV pourrait les haranguer comme le Parlement de Paris.

1830 nous a fait voir en action la manière dont on remédie à une des imperfections reconnues de notre régime; quand le prince refuse de reconnaître le dernier ressort dans le résultat de l'élection, quelle espèce de sanction reste-t-il? La violence : cette fois heureusement la violence a été l'auxiliaire de la justice; la voie de fait a ramené de vive force à la voie de droit; c'est à la doctrine, ou plutôt c'est à tout le monde à comprendre cet exemple unique d'une chose jugée par une révolution.

Quant à la seconde question, est-elle sérieuse? Elle suppose que le prince garde un ministère qui n'est pas selon lui, mais selon la majorité; il reconnaît donc la règle, puisqu'il s'y conforme extérieurement; et l'on ajoute qu'il la combat par une révolte cachée; il conspire contre le ministère qu'il a nommé et qu'il garde, il le mine sous terre, et le gouvernement a pour chef un ennemi. Je n'aime pas cette hypothèse qui suppose de la duplicité, et dont souffre la dignité royale. Dans la première, au moins, le prince méconnaît la règle et la rejette; c'est une question de principe; mais dans la seconde, il la reconnaît et lui fait la guerre; c'est un cas de fraude et de félonie. J'aurais cru l'hypothèse impossible, si l'on n'assurait qu'elle s'est réalisée en Angleterre; car, Dieu merci, la France n'est point encore nommée dans cette honteuse histoire, et ne le sera pas. On raconte, il est vrai, que ce désordre dans la machine constitutionnelle ne s'y est introduit qu'accompagné de beaucoup d'autres, et l'on cite plus d'un roi d'Angleterre, dans la personne duquel la royauté, moralement déchue, n'avait plus assez de son inviolabilité positive pour se défendre contre l'injure [1]; il s'était par sa faute rendu accessible à ses coups. Que ce mal qui nous est étranger, nous profite cependant, et que les amis de la Charte, tout en s'en affligeant, recueillent la leçon qui en sort; la personne inviolable et sacrée avait cessé de l'être; l'outrage n'était que la réponse à un avilissement déjà consommé. Car un ressort de ce grand corps ne se dérange jamais seul. Mais les ennemis de notre régime ne triomphent de cet inconvénient rigoureusement possible, qu'en oubliant qu'un mal attaché à une personne ne conclut jamais contre une institution.

---

[1] M. Duvergier de Hauranne, dans sa brochure de 1847 sur la *Réforme parlementaire et électorale*, donne à ce sujet de très-curieux extraits des lettres de Junius.

Cependant nous en convenons; pour présenter le résultat de l'élection comme un criterium, il faut que rien n'altère la confiance qu'elle a besoin d'inspirer; il faut qu'elle soit sincère. Autrement on ne se pique d'aucun respect pour elle, et il n'est pas de manière d'éluder les décisions, dont on ne s'avise : ôtez la sincérité à l'élection, le prince hostile à ses ministres n'est coupable qu'à demi; sa lutte avec ses ministres contre la Chambre est bien près de se justifier, et le gouvernement personnel est presque pardonnable. L'élection est donc le pivot de tout le système.

§ Iᵉʳ. — De l'élection.

Dès la première ligne de cet ouvrage, nous n'avons pas dit un mot qui ne sous-entendît la garantie législative, et par conséquent une représentation exacte, et par conséquent une élection sincère. Il y a une foule de difficultés de détails, dont nous avons ajourné la solution, et que nous avons poussées devant nous, jusqu'au moment où le mot de l'énigme électorale serait trouvé; et maintenant que nous voici à ce moment redoutable, sur lequel tant de difficultés se sont accumulées, nous ne pouvons nous défendre d'un certain trouble. Il semble qu'il y aille de notre foi constitutionnelle, et que notre peine soit d'être la proie du sphynx, si l'énigme n'est expliquée. Car nous n'entendons pas soutenir de thèse absolue, et nous ne sommes pas constitutionnels de parti pris. Nous ne voulons que d'une conviction bien faite, et nous disons aussi : *Rationabile sit obsequium vestrum.* Or, le problème électoral renferme ce qu'il y a de plus propre à ébranler la foi : l'incertitude des principes, le désordre des esprits, des déceptions presque continuelles, l'avortement de tous les essais, un mécontentement général, et jusqu'au découragement de nos amis, dont chacun traduit à sa manière ce mot si frappant de Cromwell au commencement des guerres civiles : « Je dirais bien ce que je ne veux pas, mais je ne sais pas encore ce que je veux. »

Cependant une réflexion nous soutient : c'est que les grandes nécessités sociales ne peuvent pas ne pas être des vérités. On a très-bien dit : *Si Dieu n'existait pas il faudrait l'inventer ;* à défaut d'autres preuves, celle-ci me suffirait; dans l'ordre moral, ce qui est nécessaire est vrai, et je suis dispensé de toute invention. En politique, l'institution dont une société civilisée ne peut se passer, est possible par cette raison même.

L'embarras du législateur n'est jamais aussi grand que lorsqu'il est le maître de la matière qu'il régit. Quand il s'occupe d'un droit naturel, la base sur laquelle il opère lui est fournie par un législateur plus sûr de lui, et toute sa tâche est de garantir et d'organiser; il ne peut se tromper que sur la partie secondaire de son œuvre; mais quand il est obligé de tout tirer de

son propre fond, pensée première et mode d'exécution, c'est presque d'une création qu'il se charge,
et sa responsabilité redouble. Or, un de nos principes, c'est que les droits politiques proviennent, non
de la loi naturelle, mais de la loi positive; nous en
avons dit les raisons au titre de *l'égalité* [1], et nous
les avons puisées dans l'histoire, dans les éléments
des sociétés modernes, et surtout dans la nature des
droits politiques, comparés aux droits civils. Le législateur est donc grévé du pouvoir de dire où ils se
trouvent, et à quelles conditions on les exerce. Sans
doute, pour un législateur qui s'impose avant tout
la nécessité d'être juste et vrai, il n'y a jamais rien
d'absolument arbitraire; mais il n'en reste pas
moins que la source des droits politiques et par
conséquent d'un bon système électoral, n'est pas
de ces choses qui se révèlent immédiatement à la
conscience humaine, et qu'il faut de l'observation et
de l'étude pour la montrer avec quelque certitude.

La preuve qu'il ne suffit pas de mettre la main
sur la conscience pour connaître une vérité de cette
nature, c'est que les hommes d'État et les publicistes disputent sur son essence, sur les signes auxquels on la reconnaît, et que, dès le point de départ,
leur désaccord éclate. C'est d'un système qu'il s'agit;
il faut donc une théorie, bien que ce mot soit mal
sonnant aujourd'hui; il en faut une, comme il faut

---

[1] Voy. pages 70 et suivantes du Ier vol.

un plan à un architecte, et c'est sur la théorie que les plus grandes difficultés se déclarent. Non-seulement on ne s'entend pas sur les idées fondamentales, sur le but du système et sur les moyens; mais on les intervertit; on prend les moyens pour le but, et l'on édifie en conséquence.

C'est ainsi que l'élection ayant nécessairement le même but que la représentation nationale dont elle est l'ouvrière, ne peut être dirigée que vers l'intérêt général, sans lequel la représentation nationale n'est qu'un mot; intérêt général dont la pensée ne se forme elle-même qu'à l'aide d'une presse libre, puisque, sans la presse, les idées d'un grand peuple disséminé sur un vaste territoire, ne trouveraient pas leur point de jonction, resteraient isolées, et manqueraient d'unité. Qu'on y prenne garde : l'intérêt général, indiqué comme but du système, n'est point une notion vaine et oiseuse; mais bien une vérité féconde en résultats, si l'on tient à être conséquent.

En effet, la fin du système ainsi fixée, ce qui va suivre ne se compose que des moyens d'y parvenir, et se subordonne par conséquent à la notion principale. Je tiens à cet ordre de nos idées, et à ce que les secondes n'usurpent pas la place de la première; j'y tiens comme à la condition même d'arriver au but. Il s'ensuit que, pour être vraie, l'organisation tout entière du système doit être conçue dans la pensée de trouver le point précis où l'on est capable de discerner l'intérêt général et de le stipuler; ce degré de l'échelle sociale une fois trouvé, c'est à lui qu'il faut attacher la présomption légale de capacité, et l'exercice du droit électoral.

Qu'on le cherche ensuite, ce degré de l'échelle sociale, on pourra se tromper en fait, le placer trop haut ou trop bas, et tenter des essais malheureux; mais certainement on aura raison en principe, et l'on sera bien plus près de s'entendre. Par exemple, la capacité électorale doit-elle se présumer dans le nombre, ou dans la propriété, ou dans l'intelligence? Je conçois la question ainsi posée, car elle conduit à examiner si le nombre, si la propriété, si l'intelligence sont des indices de la capacité; mais je ne la conçois plus, quand on se demande si l'élection doit représenter ou le nombre, ou la propriété, ou l'intelligence; car on fait alors du nombre, de la propriété, de l'intelligence, non plus des moyens de découvrir ce que l'on cherche, mais l'objet direct de la représentation, et l'on ne peut manquer de s'égarer. Ce n'est plus à l'intérêt général que l'on tend; je comprends dans l'intérêt général le petit nombre aussi bien que le grand, le pauvre autant que le riche, l'esprit inculte autant que l'esprit éclairé.

Le nombre fait légitimement la règle dans une assemblée, dans un tribunal, dans un conseil, parce que chacun des membres ayant rempli les mêmes conditions, subi les mêmes épreuves, fourni les mêmes garanties, et se trouvant sur le pied d'une

égalité parfaite avec ses collègues, la présomption
est pour la majorité; mais parmi les hommes pris
au hasard, c'est-à-dire dans le domaine de l'inéga-
lité, jamais le nombre n'a constitué une puissance
ni une valeur morale; jamais il n'a pu ni créer ni
détruire un droit. Quand il s'agit d'un droit politique, plus on recherche le nombre, c'est-à-dire
plus on descend l'échelle, plus on s'éloigne de l'intérêt général, plus on se plonge dans l'intérêt
privé; on ne rencontre que les suggestions du bien-
être individuel, et la nécessité de s'occuper de soi-
même. Ce serait un contre-sens de placer la présomption de capacité où précisément elle diminue,
où quelquefois elle cesse; les moins capables en
majorité feraient la loi aux plus capables en minorité.

La propriété est justement admise comme indice de l'aptitude électorale; on ne la prendrait
pas impunément pour la chose même à représenter.
Quand on se trompe à ce point sur son titre, elle
ne s'empare pas à demi de la représentation nationale; elle l'occupe tout entière; elle y porte les
préjugés et l'égoïsme, dont elle est loin d'être
exempte; elle en fait son image; elle fonde tôt ou
tard l'aristocratie territoriale, et infecte le gouvernement de l'esprit de privilége; elle crée à côté
d'elle une classe pauvre qu'elle prend à sa solde;
elle a ses lois céréales, qui ne sont qu'une manière
de grossir ses revenus aux dépens de ceux qui ont

faim, et quand elle a tendu ses rets, on n'en sort
que par une révolution; dans la répartition des
charges sociales, elle s'épargne, elle n'en prend
que la plus petite part, et l'impôt foncier est presque nul, quand le poids de tous les autres est ac-
cablant. Sur ce point, comme sur beaucoup d'autres, nous avons à nous défendre de la contagion
de l'exemple.

A quel titre l'impôt direct dénote-t-il la capacité? Est-ce uniquement comme manifestation de la
propriété, c'est-à-dire comme signe d'un signe?
Non, pas uniquement, puisqu'il porte également
sur les personnes et sur l'industrie, et que son
grand mérite est d'indiquer une foule de positions
diverses, dans lesquelles la capacité est présumable.
Ou bien, confère-t-il le droit électoral par lui-
même, indépendamment de la position dont il est
l'indice, et par la seule raison qu'on le paye? C'est
une opinion fort répandue, et qui n'en est pas
plus vraie, que quiconque paye un impôt doit ou
le voter ou choisir qui le vote; autant vaudrait
dire qu'il suffit d'être sujet de la loi pour devenir
législateur, et que le devoir de lui obéir donne le
droit de la faire; en d'autres termes, que la contribution aux charges de la société, en échange de
la protection dont elle couvre nos droits civils, est
nécessairement la source des droits politiques. Cette
fausse idée de notre condition sociale est une forme
mitigée du suffrage universel.

Quant à l'intelligence, considérée comme objet de la représentation, j'ai quelque peine à m'en faire une idée nette. Qu'est-ce que représenter l'intelligence? Un pareil mandat se conçoit-il? Est-ce matière à délégation? Que si l'on entend par intelligence le discernement de l'intérêt général, on devient plus clair, mais on tombe dans un autre vice : de quoi nous occupons-nous que de trouver ce discernement de l'intérêt général? On reproduit la même idée sous un autre nom; c'est l'intelligence donnée comme signe de l'intelligence. Que si enfin on ne parle plus de l'intelligence comme d'une condition générale et abstraite, mais seulement des positions spéciales auxquelles s'attache la présomption de la loi; ou si, pour me servir des expressions d'usage, il s'agit d'*adjoindre les capacités,* cette adjonction n'est pour nous qu'une conséquence naturelle de nos principes, puisque nous mettons toute la question à découvrir le point où la capacité se présume, et à rapprocher le plus possible la présomption légale de la réalité. Or, il y a ici plus qu'une présomption légale, dont le caractère collectif suppose de nombreuses exceptions; il y a une certitude individuelle, puisque les positions spéciales dont on parle n'ont d'accès que pour la capacité éprouvée ou garantie.

Chaque idée ainsi mise à sa place, la fin soigneusement distinguée des moyens et commandant toute l'organisation qui va suivre, comptez les idées fausses, les théories hasardées, les intérêts de partis ou de systèmes qui tentent de se substituer à l'intérêt général, et dont ce seul mot fait justice. Que vous procédiez par présomption générale ou par indications particulières, vous allez aussi directement qu'il est possible au véritable électeur ; vous rencontrez aussi juste que quand vous fixez la majorité à vingt et un ans ; la capacité civile ne se détermine pas plus sûrement que la capacité politique. On court les mêmes risques pour l'une que pour l'autre ; car il n'est sage de prétendre à la certitude absolue pour aucune espèce de présomption légale.

Mais ce n'est pas tout ; le législateur qui a le mieux réussi dans la recherche de l'aptitude électorale, n'a rempli que la moindre partie de sa tâche, et ceux qui en connaissent toute la difficulté, n'entendront pas sans étonnement dire : « Il n'a trouvé que l'électeur. » Cependant l'expression est exacte ; car cette première difficulté résolue, il en reste une plus grande, et d'autant plus redoutable qu'on s'en occupe moins. L'électeur une fois trouvé, il reste à assurer la position qu'on lui a faite, à protéger sa conscience, à l'accoucher de son vote. Qu'importe qu'on ait découvert le véritable organe, si l'organe ne répond pas ou répond mal ? Que sert-il que l'intérêt général lui apparaisse, s'il ne le déclare pas tel qu'il lui apparaît ? Ne lui demande-t-on que d'être clairvoyant ? Ne faut-il pas surtout qu'il soit vrai ? Que gagne le pays à son discernement, si on entoure son vote d'obsessions plus fortes que son courage ?

L'option étant donnée entre les deux conditions de discernement et d'indépendance, je n'hésite pas : la seconde est incomparablement la plus importante; mieux vaut un esprit médiocre qui dise sa pensée, qu'un esprit illuminé du ciel, qui dissimule ou altère la sienne. A ne considérer que notre état social, il y a plus de chances pour le discernement que pour l'indépendance, et même le risque de manquer celui-là est moins grand qu'on ne suppose. A quelque degré de l'échelle que l'on s'adresse, on est à peu près sûr de trouver l'intelligence. J'ai confiance dans les hommes réunis, en quelque lieu qu'on les prenne ; les instincts qui dominent les masses ne manquent jamais d'une certaine justesse, et ont souvent de l'élévation ; pour les surprendre dans toute leur infirmité, il faut les rompre et les attaquer en détail. Je pose en fait qu'il n'y a pas de collection d'individus, à laquelle la notion de l'intérêt général soit absolument étrangère. Mais on peut détruire en elle le sentiment de l'indépendance; si l'homme est intelligent, il est faible; il l'est en raison de son ignorance et de ses besoins; et quand vous lui donnez à porter le poids immense de l'intérêt général, c'est alors, législateurs de la France constitutionnelle, que votre devoir est de le fortifier. Dans la vie privée, voir le bien et faire le mal, est une faute qui peut rester personnelle; mais dans les épreuves de la vie politique, voir le bien et ne pas le faire, est une calamité sociale.

Quand l'électeur est sans indépendance, le mal a
une portée qu'il importe de connaître. Il ne s'arrête
pas à l'ordre politique; il pénètre dans la société.
Lorsque le gouvernement représentatif manque à
sa vocation, il n'est pas simplement inutile; il vicie :
la nature humaine vaut alors mieux que les institutions, et elle reçoit la corruption de qui devrait la
combattre. A choisir entre le despotisme et une représentation faussée, je pencherais à croire que la
condition de l'homme est pire sous celle-ci. Sous
celui-là, sans doute, il n'est pas libre, mais au moins
n'a-t-il à lutter que contre ses penchants; au lieu
qu'une forme représentative menteuse, qui d'ailleurs
ne lui procure pas de liberté vraie, lui crée des tentations qu'il n'aurait pas connues sans elle. L'occasion d'exercer ses droits politiques n'est pour lui que
l'occasion de mal faire. L'honnêteté de celui qui ne
vote pas en conscience, est déjà considérablement
entamée, et il est bien difficile que l'homme reste
pur, où le citoyen a transigé. S'il met dans le commerce les choses qui n'y sont pas, que ne fera-t-il
pas de celles qui y sont? Plus il a de discernement,
plus sa chute est profonde. Imaginez une tache s'é-
tendant autour de chaque collége, autour de chaque
électeur, et calculez toute l'étendue de ce ravage.
Je n'ai en aucune manière la prétention de mora-
liser; mais il appartient à notre sujet de signaler
cette liaison entre la morale politique et la morale
privée.

§ II. — De l'organisation électorale.

En donnant pour objet à l'élection l'intérêt général, sans fractionnement aucun ; en exigeant, pour le
découvrir et le déclarer, des organes qui aient à la fois
de l'aptitude et de l'indépendance, de l'indépendance
surtout, parce que l'indépendance avec peu d'aptitude
n'est pas absolument incapable de bien, et que l'aptitude sans indépendance n'est capable que de mensonge et de bassesse ; en déterminant ainsi, disons-
nous, les conditions générales de l'élection, nous
n'avons fait que de la théorie ; nous n'avons traité que
la partie la plus facile de la question ; car, pour tomber
d'accord sur ces conditions générales, il ne faut que
vouloir sincèrement le gouvernement représentatif.
Mais c'est à l'application que les difficultés nous attendent, difficultés de toute sorte, difficultés provenant de notre nature et de nos tendances égoïstes ;
difficultés naissant de nos institutions et de nos
habitudes ; celles-là moins insurmontables que cel-
les-ci, de telle sorte que nos plus grands obstacles
sont en nous. Les premières tiennent à l'organisation
électorale elle-même, et lui sont intrinsèques ; elles
portent sur des dispositions intérieures et sur l'a-
gencement de ses parties ; elles se rencontrent partout où l'on rassemble les hommes pour les interroger
sur ce grand intérêt. Les secondes lui viennent du

dehors, et de son contact avec d'autres institutions rivales ou ennemies; elles ont pour objet d'établir l'harmonie entre des institutions d'esprit différent, entre l'esprit libéral du système représentatif et l'esprit despotique de l'administration impériale; elles ne se rencontrent que dans les pays et dans les temps, où les parties d'un même gouvernement manquent entre elles de sympathie.

Je m'occupe d'abord de l'organisation en elle-même, parce qu'il faut trouver son état normal, avant d'aviser au danger de l'invasion étrangère qui la menace.

Toutes les difficultés de l'organisation intérieure peuvent se rapporter aux trois questions suivantes; et d'abord : L'élection sera-t-elle directe ou indirecte ? Dans l'ordre logique, cette question est la première; ce n'est qu'après l'avoir résolue que l'on pourra poser la seconde : Où sont les vrais électeurs? Quelles sont les qualités qui les constituent? Les électeurs une fois trouvés, on arrive à la troisième : Comment les réunira-t-on ? La circonscription électorale diffère-t-elle de la circonscription administrative ou judiciaire? Nous traverserons rapidement ces questions, par la raison que nous avons déjà dite : leur importance, bien que réelle, est cependant secondaire à nos yeux ; l'efficacité de l'organisation dépend d'une circonstance qui est en dehors; sans l'indépendance, il ne faut rien attendre de la meilleure, et, avec l'indépen-

dance, il ne faudrait pas désespérer de la moins
bonne.

L'élection indirecte n'est plus une question constitutionnelle, depuis qu'il est écrit dans l'article 30
de la Charte : « La Chambre des députés sera
composée *des députés élus par les colléges électoraux,*
dont l'organisation sera déterminée par des lois. »
Les colléges ne sont *électoraux* que pour *élire* les
députés : c'est leur fonction unique ; la Charte ne
leur en connaît pas d'autre. L'élection d'un électeur
n'est ni dans son langage ni dans sa pensée, et
celui-là n'est pas l'électeur tel qu'elle l'entend, dont la
mission se borne à choisir celui qui choisit. L'élection indirecte dérive du suffrage universel ; elle en
est une espèce dégénérée. L'impossibilité de réaliser
la conception radicale a donné l'idée de ces élections
à deux étages, dont l'inférieur est le plus rapproché
possible de la base. Le suffrage universel n'est universel que parce qu'il admet tout le monde ; son
unique règle est de n'exclure personne. La plus
simple restriction le détruit, et jette forcément dans
le système contraire, qui est celui des catégories ;
les catégories ne se déterminent que par des pré-
somptions générales, et c'est une nécessité des pré-
somptions générales de laisser toujours quelqu'un
en dehors. Quand on en est là, pourquoi deux degrés ? Pourquoi une présomption plus forte pour
ceux-ci, plus faible pour ceux-là ? Le principe de
l'égalité devant la loi s'arrange-t-il de ces nuances ?

On a dit que l'avantage des deux degrés était d'affranchir le député de la dépendance d'électeurs permanents ; l'intention est bonne, mais l'effet y répond-il ? Pour prévenir le contact de l'élu et de l'électeur, on détache celui-ci, au point de le désintéresser. Il n'aperçoit plus son ouvrage qu'en perspective ; le zèle civique se glace chez lui, parce qu'il doute de sa participation réelle à un résultat dont on le tient si éloigné.

Si, dans la pensée radicale, le premier degré engendre le second, qui engendre le premier ? Évidemment la volonté de la loi. Que si, pour éviter cette réponse, on descend davantage pour trouver une base plus profonde, de deux choses l'une : ou l'on rencontrera inévitablement la même réponse aux degrés inférieurs, ou l'on tombera dans toutes les impossibilités du suffrage universel. Dans la nécessité donc de prendre la loi comme source du droit politique, mieux vaut embrasser franchement le principe, et chercher dans la société la hauteur à laquelle il convient d'attacher directement la présomption de capacité électorale. Cela posé, que la loi, en conférant le droit de l'électeur, use du sien, que penser de la loi actuelle, de celle du 19 avril 1831 ? En a-t-elle bien usé ? Le côté blâmable de cette loi n'est pas dans la fixation du cens électoral à deux cents francs, et si, à la capacité ainsi présumée, elle eût adjoint la capacité prouvée, cette partie de son système serait sans reproche.

L'abaissement du cens n'a que des avantages très-
contestables, et j'avoue que les inconvénients seuls
en sont sensibles à mes yeux; non pas qu'aucune
classe de Français soit déshéritée à ce point de
n'avoir ni l'amour ni l'instinct du bien public; mais
je crois ne calomnier personne, en affirmant que
tout le monde n'est pas également bien placé pour
l'apercevoir. Que sert de se roidir contre un fait?
Le détruira-t-on en le niant? Je vois un contre-sens
à placer la majorité numérique où la présomption
de capacité diminue, et à multiplier les électeurs
dans la région où l'une de leurs qualités nécessaires
devient plus rare. J'en appelle à quiconque a pu
observer une élection dans les petites villes : les
électeurs qui ont la conscience de l'acte qu'ils ac-
complissent, y sont aujourd'hui même en minorité.
Mais ce n'est là que la moindre des objections; si le
discernement de l'intérêt général se retrouve rigoureusement partout à un degré quelconque, il n'en
est pas ainsi de l'indépendance; elle ne diminue pas,
elle cesse où le sentiment des besoins personnels
devient prédominant; c'est une vérité d'observation, que toutes les fois que les extrémités sociales se rapprochent l'une de l'autre dans un but
politique, c'est l'extrémité inférieure qui succombe
dans la rencontre; la destinée du faible et du pauvre
est de servir d'instrument politique au riche et au
puissant, et les amis de la démocratie recrutent sans
s'en douter pour l'aristocratie. L'histoire de nos

luttes contemporaines renferme cependant une leçon que nous devrions bien ne pas oublier si vite.
De 1816 à 1820, la Restauration avait mis aux prises
l'ancien et le nouveau régime, déployant chacun
une bannière différente ; l'ancien, celle de la grande
propriété, le nouveau, celle de la liberté constitutionnelle, et donnant tous deux l'intérêt qu'ils avaient em-
brassé comme le véritable intérêt social. Quel pensez-vous qu'ait été le système de l'ancien régime ? De
restreindre l'élection et de la retenir pour lui ou près
de lui ? Il s'en est bien gardé. Il a préconisé les
doctrines populaires comme les vraies doctrines li-
bérales ; il a soutenu que les droits politiques étaient
des droits naturels, et que quiconque n'en jouissait
pas était victime d'une exclusion ; il a tenté d'élar-
gir l'élection au point d'abattre presque toutes les
limites ; il a étonné la France par ses accès de colère
contre le privilége, averti par son instinct que, plus
il se rapprocherait des besoins personnels, moins
il rencontrerait d'indépendance, et mieux sa domination était assurée. Ne l'oublions jamais : si la liberté constitutionnelle est un bien commun à tous,
on n'en trouve les conditions réunies que dans un
certain milieu des sociétés modernes.

Les électeurs sont créés ; comment les réunira-
t-on ? question plus difficile peut-être que les précédentes. On ne sait pas assez le rapport de la circonscription électorale avec l'élection, et à quel
point l'horizon que l'on ouvre devant l'électeur

resserre ou étend les idées. Si l'on rassemble des citoyens sans lien entre eux, on les dépayse, on les
jette dans l'inconnu, ils votent au hasard et sans
conscience de leur vote. Si l'on sépare ceux que
des relations sociales ont unis, on rompt leurs ac-
cointances naturelles, on les isole, on les prive
d'une délibération commune : tout concert est impossible. Il y a donc un point à saisir, et ce
point est fixé bien moins par les lois que par les
mœurs. La France est une sans doute, mais elle est
bien grande; et c'est une nécessité de sa grandeur
que, sans se détacher de l'unité nationale, les idées
et les intérêts y forment des groupes. Ces groupes,
où sont-ils? Par un bonheur que nous paraissons ne
plus sentir, l'Assemblée constituante, à qui remonte
notre gratitude en tant de choses, a répondu
à cette question il y a plus de cinquante ans; elle a
créé le département, et, ce qui dispense de toute
recherche ultérieure, le département a été adopté
par les mœurs. Avant 89, les intérêts se groupaient
par province, et c'était la province qui députait aux
états généraux; aujourd'hui, les intérêts se groupent
par département; pourquoi n'est-ce pas le département qui députe à la Chambre? Les voilà tout
trouvés, ces centres partiels que nous recherchons;
chaque chef-lieu est le rendez-vous naturel des citoyens dans un certain rayon; on le fréquente; on
y a des habitudes; on y apporte, on en rapporte
des idées, et il en résulte cette espèce de notoriété

qui devient la mesure d'une opinion publique. Le
regard s'y étend assez loin pour voir autre chose
que l'intérêt privé, pas assez pour ne rien voir.
L'élection qui s'y fait perd le caractère exclusivement individuel, et commence à y prendre ce caractère collectif, sans lequel elle n'est rien ; le député
est l'élu d'une masse, et non l'agent de quelques
ambitieux. Il n'en est pas ainsi de l'arrondissement,
encore moins du canton, encore moins de la commune ; ces subdivisions de territoire n'ont qu'une
existence fictive ; bonnes pour déterminer les compétences administratives et judiciaires, elles sont de
pure convention, comme les lignes de la sphère
céleste, et les mœurs ne se sont pas réduites à
leurs proportions. L'électeur que l'on va chercher
sur le seuil de sa maison, à son foyer domestique,
prend le gouvernement représentatif pour une restauration du culte des dieux lares ; il croit qu'on
l'invite à ne songer qu'à lui, et il n'a garde d'y
manquer. Qu'est-ce alors que l'élection ? Une question d'homme à homme, un commérage de voisins
et de voisines ; et la députation ? Un contrat
d'homme à homme, un échange de services individuels. Voilà ce que peut la géographie sur la politique.

On craint, au chef-lieu de département, les inconvénients du scrutin de liste, et le danger d'in-
scrire sur son bulletin des noms dont on n'est pas
sûr. Il faut cependant opter ; dans l'arrondissement,

on se connaît trop; dans le département, on se connaît trop peu. Que faire? Croire à quelque chose, ouvrir les yeux à une expérience de plus d'un demi-siè-
cle, admettre l'existence de la famille départementale
comme un fait désormais social, comme une de ces
précieuses rencontres où le législateur et la société
sont d'accord. L'esprit de cette famille, la notoriété
qui s'y forme, répondent à tous les inconvénients
du scrutin de liste, et mettent entre l'électeur et
l'élu cette distance convenable, moyen terme entre
l'éloignement excessif où l'on ne se connaît pas et
le contact immédiat où l'on se connaît trop.

Ajoutez que la réunion par département répond
à un besoin, en évitant un inconvénient; le besoin
est d'augmenter le nombre des électeurs dans chaque
collége, l'inconvénient d'augmenter la liste géné
rale des électeurs; le collége départemental procure
la première de ces augmentations sans recourir à la
seconde.

Ce serait ici le moment de juger la loi de 1831,
et par ses principes et par ses fruits; mais nous
avons à lui demander de remplir d'autres conditions
et de conjurer d'autres périls; ajournons donc notre
jugement à son sujet, car il a besoin d'être préparé.
Elle ne s'occupe que de l'organisation intérieure du
système électoral, comme s'il n'y avait pas d'autre
soin à prendre; elle n'aperçoit qu'une partie de sa
tâche; elle semble ne pas se douter que, dans l'état
actuel de nos institutions, si l'on s'arrête aux con-

ditions du droit d'élire et à son mode d'exercice, on peut trouver le chef-d'œuvre du genre, et ne faire encore que la plus vaine des choses difficiles. Qu'importe le meilleur des tribunaux et le plus parfait des codes, si le justiciable subjugue le juge?

§ III. — De l'état normal de l'élection.

S'il est dans le gouvernement représentatif une vérité élémentaire, c'est assurément celle-ci : la Chambre des députés surveille l'administration, la contrôle indirectement par le vote de l'impôt, et, s'il le faut, accuse les ministres. Il est encore convenu que cette surveillance n'est pas nécessairement hostile et que c'est au contraire un élément ami que la Charte a entendu introduire dans la représentation nationale, comme condition de la garantie, comme précaution légitime contre les tendances naturelles du pouvoir. Si cette doctrine est vraie, elle l'est de toutes les parties de la Chambre, sans distinction de la majorité et de la minorité : l'office des deux consiste également dans une sollicitude permanente, et, au besoin, dans l'exercice d'un droit redoutable. Une Chambre, qui a une telle fin, que doit-elle être pour l'accomplir? Le bon sens répond qu'elle doit être indépendante; indépendante de qui? de tous, mais particulièrement de l'administration. Car si un juge dépendant est un contre-sens, le contre-sens se

complique, quand c'est du justiciable qu'il dépend.

Et l'élection, source d'une telle Chambre, que
doit-elle être? Conçoit-on qu'elle puisse ne pas être
indépendante comme la Chambre qu'elle est appelée
à produire? Niez, ou seulement atténuez une seule
de ces déductions, et ni la Chambre, ni l'élection
n'ont plus de sens.

Si ce principe est certain, voici une conséquence
qui ne l'est pas moins : c'est l'élection qui doit être
active; c'est l'administration qui doit être passive.
Intervertissez les rôles, faites que l'élection subisse
l'influence au lieu de l'exercer, et le système ne se
comprend plus. Le mal n'est pas seulement que la
partie soumise à la surveillance la neutralise chez
celle qui en est chargée; il va plus loin; il blesse plus
que la logique, il lèse l'état social; l'influence administrative n'a qu'une manière de s'exercer sur l'esprit
de l'électeur, c'est de substituer chez lui l'intérêt
privé à l'intérêt général, et de tuer le sens moral dans
le sens politique. Ce qui condamne à jamais l'influence administrative sur les élections, c'est qu'elle
n'a pas d'autre moyen de s'y faire sentir.

L'influence administrative ne pouvant être que
la dépendance de l'électeur, on ne saurait sans illusion, si l'on admet l'une, se dissimuler l'autre, et
voici ce qui arrive : nous faisons deux immenses pas
rétrogrades; nous perdons deux des plus grands résultats obtenus par le régime constitutionnel. Il faut

les signaler : 1° Un temps fut que l'on voulait ériger
en principe la dépendance de l'électeur. M. Duvergier de Hauranne[1] rappelle qu'en 1816, lorsque la
Restauration s'occupa de la réforme des colléges
impériaux, M. de Vaublanc, ministre de l'intérieur,
soutint contre M. de Villèle qu'en droit constitutionnel *le pouvoir* (c'est ainsi qu'il l'appelait) *le
pouvoir électoral était de sa nature subordonné et
dépendant*. Cette doctrine fut rejetée, et le principe de l'indépendance prévalut; c'était cependant
en 1816; 2° en juillet 1830, la prétention du prince
était de ne pas reconnaître l'élection, et de la rejeter, quand elle lui déplaisait; cette question de
principe fut résolue par la guerre civile; espèce de
combat, non pas judiciaire, mais législatif, d'où
sortit le principe contraire, à savoir : que l'élection
était une règle, et que si la règle déplaisait, on ne
pouvait appeler de l'élection faite qu'à une élection
à faire. Qu'aujourd'hui l'influence administrative
prévale, avec la dépendance de l'électeur, son inévitable conséquence, je dis qu'il ne reste aucune de
ces deux conquêtes; les principes proscrits en 1816
et en 1830 reviennent sous d'autres formes : d'une
part, l'électeur est maintenu dans son état de dépendance, et l'on peut se consoler par la réalité de
n'avoir pas la formule; de l'autre, si l'élection fait
la règle en théorie, dans la pratique on dicte la

---

[1] *De la réforme électorale et parlementaire*, p. 183, 1847.

règle par avance, et l'on arrive aux mêmes fins, sans bruit et sans risque.

Ces vérités sont absolues; on ne transige pas avec elles. M. Guizot a reconnu qu'il y avait chez nous *abus de l'influence;* retenons ce mot comme l'aveu d'un fait, non comme l'énonciation d'un principe. L'influence administrative sur l'élection n'a pas d'usage légitime; par elle-même et intrinsèquement, elle est un abus; elle n'est admissible dans aucune mesure, et elle est condamnable péremptoirement. Il n'y a de salut pour la représentation nationale que dans la neutralité de l'administration; l'administration est un pouvoir, et non un parti; le parti qui la soutient peut parler et agir en dehors; mais l'administration elle-même n'a pas un mot à dire dans le jugement qu'elle doit attendre en silence, se bornant, comme pouvoir de police, à protéger matériellement l'opération électorale, et laissant la grande voix de la nation en sortir libre et pure.

Si, dans l'état normal, c'est l'élection qui doit être active et l'administration passive, l'état contraire, où l'administration est active et l'élection passive, est précisément l'état de corruption. Ceux qui se récrient contre cette conséquence, ne se scandalisent que du mot, pour conserver la chose.

Suspendons ici la discussion; débarrassons-la d'abord d'une analogie trompeuse. Cette question de l'influence administrative sur l'élection est une question toute française, et le mal contre lequel nous cherchons un remède, est un mal domestique. Dans aucun autre pays constitutionnel, l'administration n'a autant de peine qu'en France à se combiner avec la liberté politique; on en sentira mieux la raison, quand nous aurons parlé de cette Angleterre, dont l'exemple toujours cité ne serait qu'un danger, s'il n'était bien compris.

§ IV. — De l'élection anglaise.

Entre le système électoral de nos voisins et le nôtre, il y a plusieurs différences essentielles : 1° ils ont des partis politiques, et nous n'en avons pas; 2° l'administration est chez eux tout autre que chez nous. Il n'est pas jusqu'au grand nombre de leurs électeurs qui ne s'explique par des circonstances qui leur sont propres. Apprenons à nous connaître, en étudiant ces différences, non dans le but d'emprunter aux Anglais tout ce qu'ils possèdent, mais d'y faire un choix, en leur laissant ce qui ne convient qu'à eux, ou ce qui ne convient à personne. Cette partie de notre droit public en est la plus neuve et la moins connue; c'est celle où l'expérience de notre passé nous laisse sans secours, où la raison publique de la France est offusquée de plus de préjugés, et où nous avons le plus besoin de nous aider nous-mêmes. Nous ne savons pas assez tout ce qu'il y a d'original dans le rôle qui nous reste.

Les partis politiques, cet instrument nécessaire d'un gouvernement représentatif, et sans lequel la nation, interrogée sur l'intérêt général, ne répondrait que par des opinions individuelles, les partis politiques, ne sont pas de ces choses qui se commandent à volonté; on ne les décrète pas; ils naissent d'eux-mêmes et ils naissent des mœurs plutôt que des lois; ils sont rebelles à la main de l'homme, dès qu'elle se fait sentir; enfants de l'opinion, ils en ont l'allure indépendante; et quand ils se sont formés, avec toutes leurs conditions constitutives, ils sont le symptôme le plus sûr de la liberté constitutionnelle dans sa maturité.

Des partis politiques présupposent un esprit politique. C'est le bonheur singulier de l'Angleterre d'avoir eu ce genre d'esprit, dès les premiers efforts de son travail constitutionnel. De tout temps, les citoyens y ont eu la préoccupation constante de l'intérêt général; je ne dis pas qu'ils l'ont toujours compris; mais, bien ou mal entendu, il a été sans intervalle l'objet de leur inquiétude; et le peuple y a reçu cette éducation des choses, à laquelle les hommes ne suppléent pas; c'est elle qui les a sauvés de l'indifférence politique, la plus mortelle ennemie du gouvernement représentatif. Alors, suivant l'éternelle loi de la liberté, les opinions se divisent et se classent, et celles qui ont de l'affinité entre elles, adhèrent et forment un parti : « Un parti, selon Burke, le publiciste qui a le mieux approfondi cette théorie, est un corps d'hommes réunis pour favoriser, par leurs efforts communs, l'intérêt national d'après quelque principe particulier sur lequel tous sont d'accord. Les hommes qui pensent librement peuvent, en quelques points, ne pas penser de même; toutefois, comme la plus grande partie des mesures qui ont lieu dans le cours des affaires publiques, ont un rapport ou une indépendance quelconque avec *quelque grand principe général et moteur dans le gouvernement,* un homme serait singulièrement malheureux dans le choix de sa société politique, s'il ne s'accordait avec ses amis au moins neuf fois sur dix. C'est là tout ce qu'on a exigé pour imprimer à une réunion le caractère de la plus grande uniformité et de la constance. »

Ce n'est cependant pas assez de la sympathie politique pour constituer un parti; il peut y avoir sympathie dans le mal comme dans le bien; la définition de l'esprit de parti : *eadem velle atque eadem nolle,* est de Catilina haranguant les conjurés. Il faut encore que la sympathie se forme dans un but légitime, et sur la base d'un respect unanime pour la constitution du pays. C'est ce qui différencie le parti de la faction. Cette seconde condition ne date pas chez les Anglais d'aussi loin que la première. Leur esprit politique s'est égaré pendant des siècles, et n'a d'abord produit que des factions:

factions pour la possession du trône, sous les maisons d'Yorck et de Lancastre, factions sur la nature du pouvoir, sous les Tudors, factions sur la prééminence du pouvoir royal et du pouvoir parlementaire, sous les Stuarts. C'est depuis l'établissement de la maison de Hanovre que la dissidence n'a plus porté sur les grandes bases du gouvernement, et que les partis ont pris naissance : les jacobites se sont convertis au torysme; on s'est entendu sur la division des pouvoirs; les torys ont penché un peu plus vers la couronne, les whigs un peu plus vers la liberté; ils ont pu modifier leur esprit et changer l'objet de leurs querelles; mais ils ne se sont jamais passionnés que pour un objet d'intérêt général, s'agitant sans péril dans des limites sacrées pour tous, et attestant la liberté politique, comme les battements du pouls attestent la vie. Cette nécessité d'opter entre les factions et les partis est inévitable chez un peuple libre; le progrès pour lui est de bien choisir entre ces deux manières de dépenser son activité politique, et de s'en tenir à la meilleure, pour éviter la pire; car l'une des deux est nécessaire. Aussi est-ce une maxime en Angleterre, que *l'extinction des partis est l'origine des factions*[1].

Après le culte du droit naturel, je ne sache rien de plus beau dans les institutions humaines que l'es-

---

[1] Lettre d'Horace Walpole à Montagne, du 11 décembre 1760. *Essai sur la constitution anglaise*, par lord John Russell, 1821.

prit des partis en Angleterre; ce qui est une vertu
chez les grands hommes est une habitude chez eux.
Ils savent se dévouer à une idée, et voient dans le
pouvoir, non pas un but, mais un moyen de la servir, et d'en hâter le triomphe. Rien de l'homme
vulgaire ne reste dans l'homme politique; aucun
sentiment de rivalité n'approche d'un cœur tout entier au bien public, et l'on ne s'y permet aucun
acte qui n'aboutirait qu'à une simple mutation de
personnes. L'amour-propre abdique où le jugement
de l'opinion est accepté d'avance; le pouvoir est un
lieu de passage; on y entre sans orgueil, on en sort
sans confusion, et l'on emporte dans la retraite l'es-
time et l'affection de ses adversaires.

Cet admirable mélange de partialité pour un principe, et de désintéressement dans le pouvoir, s'explique, nous ne le dissimulons pas, par un état social
qui n'est pas le nôtre, qui ne peut et ne doit pas
l'être. Pour épurer à ce point l'ambition de ses partis, l'Angleterre a besoin d'une aristocratie gorgée
de richesses, à qui la satiété des jouissances de ce
monde épargne ce qu'il y a de sordide dans l'amour
du pouvoir; si cette tribu privilégiée, qui se réserve
au sacerdoce des grands intérêts de la société, n'y
apporte qu'une passion noble, c'est qu'on a pris
soin d'avance d'assouvir en elle toutes les autres, et
l'on n'y est parvenu, ni à peu de frais, ni sans dommage. De tous les genres de perfection, c'est le plus
dispendieux et le moins légitime. Lorsqu'auprès de

tant d'éclat on découvre tant de plaies, et que l'on récapitule les sacrifices que ce beau résultat coûte au droit naturel, on l'admire sans l'envier.

Cette honnêteté politique habite presque tout entière la tête du corps social; au-dessous, on retombe dans la condition vulgaire. Par un calcul naturel à l'aristocratie, elle appelle le nombre à l'élection; car elle exploite le nombre; le nombre lui appartient et constitue sa puissance; aussi l'Angleterre compte-t-elle environ un million d'électeurs, dont la majorité vit sous l'empire des besoins personnels. Nulle part ne se vérifie mieux cette observation des sociétés modernes, que, dans les choses politiques, le contact des classes supérieures gâte les classes inférieures. Sous cette éblouissante merveille, se pratiquent la corruption la plus effrénée, et le plus grossier mépris de la morale et des hommes. Les mœurs se sont profondément pénétrées du poison; on en est venu à penser qu'un mal aussi utile devait être indispensable, et qu'une nécessité aristocratique ne pouvait pas ne pas être une nécessité sociale. Après tout, à qui cette nécessité est-elle imputable, sinon à la nature humaine? La nature humaine n'a-t-elle pas le tort d'être corruptible, et est-ce un crime de la prendre telle qu'elle est? En conséquence la vénalité électorale a été érigée en principe; elle se discute, se professe, s'enseigne aussi gravement qu'un apophthegme; elle a sa doctrine, ses procédés, son tarif.

Mais ne croyez pas que l'élection anglaise reste dans la fange où elle est un moment entrée; elle s'en relève, par un de ces phénomènes qui ne s'observent que dans cet inexplicable pays; à peine sortie de sa source immonde, elle remonte à la région des partis politiques, où elle se lave de ses souillures; elle se rachète, en se mettant au service d'un principe. L'électeur a vendu son vote dans un intérêt sordide; mais l'acheteur épure cet intérêt en le généralisant; tout ce qui touche aux idées impersonnelles et aux sentiments nationaux gagne quelque chose de leur noblesse. En résultat, il arrive que l'électeur, sans le vouloir peut-être, n'a pas voté pour un homme, mais pour une des manières dont les partis entendent le bien du pays; l'infamie du moyen ne se justifie pas; mais elle se pallie par l'incontestable utilité et la moralité réelle de la fin. Il n'y a que l'empirisme pour produire de ces contrastes et de ces disparates.

En présence de cette étrange lutte, où les jouteurs tombent si bas, pour se relever si haut, que fait l'administration? L'administration anglaise ne ressemble à la nôtre, ni en bien ni en mal; elle n'a pas sa concentration, son universalité, ses prétentions; une précision aussi sévère ne la sépare pas des autres pouvoirs; elle laisse quelque chose d'elle au pouvoir judiciaire, qui statue souvent par voie générale, quelque chose au pouvoir parlementaire, qui procède fréquemment par voie d'enquête, comme

dans l'exécution des grands travaux publics, et surtout des chemins de fer. Elle n'a pas sa personnalité
propre, de laquelle tout relève; elle rencontre çà
et là, dans les communes et les corporations, de
nombreuses administrations locales, qui ne dépendent pas d'elle, et qui lui résisteraient au besoin.
La loi du pays ne multiplie pas ses rouages, et ne lui
prodigue pas ses agents. En présence de la lutte électorale, son attitude est celle d'un spectateur. Pourquoi
s'y jetterait-elle? Les partis remplissent l'arène, leur
place naturelle, et elle n'a rien de décisif à espérer
ni à craindre de l'événement. Si l'opposition triomphe, il se fait quelques déplacements au sommet de
la hiérarchie, et le gouvernement n'en éprouve aucun trouble. Elle est passive. Les partis se débattent,
menacent, promettent, corrompent, et se rachètent
ensuite, comme on l'a vu; tout ne se passe pas à
souhait; mais l'intérêt général surnage, et la représentation nationale est sauve.

D'Angleterre revenons en France; il n'y a pas de
comparaison plus féconde.

§ V. — De l'administration française dans ses rapports avec
l'élection.

En parlant de l'élection anglaise, nous avons fini
par l'administration dont le rôle y est secondaire;
en parlant de la nôtre, commençons par l'adminis-

tration, dont le rôle y est principal. Sachons d'abord quelle elle est; et, quand nous l'aurons connue, nous étudierons les effets de son influence sur tout ce qui prend part à l'élection ou en approche, sur l'électeur, le député, le ministre, les partis.

Cette administration française, dont l'influence électorale est en question, qui n'est pas sans doute le pouvoir le plus parfait de notre régime, mais qui en est la plus grande puissance, qui n'en est plus à demander l'entrée dans la lice, mais qui la possède et qui y règne, quelle est-elle? Rappelons-nous de quelle origine, à travers quelles phases elle est arrivée au régime de la Charte, et quelles prétentions elle y apporte. Récapitulons :

Elle est née sous la Constituante, de la simple séparation des pouvoirs administratif et judiciaire. Mais la Constituante n'avait jamais entendu l'affranchir des deux grands freins de tout pouvoir, d'une responsabilité et d'une juridiction.

Cependant le gouvernement impérial l'a instituée de telle sorte, en tant que responsable, qu'elle ne l'est que devant elle-même; en tant que justiciable, qu'elle ne relève que d'elle-même.

Comme responsable, elle en est précisément à ce point, où un principe décrété, mais non organisé, donne ce qu'il faut de confiance pour tout oser, sans aucun risque;

Comme justiciable, elle s'offre pour garantie à ceux qui se prétendent lésés par elle, et les renvoie

en définitive au conseil des ministres, c'est-à-dire
à elle-même.

On sent bien que le gouvernement impérial ne l'a
pas ainsi faite pour la plus grande gloire de la représentation nationale. Aussi, quelque part que
celle-ci la touche, elle crie. Veut-on rendre sa responsabilité efficace? Son action est entravée. Veut-
on la soumettre à une juridiction réelle? On menace la division des pouvoirs. Les pouvoirs ne sont
divisés que pour elle; ils ne le sont pas contre elle.

Ce n'est pas tout. On n'a pas oublié ce que la doctrine a imaginé pour caractériser la double nature,
active et contentieuse, de notre administration. On
a distingué le *droit*, qu'on peut acquérir contre elle,
de l'*intérêt*, qui lui est nécessairement soumis. Le
droit correspond au contentieux administratif, qui
en connaît seul, à ce même contentieux, qui a son
embouchure dans le conseil des ministres, et qui s'y
perd; l'*intérêt* à l'administration active, supposée
responsable. La partie contentieuse peut avoir ses
règles; la partie active n'en a, et, nous en convenons, n'en peut avoir que dans sa propre équité;
en d'autres termes, elle dispose de *nos intérêts* sans
contrôle et sans compte.

Maintenant, regardez de près cette dernière partie de l'administration, celle-là même qui a la disposition arbitraire de nos intérêts. Eh bien! c'est
à elle que l'on donne l'influence sur les élections.
On la place de manière à souffler ces mots à l'oreille

de chaque électeur : *livre-moi ton droit, j'aurai soin de ton intérêt*. Remarquez qu'ici, comme tout à l'heure, elle est encore justiciable; mais avec cette différence, que, justiciable en administration, elle décide elle-même d'elle-même, et que, justiciable en politique, on met à sa discrétion les *intérêts* de ceux qui vont décider d'elle. Voilà toute la différence. Il est vrai qu'en plaçant sous sa main tous les intérêts de l'homme social, on a soin de lui dire : *au moins, gardez-vous d'y toucher; n'y touchez pas, surtout au moment des élections, quand la tentation sera la plus forte*. En se heurtant à de semblables résultats, sous un régime qui se pique de vérité et qui promet la garantie, on reste confondu de tout ce que des révolutions contraires peuvent amalgamer d'éléments disparates dans une seule législation.

La voilà donc connue, cette puissance à la fois inexpugnable et envahissante, qui remplit de sa présence la société tout entière et qui tient chacun de nous par un fil; non-seulement elle avoue qu'elle a l'influence électorale, mais elle soutient en thèse qu'elle doit l'avoir, et sa prétention fait naître un grave problème de notre droit public, que l'on peut poser ainsi :

On dit pour l'administration : Vous ne l'excluriez pas de la lutte sans inconséquence; votre théorie devient la sienne; les règles que vous donnez à l'élection lui servent de titre; elle est un parti, selon même la définition que vous donnez de ce mot, car elle a sa manière d'entendre l'intérêt général, et elle n'est pas une faction, puisqu'elle reste dans la Charte. Si sa position est d'un justiciable devant son juge, écoutez-la donc; la jugerez-vous sans l'entendre? En présence d'un adversaire actif et passionné, sera-t-elle la seule à n'avoir la liberté ni de la parole ni du mouvement? La brigue n'est-elle pas pour tout le monde?

On répond : Si l'administration ne demandait qu'à être entendue, il n'y aurait pas de question; on ne lui conteste aucun des moyens du prosélytisme constitutionnel. Mais c'est un justiciable qui ne se contente pas de plaider sa cause, il choisit son juge; une fois choisi, il le domine; il se présente comme parti et il agit comme puissance; son intervention détruit l'égalité des chances, et par conséquent la lutte. Il ne doit rien pouvoir où il peut trop.

La question semble se réduire à ces termes : Quel est le caractère de l'administration dans la lutte électorale ? Est-elle un parti ? Est-elle un pouvoir? Si un parti, la lice lui est ouverte; si un pouvoir, elle doit lui être fermée. Une troisième hypothèse s'est présentée; on a demandé si l'administration ne serait pas d'une nature mixte, renfermant à la fois un parti et un pouvoir; il serait alors injuste de neutraliser l'un par la crainte des abus de l'autre, c'est-à-dire de violer la liberté en

elle, pour ne la protéger que dans ses adversaires. Cette troisième hypothèse doit se rejeter tout
d'abord : il n'est pas humainement possible que la
personne mixte que l'on suppose, distingue en elle
ses deux éléments, et fasse la part de chacun d'eux
avec assez de désintéressement, pour ne se permettre comme parti, que les moyens du prosélytisme, et s'interdire comme pouvoir, ceux dont
l'autorité seule dispose. Il faudrait un opticisme
bien naïf, pour fonder sur cette abnégation de soi-
même un principe de droit public. Il n'y a donc
de question que la première : l'administration est-
elle un parti ou un pouvoir? et, réduite à ces
termes, elle n'en est plus une. Il est évident que,
dans notre régime, l'administration n'a d'existence
que comme pouvoir; son origine, sa fonction, son
but, tout le prouve. Or, il implique qu'un pouvoir
constitué soit un parti; le parti ne se constitue pas
par la loi; il se forme dans le monde, et il se forme
seul, par le mouvement spontané des esprits; si la
spontanéité lui est enlevée, il périt; nous reviendrons plus bas sur cette vérité.

Ici le reproche que nous faisons à l'administration française, se présente dans toute sa précision.
Nous ne lui reprochons pas d'avoir trop de force
dans la sphère de l'exécution, qui est la sienne;
cette thèse n'est pas la nôtre, et nous ne l'examinons pas; nous lui reprochons d'en sortir. Nous
ne lui reprochons pas un excès de concentration,

mais un excès de pouvoir. Née de la division des pouvoirs, elle viole la loi même de sa naissance, en franchissant sa limite.

Quittons la doctrine abstraite, et consultons les faits.

§ VI. — De l'influence administrative sur l'électeur.

Que de contradictions dans notre système représentatif! Voyez le juge parmi nous; il statue principalement sur les intérêts privés; ses erreurs, quoique fâcheuses, ne causent pas de trouble général dans la société, et cependant tout le fortifie contre l'influence extérieure; sa conscience se raffermit par la pratique journalière de ses devoirs; son esprit s'élève par la contemplation continuelle du juste; l'opinion lui est tutélaire, et, s'il venait à faillir, elle lui serait terrible; il est particulièrement prémuni contre l'administration, dont les empiétements sur lui peuvent prendre le caractère d'un délit; la loi soulage son âme, en lui donnant l'inamovibilité, et sa raison, en lui fournissant des principes; les sûretés se multiplient autour de lui. Maintenant, à côté du juge, voyez l'électeur, dont le vote a son contre-coup à la fois sur les intérêts privés et publics, et peut tout conserver ou tout perdre; on le livre à la merci du plus irrésistible des tentateurs, et, qui pis est, d'un tentateur légal et officiel; on l'assiége par tous ses côtés accessibles; on spécule sur ses craintes et ses convoitises; le sophisme, si fort dans les mains du pouvoir, obsède son esprit et sa conscience. La loi électorale veut que le vote soit secret, tant elle redoute l'influence extérieure! tant il importe à ses yeux que la conscience de l'électeur fasse immédiatement sa confidence à l'urne! Elle ne dédaigne pas de descendre aux détails d'exécution, et de régler la disposition matérielle du bureau; l'objet est si grand que le Préteur se mêle cette fois des petites choses; mais au dehors, tout s'arrange de manière à rendre d'avance le secret illusoire; l'administration a l'œil sur le bulletin de l'électeur, et conduit sa plume.

Les préparatifs de l'élection ne sont pas moins curieux à observer que l'élection même. Ils commencent par les fonctionnaires chargés de l'influence immédiate sur les consciences. L'administration pourvoit d'abord à l'éducation de ses agents; elle dresse son armée à un nouveau genre de manœuvres, et elle exige d'eux une espèce de zèle qui ne comptait pas encore parmi leurs devoirs : c'est l'habileté électorale, ou l'art de bien choisir entre les innombrables modes de la séduction et de la menace; elle crée en eux l'émulation de l'intrigue; car elle ne les prise que selon qu'ils excellent dans cette funeste science. Aussi voient-ils avec effroi l'approche des élections; elles ne sont plus pour eux l'occasion d'un devoir ordinaire, mais

une épreuve inique et cruelle, où il y va de leur
destinée.

A la préparation des personnes on joint celle des
choses, et c'est la loi du 19 avril 1831 qui s'est
chargée de celle-ci. Si quelque ennemi de la représentation nationale eût entrepris de l'organiser de
manière à la détruire, en lui faisant un corps sans
âme, il se fût d'abord attaché à rendre toute indépendance impossible dans les colléges électoraux,
et voici comment il eût résolu son problème : il eût
mis d'un côté la plus grande faiblesse, en présence
de la plus grande force de l'autre. Ce qu'une haine
systématique eût conçu, nos révolutions et une
loi imprévoyante l'ont exécuté. L'Empire a fourni
à cette combinaison la plus grande force dans
l'administration que l'on sait, et la loi de 1831 la
plus grande faiblesse dans les colléges de sa création. C'est une vérité triviale, qu'il n'y a d'intelligence et de courage politiques que dans les masses; l'instinct social meurt dans l'individu isolé. Le
département donnait la mesure de l'aggloméra-
tion des idées dans la France nouvelle; nos mœurs
l'avaient pris pour type; la loi de 1831 l'a trouvé
trop grand; elle est descendue à l'arrondissement judiciaire, qui n'a de signification que dans
l'ordre des compétences; là, elle a trouvé que
l'élection était encore trop au large; et, comme
pour amoindrir le plus possible le sens collectif
chez les citoyens, elle a tracé un cercle dans le

cercle; elle a imaginé l'arrondissement électoral, qui n'a de signification dans aucun ordre d'idées, et qui touche à la nullité politique. Il ne reste plus que la quête des suffrages à domicile. Cette proie ainsi broyée et mâchée, elle l'a livrée en pâture au colosse qui la convoite; il n'a même pas un faible faisceau à rompre; la peine lui en a été épargnée.

Tout est prêt. A peine l'ordonnance de convocation a-t-elle ouvert ce vaste marché sur toute la France, que chacun y voit un avertissement de songer à soi. L'électeur devient tout à coup un de ces princes des contes de fées, qu'une puissance surnaturelle invite à former des vœux. N'a-t-il aucun droit? Il s'en suppose. N'éprouve-t-il aucun besoin? Il s'ingénie à s'en découvrir, et il finit par en trouver. Plus la marchandise est rare, plus le cours s'élève; moins le collège est nombreux, plus l'importance de chaque électeur augmente; son vote est décisif; il fera ou empêchera l'élection, et, comme la demande abonde sur la place, il saura bien y faire mettre le prix. Le vote n'est plus un droit civique; c'est une chose dans le commerce; c'est un capital que doit faire valoir un bon père de famille; il est porté à l'actif du bilan; il rétablit la balance du marchand; il sert de soutien à son crédit, et de dot à sa fille. Ne dites plus que le contrat *do ut des* est un contrat innommé; il vient de recevoir son nom; il s'appelle élection.

Il faut voir comme on sait sauver les formes, disputer sur le mode, sur la mesure, sur la façon, demander grâce pour un salaire de telle espèce, grâce pour telle manière de le payer et de le recevoir. Notre habileté administrative en ce genre laisse loin derrière elle les casuistes tant flagellés par Pascal, et il est presque aussi difficile aujourd'hui de commettre le péché de corruption, qu'autrefois celui de simonie. « Est-ce simonie, lorsque deux religieux s'engagent l'un à l'autre en cette sorte : *donnez-moi votre voix pour me faire élire provincial, et je vous donnerai la mienne pour vous faire prieur?* *Nullement.* — *C'est une opinion probable et enseignée par beaucoup de docteurs, qu'il n'y a aucune simonie, ni aucun péché à donner de l'argent ou une chose temporelle pour un bénéfice, soit par forme de reconnaissance, soit comme un motif sans lequel on ne le donnerait pas, pourvu qu'on ne le donne pas comme un prix égal au bénéfice.* C'est là tout ce qu'on peut désirer. Et selon toutes ces maximes, vous voyez, mes pères, que la simonie sera si rare, qu'on en aurait exempté Simon même le magicien, qui voulait acheter le Saint-Esprit[1]!... » Il y a cependant une différence entre les anciens docteurs et les nouveaux; ceux-là étaient larges en théorie; mais ils hésitaient devant les conséquences de leurs principes, et il leur arrivait de conseiller,

---

[1] Douzième provinciale.

sinon par scrupule, au moins par prudence, de ne pas faire tout ce qu'ils enseignaient; les nôtres, au contraire, farouches en théorie, s'humanisent dans la pratique.

La corruption électorale est plus coupable en France qu'en Angleterre; le corps électoral français sur lequel elle agit, est composé dans un tout autre esprit que le corps électoral anglais. Nous n'avons pas d'aristocratie, dont l'instinct soit de multiplier sa clientèle dans les électeurs, de les chercher où l'on a le plus besoin d'elle, et de les animer, comme une meute, par l'espoir de la curée. Nous puisons les éléments de notre système dans ce milieu, que l'on appellera, si l'on veut, bourgeoisie ou classe intermédiaire, mais duquel il est évident qu'est sorti le génie de la liberté, et qui constitue si bien la véritable société moderne, que les perfectionnements de celle-ci sont en raison des progrès de celui-là. Un corps que l'on compose sur une présomption de capacité, est, d'après cette donnée de la loi, un corps d'élite, et il semble que ce n'est pas lui qu'il convienne de choisir, quand on veut faire une expérience *in anima vili;* quand on l'altère, c'est le cœur même que l'on gâte, et si on ne respecte pas l'élite de la France, où donc respectera-t-on l'humanité? Non seulement la corruption électorale est plus coupable en France, mais elle y est plus dangereuse; nous n'avons pas l'espèce de palliatif avec lequel se consolent les Anglais; rien ne corrige chez nous le vote vénal; point de parti qui le fasse tourner au profit de l'intérêt du pays. L'électeur français qui se laisse corrompre ne fait autre chose qu'un marché; il ne vote que pour un intérêt privé; il reste avec la honte et l'irréparable dommage de sa mauvaise action, sans aucun correctif ultérieur.

Et cependant l'importation du principe anglais en France est chose à moitié faite; on le pratique, avec une insolence naïve et tranquille. Nous nous abritons sous l'autorité de nos aînés en liberté politique, et nous sommes heureux d'échapper par elle à la triste nécessité de rester purs. Nous prenons le poison sans avoir l'antidote; imitateurs grossiers, nous copions leurs vices, et nous les copions mal. Les Spartiates montraient à leurs enfants des ilotes ivres, pour les dégoûter de l'ivresse; les électeurs corrompus sont les ilotes ivres de la représentation nationale. Nous en sommes à ce point, de n'y voir qu'un exemple qui nous autorise.

§ VII. — De l'influence administrative sur le député.

L'élection est faite. Que devient l'élu? Suivons, dans sa nouvelle carrière, ce représentant d'une nation libre, ce surveillant d'une administration responsable.

Il se prépare aux misères qui l'attendent par la plus grande de toutes, par la candidature. Le sens politique est éteint chez les électeurs; la notion de l'intérêt général s'est effacée de leur esprit; à défaut d'un sentiment commun auquel il puisse s'adresser, le voilà obligé de les prendre un à un, et sa candidature est une suite d'obsessions individuelles. Il fait dès le premier pas l'apprentissage de la mendicité, et il débute par se briser le caractère.

Comme il n'est point de maison d'électeur où il ait mis le pied sans y laisser un engagement d'homme à homme, il se rend à son poste chargé de dettes, et de dettes dont la nature singulière demande à être connue : elles ont cela de propre, qu'elles ne sont de celles ni qui s'éteignent par le payement, ni que le débiteur puisse acquitter par lui-même.

Du député à l'électeur elles sont inextinguibles; le député est dans un défilé, entre l'élection faite et l'élection à faire, comme entre deux feux; à peine échappé à l'un, il essuie l'autre; il n'y a pour lui ni libération possible, ni intervalle dans son servage. Continuellement tenu en laisse par l'électeur, il n'a plus qu'un emploi, de jeter sans cesse dans cette gueule béante, qui ne se ferme plus et demande toujours.

Du côté de l'administration, sa condition n'est pas moins dure; il a beaucoup promis, et, réduit à lui-même, il ne peut rien tenir; il est insolvable; car, ce qu'il a promis, ce n'est pas son propre fait, c'est le fait d'autrui; il a accepté la rude obligation d'avoir un crédit inépuisable, et d'en abuser sans le perdre. L'administration s'y prête avec joie: elle tressaille d'aise, quand son juge vient s'abattre sous son charme, et se rend solliciteur auprès d'elle. Aussi lui prodigue-t-elle ses biens, pour mieux constater qu'il est sien; elle l'asservit par le crédit qu'elle lui laisse, et elle fait éclater sa dépendance, jusque dans les grâces dont elle le comble. Le réseau est tissu de telle sorte, que l'électeur tient le ministre par le député, et le ministre le député par l'électeur; le député est la personne interposée dans la corruption; nos mœurs lui ont donné pour emploi un véritable proxénétisme.

Il arrive ainsi qu'il s'est donné deux maîtres; le premier l'a pris à son service, à condition qu'il se mettrait au service du second. Il tend la main à l'électeur pour lui-même; il tend la main au ministre pour l'électeur; celui-ci lui attache le boulet qu'il va traîner chez celui-là.

Un compte lui est ouvert dans chaque ministère; il y a son doit et son avoir; mais son vote à la chambre a la même vertu que le vote de l'électeur dans le collége; il solde tout; sa boule rétablit la balance.

Son service le retient dans les bureaux de l'administration; son premier mérite est d'en savoir les êtres, l'escalier dérobé, la porte secrète, l'heure favorable. Il s'y loge; il y habite; il en est le démon familier. Son éducation s'y continue et s'y perfectionne; il y apprend la patience de l'antichambre, et les habiles complaisances du cabinet. Il faut pour répondre à son élection, de deux choses l'une, ou qu'il y apporte l'esprit d'intrigue, ou qu'il l'y prenne. S'il s'en préserve, c'est un instrument inutile à retrancher. J'adjure le jeune député qui remporte son premier succès dans le cabinet d'un ministre, de se demander, la main sur la conscience, s'il se retrouve, en sortant, le même que quand il y est entré.

L'administration connaît si bien l'effet de cette pratique sur le caractère; qu'elle en fait une nécessité; si l'on s'habituait à se passer de l'intermédiaire du député pour obtenir justice, celui-ci se déshabituerait de quémander, le lien se relâcherait, et il pourrait échapper. Aussi accrédite-t-elle dans le monde solliciteur, l'opinion qu'une dose quelconque de député est l'ingrédient nécessaire de toute demande; la pétition la plus juste revêt l'inévitable apostille, comme un costume de rigueur; c'est le billet de confession de notre temps, et quand l'administration s'empresse d'annoncer au protecteur le succès du protégé, pour lui en reporter le mérite, elle sent à merveille qu'elle resserre le lien et qu'elle raffermit son empire.

Ces mœurs ont produit dans notre société une situation qui a une fausse ressemblance avec l'ancien patronage. Partout où les patrons ont été connus, à Rome, quand le maître affranchissait l'esclave, quand un patricien adoptait pour client un plébéien de son choix; en France, dans notre ancien droit public, quand un homme riche fondait ou dotait une église ou une abbaye, ne se réservant que le droit de présentation ou de recommandation en cas de vacance du bénéfice, le patron faisait le bien sans intérêt, ou du moins n'attendait que l'honneur en retour de son bon office. Mais entre le patronage des Romains et la protection banale et intéressée de nos députés, la différence est la même que du maître qui affranchit son esclave, à l'homme libre qui se met en servitude. Il y avait entre le patron et le client un rapport direct de bienveillance et de gratitude; ils agissaient en connaissance de cause. L'apostille du député est à quiconque dispose d'un suffrage; c'est une griffe qui s'appose indistinctement sur toutes les pétitions, un cadran au coin d'une rue donnant l'heure à tous les passants. Il recommande les solliciteurs qu'il ne connaît pas, il certifie les faits qu'il ignore. L'honneur immense de représenter son pays couvre un calcul égoïste, un mensonge politique, un abaissement moral. L'âme est saisie de tristesse à l'aspect de cette mission sublime, réduite à une ignoble besogne.

La constitution s'altère avec les mœurs. Le prince tient de la Charte le droit de nommer aux emplois publics; le bon usage de ce droit est une des premières obligations de tout gouvernement; chez nous en particulier, il a pour objet de prévenir un des abus le plus reprochés à l'ancien régime, l'esprit de népotisme, et de réaliser dans le nôtre son avantage le plus vanté, l'égale admissibilité aux emplois

civils et militaires, et des choix fondés sur le mérite
personnel. Telle est l'importance de cette partie de
la prérogative, qu'on a parlé de la régler par un
moyen excessif, par une loi, c'est-à-dire de la régler au risque de la détruire. Dans nos principes
constitutionnels elle s'exerce par les ministres, dont
la responsabilité s'appuie sur la responsabilité des
agents secondaires. Un ministre, en pourvoyant à un
emploi, ne doit avoir ni la conscience tranquille, ni
sa responsabilité à couvert, quand il ne s'est point
déterminé sur des renseignements transmis par la
voie hiérarchique, et l'agent qui les a fournis a en-
gagé la sienne, s'il les a pris dans un autre intérêt
que celui du service. Voilà la règle, voici la pratique.
Le crédit d'emprunt, le despotisme précaire du député change la nature et la destination des emplois;
ils sont devenus la monnaie dont il paye l'élection
faite, dont il achète l'élection à faire; on les lui a
rendus nécessaires; on les lui a donnés; ils sont à
lui; il en dispose. Il a des sujets à présenter, qui
font concurrence à ceux des chefs de service; mais
les siens l'emportent; ils ont le genre de mérite qui
prévaut, l'habilité électorale. L'habilité électorale au
premier degré, l'habilité parlementaire au second;
c'est toute la justice, c'est le poids du sanctuaire.
On ne connaît plus d'autre Dieu rémunérateur et
vengeur.

Les chefs de service sont peu à peu dépouillés de
leur droit; le député ne recommande plus, il exige;

et l'administration se garde bien de secouer le joug volontaire qu'elle s'est donné. Elle n'ignore pas que c'est son prestige qu'elle fortifie, que c'est elle-même qu'elle adore dans l'idole de sa création. Qu'arrive-t-il? Le droit de nommer aux emplois passe en d'autres mains; la responsabilité des agents se détourne de la ligne hiérarchique. Je me trompe : elle ne se déplace pas, elle périt; car le député qui l'ôte au fonctionnaire ne l'assume pas sur lui; il s'efface dans le mal qu'il fait. L'administration n'était déjà responsable qu'en principe; elle l'était peu ou point dans la pratique; mais nous avançons d'un pas : désormais il serait injuste qu'elle le fût. Voilà toute une partie de la prérogative hors de la Charte. Le gouvernement n'est plus le gouvernement que nous croyons. Comment le qualifier? Nous dirions qu'il est administratif, s'il n'était de l'essence de toute administration d'être responsable; mais certainement il n'est plus représentatif; il a changé; il n'a plus de nom; c'est un monstre.

Ainsi vont les choses, même quand le député n'est pas fonctionnaire; mais quand il est fonctionnaire, le moyen de peindre ce qui se passe?

Comme les députés s'établissent dans l'administration, l'administration s'établit chez les députés, et rend désordre pour désordre. On a placé dans leur palais deux boîtes à lettres, par lesquelles leur vaste correspondance s'écoule en franchise. Ces boîtes sont un symbole; elles signifient que l'admi-

nistration se prête à son envahissement par les députés, à condition qu'ils se laisseront envahir par
elle. Elle va chez eux, dis-je; elle n'y envoie pas les
siens, elle y va en personne; car, dans ceux qu'elle
envoie, elle refuse de distinguer l'agent du citoyen;
la liberté du député fonctionnaire s'abîme dans l'o-
béissance de l'agent. C'est au milieu de ce chaos
qu'on a demandé si le fonctionnaire pouvait être
député; il le peut sans aucun doute, s'il reste libre;
il ne le peut pas, s'il cesse de l'être; on n'entre pas
dans la Chambre à deux titres différents. L'administration, dont cette indéfinissable situation est
l'ouvrage, se tourmente pour en inventer la théorie;
tantôt elle a dit que le fonctionnaire député ne
pouvait se permettre de traiter que les questions de
détails, et elle l'a mis à une demi diète; puis l'invention n'a pas paru assez bonne, et elle a dit qu'il
ne devait se permettre que des votes muets; on l'a
mis au régime du silence, on en a fait le pythago-
ricien du gouvernement représentatif, et ce ne sera
sans doute pas le dernier état de la théorie. Quelle
qu'elle soit, l'identité absolue de l'administration
avec le fonctionnaire député est constante pour tous
les hommes de bonne foi; elle l'était pour M. Royer-
Collard dès 1824; dans son admirable discours sur
la septennalité, il ne trouve qu'une locution pour
dire à quel point l'administration tyrannise les droits
civiques; il soutient que c'est elle qui vote : « Elle
vote, disait-il, par l'universalité des affaires et des

intérêts que la centralité lui soumet; elle vote par tous les établissements religieux, civils, militaires, scientifiques, que les localités ont à perdre ou qu'elles sollicitent; elle vote par les ponts, les routes, les canaux, les hôtels de ville..... » On n'avait point encore les chemins de fer. Après avoir voté au collége, elle siége à la Chambre; nous l'avons vue décliner toute responsabilité effective; nous l'avons vue investie du droit d'autoriser des poursuites contre elle-même; nous l'avons vue statuant elle-même sur ses différends avec les tiers; la voici se contrôlant elle-même à la Chambre élective. O représentation nationale!

§ VIII. — De l'influence administrative sur les partis.

Ce titre est impropre, puisqu'il n'y a point de partis en France; et néanmoins je le maintiens, ne fût-ce que pour constater ce vide.

Comment aurions-nous des partis, élément du gouvernement représentatif, quand nous n'avons pas d'esprit politique élément des partis? Nous avons bien l'ardeur de la lutte, l'émotion du combat; mais, dans l'intervalle des crises, presque rien de cette sollicitude infatigable, qui n'a besoin, pour aliment, que des affaires quotidiennes du ménage. La chose publique, dénuée de péril, de passion, de scandale, n'aiguillonne plus notre langueur; l'intérêt prive

absorbe notre activité tout entière, nous livre à l'a-
vide puissance qui nous convoite, lui présente notre
côté faible, et fait de nous une proie qui s'arrange
elle-même pour être plus commodément dévorée.

Aussi, point de partis. Ce ne sont point des
partis, ces restes de factions qui s'agitent autour de
nous; ce ne sont point des partis, ces agrégations
d'hommes, dont l'ambition personnelle est la seule
raison d'être. Vous ne parviendrez ni à les compter,
ni à les caractériser. Vous ne les compterez pas;
elles sont innombrables; l'intérêt général ne se
divise pas arbitrairement; il ne donne à choisir
qu'entre le petit nombre de faces qu'il présente, et
il suscite alors des wighs et des torys. Mais quand
on sort de ces divisions principales, on se perd dans
l'infiniment petit; on tombe en poussière, et les co-
teries se multiplient sans raison et sans terme. Vous
ne les caractériserez pas, au moins par un principe
général; elles ne se reconnaîtront dans notre histoire constitutionnelle qu'à des noms propres et à des
dates. Le parti véritable se forme pour un intérêt
réel; la coterie invente un intérêt pour se donner
les airs d'un parti; mais il est plus facile de prendre
d'un parti l'apparence que le caractère; car le caractère tient à l'origine, et l'origine ne se contrefait
pas. De là vient que, dans les rapides vicissitudes de
nos ministères, le plus grand embarras de celui qui
arrive est de se distinguer de celui qui s'en va, et de
rédiger son programme.

Le parti a une consistance qui lui est propre, car il procède de l'opinion; la coterie ne pense et n'agit que par ses chefs. Le parti a des convictions; la coterie n'a que des mots d'ordre; quand le mot d'ordre manque, ces soldats épars ne savent où se rallier.

Non seulement nous n'avons pas de partis, mais, ce qui est douloureux à dire, nous n'en aurons pas, tant que durera l'influence administrative sur l'élection. Cette influence est impérieuse, jalouse, exclusive; elle est mortelle à l'opinion; l'opinion vit de liberté; comment lui supposer une expression officielle? Où les partis se formeront-ils? leur place est prise. Comment se formeront-ils? Leur organe est usurpé.

Il en est des croyances politiques comme des croyances religieuses; elles ont deux périodes : dans la première, elles sont une affaire de choix et de conviction personnelle; dans la seconde, elles se transmettent héréditairement. Les partis anglais en sont à celle-ci, l'opinion française à celle-là; le moindre trouble à la spontanéité de ses mouvements fait avorter le parti près de naître.

L'influence administrative a des effets de deux sortes : elle irrite les uns, elle énerve les autres; elle n'a que des ennemis ou des esclaves. Qu'on lui résiste ou qu'on lui cède, ce n'est jamais par une raison légitime; et, sous son action, aucune conscience ne reste ce qu'elle doit être. Si elle est la plus forte,

elle asservit; si elle trouve de la résistance, elle
crée des factions; jamais il n'en résulte un parti : il
ne lui est pas donné d'en créer.

Que faire donc? Rien. Quelle détermination
prendre? S'abstenir. Il serait déraisonnable d'exiger de notre jeune monarchie qu'elle fît magi-
quement ce que le temps seul peut faire, et qu'elle
improvisât des partis. Mais il est des devoirs actuels
qu'impose à l'administration supérieure notre état
de transition; s'il n'est pas en elle de former des
partis, elle n'y doit pas faire obstacle, et elle y fait
obstacle par son influence, en se jetant dans l'arène,
en y jouant leur rôle, en s'offrant, pour point de
mire, comme patron ou adversaire des candidats.
Exercer provisoirement l'influence, en attendant
que les partis se forment, c'est, comme le paysan
d'Horace aux bords du fleuve, attendre que l'eau
s'écoule; c'est pis : c'est aggraver le mal par sa durée
même. Il faudrait se mettre résolument à l'œuvre,
et commencer sans retard la tâche laborieuse de
s'abstenir.

Quant aux intérêts légitimes de l'administration,
considérée comme pouvoir constitutionnel, et ré-
signée à l'état passif, qu'elle se rassure; notre régime, rendu à son allure naturelle, lui susciterait des
défenseurs. A peine se serait-elle réduite à la neutralité électorale, qu'elle verrait se former hors de son
sein un parti, un parti véritable, qui plaiderait sa
cause, car sa cause importe à l'intérêt général, et

qui la plaiderait mieux, par la raison même qu'il
ne s'identifierait pas avec elle. Justice lui serait faite,
et sa force morale augmenterait de sa réconciliation
avec la liberté politique.

§ IX. — Contre coup de l'influence administrative sur le ministère.

L'influence électorale déprave même ceux qui
l'exercent. Elle part du ministère pour réagir sur
lui, et réagir en mal.

On n'intervertit pas impunément l'ordre constitutionnel. Quand le ministère prend la direction qui
appartient à l'élection, il n'est plus seulement le
premier agent du pouvoir exécutif; il devient pouvoir
législatif sous le nom d'autrui. Si le gouvernement
est encore représentatif en quelque chose, c'est en
tant qu'il représente le ministère; l'élection ne ré-
fléchit d'image que la sienne.

Le ministère, qui ne reçoit point la règle, la fait,
et la fait à l'aide de la majorité. La majorité change
alors de caractère; elle n'exprime plus le droit; elle
le constitue; elle n'est plus un signe, mais un criterium. On n'a pas la majorité parce qu'on a raison;
on a raison parce qu'on a la majorité. La majorité
étant un chiffre cabalistique avec lequel tout est
légitime, l'important n'est pas de la mériter, mais
de la conquérir; on ne la recherche pas par l'opinion

publique, on l'achète; la bonne administration est un moyen moins sûr que l'intrigue. Le chiffre de la moitié des voix, plus une, dispense de tout; on se déshabitue de la discussion sérieuse, on vote. Le gouvernement n'a qu'une affaire, l'élection; qu'un argument, le scrutin. Les controversistes de la Sorbonne se disaient encore avec regret qu'il était plus facile de trouver des moines que des raisons; ce regret est épargné au ministère; il se passe de raisons, quand il a les moines. C'est la déification de la majorité.

Dans le gouvernement représentatif normal, le ministère et l'État sont choses très-distinctes, qui peuvent se séparer, qui se séparent; l'un passe, l'autre reste, et tout est dans l'ordre. Mais le ministère qui fait la règle ne se distingue point de l'État; il le résume en lui, il se l'assimile; l'État, c'est lui. Aussi n'est-il rien qu'il n'immole à sa propre conservation. Toute réaction du dehors sur lui est un désordre. Il détrône l'opinion; si elle tente de reparaître, il la nie; s'il la reconnaît, il la récuse. Sa retraite serait la fin du monde.

Les hommes d'État n'ambitionnent plus le pouvoir que pour lui-même; il est pour eux une fin, non un moyen; comme ils ne recherchent rien au delà, tous les moyens sont bons pour y arriver, et l'influence électorale est le plus puissant de tous.

L'administration, qui ne se sent point sérieusement surveillée, devient effrénée, téméraire. La loi n'étant dans ses mains qu'une forme docile, son intempérance se fait sentir dans les traités diplomatiques par le sacrifice du droit public, dans les finances par l'abus des crédits supplémentaires, dans tous les services par l'exagération des entreprises et des dépenses. Elle peut ruiner l'État au sein de la prospérité.

Voilà ce qui arrive, quand l'influence passe de la partie qui doit l'exercer à celle qui doit la subir. J'entends demander où est la corruption; moi, je demande où elle n'est pas. On ne sait pas assez ce que l'on fait, quand on altère le vote électoral; électeurs, députés, partis politiques, agents du pouvoir, rien de ce qui y touche ou en approche ne reste sain. C'est une institution excellente ou détestable que le système représentatif; en remettant à l'homme privé l'exercice de ses droits civiques, il l'ennoblit ou le dégrade; il l'ennoblit, s'il conserve pur en lui le sentiment du droit qu'il lui commet; il le dégrade, s'il dénature ce sentiment. Sérieusement entendu et pratiqué sincèrement, le gouvernement représentatif est le plus puissant auxiliaire de la morale publique et de la civilisation; perverti, c'est une des formes de machiavélisme. Mettre ses droits civiques dans le commerce, c'est imiter de bien près l'esclave qui y met sa liberté.

Le mal dont nous nous plaignons n'est une nécessité ni de la nature humaine, ni de notre état social, ni du gouvernement représentatif; et les

amis de la Charte, les plus sages et les moins nova-
teurs, n'ont aucune de ces raisons pour s'y résigner.
Ils ne demandent au législateur, ni que la nature humaine ne soit plus corruptible, ni que notre état
social soit sans mélange, et le gouvernement représentatif sans abus; ils ne demandent même pas,
remarquez-le bien, qu'on altère l'administration
dans son essence. Que l'administration reste ce
qu'elle est dans la division générale des pouvoirs;
cette belle unité, qui la rend si puissante pour l'exécution des lois, qu'elle la garde; mais qu'elle ne
déborde pas sur la représentation nationale. Elle
n'est pas, encore une fois, la cause de la corruption
humaine; mais elle la fomente, la cultive, la recueille; elle en fait une ressource du gouvernement,
elle l'installe dans le régime constitutionnel. Voilà
le crime, car c'en est un, qui inspirait à M. Royer-
Collard ces paroles amères : « Nos pères n'ont pas
connu cette profonde humiliation. Ils n'ont pas
vu la corruption placée dans le droit public, et
donnée en spectacle à la jeunesse étonnée, comme
la leçon de l'âge mûr. » Que si nous nous trom-
pions, eh bien! notre peine n'aura pas encore été
inutile, en posant ainsi la question entre la représentation nationale et l'influence administrative;
si c'est l'influence administrative qui doit prévaloir
et la représentation nationale céder, qu'on le sache
au moins et qu'on le dise : nos institutions seront
jugées.

L'accusation, dans ce grand procès, a jusqu'ici porté sur les choses plus que sur les personnes, et elle a été juste en cela : le vice de notre système représentatif a sa cause dans une force majeure, dans la juxta-apposition d'institutions hétérogènes, dans la succession de l'anarchie au pouvoir absolu, du despotisme à l'anarchie, du régime constitutionnel au despotisme. Mais prenons-y garde : voici la transition de la première à la seconde période de notre régime; on devient complice du mal guérissable que l'on ne guérit pas, et l'accusation passerait des choses aux personnes. Ouvrons les yeux ; le temps des coups d'État est passé, dit-on; mais la corruption électorale, qu'est-elle autre chose qu'un coup d'État honteux et successif à la place d'un coup d'État violent et instantané, un coup d'État qui se cache à la place d'un coup d'État qui s'avoue? La tâche du gouvernement de juillet est pressante, autant que grande et sainte; s'il restait sourd au cri de la conscience publique, le défaut de vérité deviendrait une imposture. Pour Dieu et la liberté, qu'il ne méconnaisse pas sa noble destinée! Que tarde-t-il? Le mal augmente, il a doublé depuis dix ans. Qui sait jusqu'à quel jour il sera réparable?

§ X. — D'une sanction pénale.

« Expergiscimini aliquando, et capessite
« rempublicam. »

Dans les meilleurs temps, sous les formes les plus parfaites du gouvernement, quand le législateur n'a de combat à livrer qu'à la faiblesse naturelle de l'homme, quand la loi morale et la loi politique sont en harmonie, une sanction pénale est encore une nécessité, comme expiation à tirer du délinquant, comme exemple à donner au reste du monde. Mais la nécessité redouble dans un temps de réforme, quand la loi morale est en guerre avec la loi politique et succombe, quand le mal est dans les esprits et que l'administration en profite, quand il prend sur les uns l'ascendant d'un préjugé, et chez l'autre l'autorité d'une règle; dans cet état, les remèdes ordinaires ne suffisent plus, et cet état est le nôtre. Le mal a chez nous la double cause que nous avons signalée; le vice propre de la loi de 1831, et le voisinage contagieux de l'administration; de la loi il passe dans les colléges; des colléges il remonte à l'administration qui le reçoit, et en renvoie le double à la société; nos électeurs sont, dans cet enseigne-ment mutuel, les premiers corrupteurs de la repré-sentation nationale; ou du moins, ils sont les pre-miers infectés, et, comme en temps de peste, ils deviennent à leur tour cause d'infection; on leur laisse, dans cette propagation d'un nouveau genre, le rôle le plus actif en apparence, et l'administration qui recueille en réalité tous les fruits, semble n'avoir d'autre tâche que d'acquitter les dettes créées pour eux. Ainsi, la conscience de la nation tout entière se fausse; quand la morale publique tend à s'épurer par le sentiment religieux et la diffusion des lumières, elle est menacée par nos institutions représentatives; quand le mouvement spontané des classes sociales est vers le bien, un mouvement contraire vers le mal lui vient de nos lois, et, phénomène inouï! la corruption, qui exerce ordinairement ses ravages dans celles où il y a le plus de besoins et le moins de lumières, leur arrive de celles où il y a le plus de lumières et le moins de besoins.

Lorsque l'on fit le Code pénal en 1810, il ne restait rien de la représentation nationale; l'esprit en était mort, et la forme mutilée; son nom même n'appartenait plus qu'à l'histoire de la science; l'administration au contraire était dans son progrès; ce n'était le moment de songer ni à ressusciter l'une, ni à réprimer l'autre. Lors de la révision du Code, en 1832, notre éducation constitutionnelle était peu avancée; il ne s'était écoulé qu'un an depuis la loi de 1831, et l'influence désastreuse de l'administration sur le système électoral n'était encore distinctement accusée, ni même aperçue. Aussi l'idée de représentation nationale est-elle absente de notre

Code. A l'ancien titre : *Crimes et délits contre les constitutions de l'Empire*, on a bien substitué les *Crimes et délits contre la Charte constitutionnelle*; mais le système d'incrimination n'a pas changé. Il y a des peines contre ceux qui font obstacle à l'exercice des droits civiques, qui commettent des infidélités dans le dépouillement d'un scrutin, contre les fonctionnaires publics qui se laissent corrompre et contre les empiétements réciproques des autorités administrative et judiciaire; mais toutes ces peines ne menacent que le délit du citoyen contre le citoyen, ou du fonctionnaire envers sa fonction, ou une fonction étrangère. Le point de vue du législateur ne s'élève ni ne s'étend dans l'article même où il a souci de la corruption électorale; article 113 : « Tout citoyen qui aura, dans les élections, acheté ou vendu un suffrage à un prix quelconque, sera puni d'interdiction des droits de citoyen et de toute fonction ou emploi public pendant cinq ans au moins et dix ans au plus. » Il ne s'agit encore là que du citoyen qui vend ou achète un suffrage; c'est, sans doute la morale publique qui est vengée, mais elle n'est vengée que dans l'individu, et encore faut-il que la corruption se montre en lui sous sa forme la plus grossière. Sans doute encore, ce texte atteindrait au besoin l'administrateur, mais l'administrateur comme homme, non l'administrateur comme pouvoir. Aucun texte, en un mot, n'a prévu, aucun législateur n'a voulu prévoir cette influence collective, officielle, systématique, qui met aux prises le génie impérial et la liberté constitutionnelle. Et cependant c'est de l'administration ainsi envisagée que vient le mal; elle seule peut acquitter les dettes du député envers l'électeur; elle seule refuse d'affranchir le citoyen dans le fonctionnaire élu; elle seule le poursuit de sa discipline jusque dans le sanctuaire de la liberté. C'est cette influence qu'il faut démasquer et flétrir, en l'appelant de son vrai nom; la loi pénale peut seule la dépouiller de son prestige, la mettre à nu et la rabaisser jusqu'au crime.

J'ai vu, dans ma carrière de magistrat, un curieux effet de la justice criminelle sur la conscience humaine. Les habitants d'un de nos cantons littoraux étaient en possession immémoriale de piller les navires naufragés sur leur côte, et qu'on ne se hâte pas de les juger : probes à tout autre égard, ils mettaient la main sur ces tristes débris, comme sur un bien légitime qui leur était envoyé de Dieu. Il y eut une poursuite criminelle, et lorsqu'ils virent pour la première fois à l'audience, leur prétendu droit se changer tout à coup en un brigandage de la plus odieuse espèce, ce fut une révélation inattendue pour ces honnêtes criminels; ils oublièrent la peine qu'on leur infligeait, pour le remords qu'on venait de leur donner, et le langage du ministère public raviva tout un côté mort de leur conscience.

Ce que la loi pénale a pu seule contre le crime

de l'ignorance, seule elle le pourra contre le crime d'une civilisation corrompue. Notre monde électoral qui attend d'elle sa régénération, lui offrira, par des raisons diverses et à des degrés différents, la même bonne foi dans le mal; l'illusion de l'électeur vient de l'intérêt privé, et descend sur lui d'une autorité plus haute qui le domine; celle de l'administration, d'une idée fausse sur sa propre nature et d'une tradition déjà vieille. Nos électeurs feraient volontiers la même réponse que ceux d'Angleterre aux commissaires enquêteurs du Parlement, lors de la réforme de 1832 : « Regardiez-vous que vous vendiez vos votes? — Non... Ce n'était pas précisément les vendre... nous n'avons pas beaucoup étudié ces choses là. — Pensez-vous qu'il n'y a pas de mal à recevoir de l'argent pour son vote? — Nous n'avons jamais vu grand mal à ça [1]. » Notre préjugé administratif ne se rendrait sans doute pas aussi facilement, et demanderait des efforts plus grands et d'un autre genre; mais, des deux côtés, c'est la même révélation à faire, le même apostolat à entreprendre.

On objectera les difficultés d'une incrimination nouvelle, surtout à l'égard de l'administration. Le fait, susceptible peut-être de qualification et de preuve chez le candidat et l'électeur, de la part de l'administration, sera presqu'insaisissable. Son tort est d'abuser de son influence; mais qu'est-ce que

---

[1] *Examen du système électoral anglais*, par M. Jollivet, p. 97, 1836.

l'influence? Jusqu'à quel point est-elle légitime? Où cesse-t-elle de l'être? L'administration pratique peu la corruption individuelle, qui ne gagne les hommes qu'un à un, qui demande plus d'efforts, qui a plus de dangers, et dans laquelle elle a pour concurrent chaque citoyen; elle opère plus en grand et d'une manière plus large; elle fait la corruption collective, dont les vastes coups de filet lui amènent une population tout entière, où personne ne lui fait concurrence, et qui ne laisse pas de trace après elle. C'est à l'intérêt local que s'adressent ses séductions les plus puissantes; tutrice des communes, des corporations, des établissements publics, dont la loi moderne lui a fait une immense inféodation, elle y distribue à discrétion la justice et la faveur. Qui les distinguera l'une de l'autre, sans se mettre à la place de l'administration? et comment les distinguer? Une faveur n'est pas toujours une injustice, et la justice elle-même n'est pas toujours sans quelque mélange de faveur; une influence suspecte peut se glisser jusque dans la concession la plus légitime, dans la manière, dans le temps, dans une pensée sous-entendue; et la raison électorale se retrouvera encore où il ne sera juridiquement possible ni de la convaincre, ni même de la surprendre.

La difficulté est réelle; peut-être se grossit-elle par la nouveauté de l'entreprise; mais ce serait l'augmenter encore que de la dissimuler; elle est également grande, qu'il s'agisse de la pénalité ou de la juridiction. Cependant j'insiste; notre époque veut que la représentation nationale ait sa réalité; la lutte des deux idées rivales est arrivée à sa crise; il en faut sortir, et on n'en sortira pas par ces tentatives de reforme électorale et parlementaire, dans lesquelles se consume l'activité de nos publicistes; les combinaisons les plus habiles seront vaines, si l'on ne commence par refréner l'intempérance administrative, et ce n'est point par des déclarations de principes dénuées de sanction pénale, qu'elle sera réglée et contenue. L'essentiel est qu'on se mette à l'œuvre. Vue de près, l'incrimination perdra de sa difficulté. Le caractère du délit à punir peut se déterminer par les principes que nous venons d'établir; le délit est dans la corruption; la corruption dans tout ce qui combat le sentiment de l'intérêt général chez l'électeur; toutes les manières de lui substituer l'intérêt privé ou même local doivent donc entrer dans l'incrimination. Même sans résoudre le problème légal, il est encore bon de constater la nécessité constitutionnelle. Une incrimination difficile n'est pas une incrimination impossible, et aucun esprit juste n'abandonnera un principe, par la seule raison que l'application ne s'en improvise pas. C'est beaucoup d'obtenir qu'on voie le mal, qu'on en sache la cause, qu'on en veuille le remède; c'est un acheminement pour le trouver, et, dans l'état actuel de nos préjugés, on est si loin de chercher le remède, que même tout le monde ne s'accorde pas à reconnaître le mal. Plus d'une impuissante Cassandre le signalera longtemps, avant de se faire écouter; ce qui n'est pas une raison pour se taire.

L'avantage d'une simple formule vaudrait seul la peine qu'on luttât pour la conquérir; dès que la loi pénale appelle le crime par son nom, la conscience faussée se redresse; les uns s'éclairent, les autres hésitent, chacun songe à sa responsabilité, tous apprennent le respect, et cette révolution dans les âmes est un premier hommage à la morale publique. L'agent subalterne n'a plus de zèle pour mal faire; il attend un ordre; et l'ordre ou ne vient pas ou se déguise; l'initiative de la corruption est déjà détruite.

Je vois d'ici dans le Code pénal plus d'un délit dont la définition et la preuve sont hérissées d'écueils, dont le caractère appartient à la métaphysique du droit, et qui a cependant sa formule, sa peine, son juge. Pourquoi en serait-il autrement dans ce nouveau monde que nous ouvre le système représentatif? Même dans ce monde, avec le secours d'une formule compréhensive, peu de délits réels échapperaient à la conviction de magistrats, que n'enchaînent plus les preuves légales.

Quant à la juridiction, il est impossible, nous en convenons, de l'abandonner au droit commun : la nature mixte du délit, qui est à la fois moral et politique, qui blesse également l'ordre constitutionnel

et la conscience, les besoins légitimes de l'administration, ses nécessités particulières; tout annonce
qu'il y a des précautions à prendre, un choix à faire.
Il ne serait pas juste de livrer sans garantie les agents
inférieurs aux persécutions des partis; d'un autre
côté, comme les agents prendront rarement l'initiative, l'accusation remontera presque toujours à l'administration supérieure, sur laquelle la responsabilité se concentrera dans la même proportion que
le pouvoir, et il arrivera que la sanction pénale ne
pourra trouver place que dans cette loi sur la responsabilité, devant laquelle on recule depuis si
longtemps. N'est-ce pas un avertissement de la
Charte et de la raison, qu'à la fin de cette étude la
déduction logique des idées nous conduise à la responsabilité des ministres, comme au dernier mot du
régime constitutionnel ?

CONCLUSION.

LA CHARTE EST-ELLE UNE VÉRITÉ ?

La Charte est une vérité,

Si elle déclare tous les droits de l'homme, auxquels elle doit la garantie constitutionnelle ;

Si la garantie est organisée de manière à être efficace ;

Si la représentation nationale est sincère.

Ces deux dernières conditions rentrent l'une dans l'autre ; mais il importe de les envisager séparément, à cause de leur importance respective.

La déclaration des droits est suffisante ; son texte comprend même ce qui n'y est point exprimé. Une seule formule est vicieuse, celle de l'article 4, concernant la liberté individuelle ; la garantie donnée à ce premier de nos droits est plus légale que constitutionnelle, c'est-à-dire que, dans nos idées, elle est nulle.

Cette critique est la seule qui porte sur le texte même de la Charte ; le reste s'adresse à la législation. Mais une mauvaise législation neutralise la meilleure Charte.

C'est ainsi que la loi a faussé la liberté de la presse dans sa partie la plus vive, dans la presse périodique, par l'institution des gérants de journaux. La loi a créé une fiction qui excède son pouvoir et qui blesse la loi morale, en ce qu'elle crée une responsabilité et des peines qui ne sont pas personnelles. Rien ne déprave autant l'écrivain que la certitude de dérober son nom aux conséquences de ce qu'il publie. La Charte en cela n'est pas une vérité.

Elle ne serait pas une vérité, si le législateur se laissait aller à la tentation d'abuser contre le droit de propriété du prétexte de l'utilité publique.

Elle ne serait pas une vérité, si le pouvoir législatif absorbait le pouvoir constituant. La garantie constitutionnelle serait détruite, et la définition que Robespierre a donnée de la propriété des biens, serait juste.

La vérité constitutionnelle souffre des innovations de la loi de 1832 sur la liste civile, en ce qu'elles méconnaissent une des conséquences rigoureuses du changement d'état dans le prince.

La vérité constitutionnelle souffre sur presque tous les points où elle est en contact avec l'administration :

Soit qu'il s'agisse de l'autorisation préalable pour poursuivre les agents du pouvoir ; on peut satisfaire au besoin d'autorisation, sans confier ce soin important à la partie intéressée elle-même ;

Soit qu'il y ait à juger les différends de l'administration active avec les tiers ; il est beaucoup moins difficile d'organiser une juridiction administrative, que de démontrer que la justice n'est pas la justice ;

Soit qu'on veuille donner aux ministres le sentiment de leur responsabilité.

La vérité constitutionnelle n'est pas seulement souffrante dans ses rapports avec l'élection et la partie représentative de notre gouvernement ; elle est détruite. Partout où il y a un vote politique à émettre, une délibération politique à prendre, dans les colléges électoraux, dans la Chambre des députés, la Charte est une contre-vérité ; la grande fiction qui nous donne des lois est faussée dans la théorie et dans la pratique ; la représentation nationale est le hochet de l'administration. A qui, si ce n'est aux amis de nos institutions représentatives, appartient-il de signaler l'ulcère qui les ronge ? Là est le fléau public, contre lequel il faut appeler tout le monde au secours ; rendre à l'élection sa sincérité, et, pour la lui rendre, l'affranchir, c'est le premier des devoirs de nos hommes d'État, c'est la première des gloires pour un Roi pacifique et législateur. La réforme électorale, ainsi entendue, est dans l'ordre légal ce que la réforme de l'article 14 de la Charte a été dans l'ordre constitutionnel, un besoin profond de la morale et de la politique. C'est une de ces mesures inévitables dont on a coutume de dire, quand elles se sont accomplies elles-mêmes au sein du désordre, que le gouvernement aurait dû en prendre l'initiative, mais qui, lorsqu'elles ont été régulièrement exécutées, suffisent pour immortaliser un règne.

Terminons par une réflexion consolante. Des vices que nous venons de reconnaître à notre régime, pas un ne lui est essentiel; ils sont tous adventices; ils lui viennent ou d'un accident de nos révolutions, ou d'une fausse conception législative. Non-seulement on peut les en détacher sans déchirement, mais on ne les en détacherait pas sans amélioration! Que ceci vous soit un enseignement, jeunes hommes à qui appartient l'avenir; aimez les lois de votre pays; ce sont encore, à tout prendre, les plus belles que se soit jamais données une nation grande et libre. Vous allez recevoir notre héritage, comme nous avons reçu celui de la Constituante; comprenez bien la question de la liberté, au point où nous vous la remettons : tous les fondements ont été posés, et ils ne l'ont pas été par une main humaine; n'y touchez pas, si vous ne voulez faire de nouvelles ruines. Votre tâche est d'achever et de coordonner, de combler des lacunes et d'établir l'harmonie. L'expérience de vos devanciers doit vous sauver des dangers de l'enthousiasme; la vertu qu'ils vous laissent à pratiquer, c'est l'amour calme et vigilant de la liberté, la persévérance du zèle civique. Ne marchez que dans cette voie, mais marchez-y sans vous ralentir, et n'ayez pas de relâche que la vérité constitutionnelle ne soit complète.

FIN DU DEUXIÈME ET DERNIER VOLUME.